# 居留民の上海

## 共同租界行政をめぐる日英の協力と対立

藤田拓之

日本経済評論社

目次

# 図表一覧

# 序章

## (1) はじめに

本書は、一九二〇年代後半から一九四一年末の太平洋戦争勃発までの期間を対象に、上海共同租界(Shanghai International Settlement)の外国人居留民社会について、租界行政をめぐるイギリス人と日本人の活動および対立を軸に検討するものである。

上海共同租界は、第一次アヘン戦争の後に締結された南京条約によって開港場の一つとなった上海に設置された、外国人商人のための居留地(=イギリス租界)をその起源とする。その後、上海にはイギリス租界に続いてアメリカとフランスが租界を設置したが、一八六三年にイギリス租界とアメリカ租界が合併して共同租界となった。両租界は行政的にも統一されて国際租界となり、これ以降、共同租界と合同することを拒否したフランスを除いて、中国と条約を結んだ列強各国は上海では個別に租界を設定せず、共同租界を拠点とすることとなった。租界設定国の領事が一元的な管理を行う専管租界とは異なり、共同租界では各国の領事が前面に現れることはなく、租界に住む外国人が共同で管理するという独特の体制が整えられていった。その後一九世紀末にかけて領域的にも拡張を繰り返し、共同租界は中国で最大の経済都市へと発展していく上海の中心を占めるとともに、経済的・文化的な繁栄を極めた。

本書が対象とする時期は、上海がとりわけその繁栄を謳歌した一九二〇~三〇年代の大戦間期と重なる。貿易量は右肩上がりで増大を続け、上海に対する列強の投資額も、一九三一年には第一次世界大戦前の四倍に達していた。[1] 日本資本によるいわゆる在華紡や中国の民族資本に牽引された紡績業など軽工業を中心に産業も大きく発展した。しかしながら、この時期は同時に共同租界にとって激動の時代でもあった。一九二〇年代後半は、五・三〇事件をきっかけとして上海は中国ナショナリズムの中心となり、租界は反帝国主義運動の主要な標的とされた。上海を起源とする運動は中国全土に拡大し、特に攻撃の矢面に立たされたイギリスの対中国貿易は、香港や広州を含め大きな打撃を受けた。反イギリス運動に悩まされたイギリス政府は、樹立されたばかりの蒋介石率いる国民政府とのあいだで、ついには租界返還を視野に入れた、不平等条約の撤廃交渉を開始するに至った。

さらに一九三〇年代に入ると日本の中国侵略が本格化する。満州事変や満州国の樹立、そして華北分離政策を日本が進める傍らで、上海は一九三二年と三七年の二度にわたる上海事変によって大規模な戦闘を経験することになる。また第二次上海事変によって租界の周囲が日本軍に占領されると、中立を保っていた租界には大量の資本と労働者が流れ込み、短期間の畸形的な経済ブームも発生したが、他方で日本の圧力も急激に高まることになった。諸外国の権益が集中し、日中の対立のなかで中立を維持する租界は、日本の大陸政策においても重要な位置を占めたのである。上海の租界は日中戦争中は、そうした日本の圧力に抗したが、太平洋戦争の勃発と同時に日本軍に軍事占領され、最終的に一九四三年に汪精衛政権に「返還」されることになる。本書がこの時期を扱うのは、イギリス、日本、中国という上海の権益をめぐる諸勢力がもっとも複雑に絡み合い、そのなかで租界の外国人居留民のあり方をきわめてつよく浮かび上がらせることができるからである。

この時期の上海共同租界には一八の条約国が進出し、四〇を超える国籍の人々が「居留民（Residents）」[2] として居住し、生活をおくっていた。その筆頭はイギリス人で、アメリカ租界との合併後もいわば租界の盟主として租界の建設・維持や治安維持を行っていた。そのイギリス人を租界運営の面で支えたのがアメリカ人で、居留民の数こそ少なかったが、イギリス人のジュニア・パートナーの地位にあった。その他、ヨーロッパのほとんどの国から多様な人々が、ビジネスチャンスや布教の拠点、あるいは新天地を求めて上海にやってきた。日清戦争後に中国と条約を締結した日本人は比較的遅れて上海に参入したが、この頃には人口で最大勢力となり、欧米人のものとはおもむきの異なる日本人街を形成し、独特の存在感を示していた。

こうした多様な人々が活動した上海は、しばしば「モザイク都市」[3]と称される。これが意味するところは、上海、とりわけ共同租界という狭小な地域において、多様な人々が、それぞれのナショナルな居留民社会を形成し、空間的には重なり合いながらも、互いに融合せずにコミュニティを維持していた様態である。特に欧米人社会と中国人社会、そして日本人社会の断絶は顕著であったが、例えば文化的、あるいは歴史的にもきわめて近しい関係にあったイギリス人社会とアメリカ人社会であっても明確に分断されていたという[4]。しかしながら、彼らは租界という空間を拠り所としているという点で共通であり、その租界そのものに関しては等しく利害と関心をもっていたはずである。この大戦間期には租界をめぐる議論が、その存亡も含めてさまざまなかたちで噴出したが、そうした議論のなかで、それぞれの居留民はどのような立場をとり、またどのような関係性を構築していったのであろうか。

## (2)　先行研究紹介

その国際性によって上海を舞台とした歴史では多様な領域が交錯する。国際関係史はもちろんのこと、各国の対中国外交史、中国近代史、上海史、そしてイギリス帝国史などである。ここでは主に帝国史の観点から、居留民研究を中心に主要な先行研究を概観する[5]。

まず基本的な文献を挙げておく。上海の通史について、同時代のものとしてはF・L・ホークス・ポット（F. L. Hawks Pott）著『上海小史』や、G・ラニング、S・クーリング（G. Lanning, and S. Couling）著『上海史』、F・

C・ジョーンズ（F. C. Jones）著『上海と天津』など、一九二〇年代を中心に出版されたものが租界時代初期の上海を知るうえでの基本文献となっており、現在も有用である。(6) 他方、近年における通史的、包括的な学術研究は思いのほか少なく、そうしたなかでは高橋孝助・古厩忠夫編『上海史』(7) が比較的まとまっているが、やはり概説書の域を出ていない。上海の租界に限ってみると、現在においてもっともまとまっているのが二〇〇一年に上海で出版された『上海租界志』で、どちらかというと資料集的な著作であるが、共同租界とフランス租界の行政制度について豊富なデータを挙げながら解説されている。(8) 当時の内外の文献を駆使し、租界制度に焦点をあてて分析した植田捷雄の労作『支那に於ける租界の研究』もきわめて重要である。(9)

欧米の研究状況をみていくうえで最初に言及すべきは、一九八四年に出版されたP・A・コーエン（Paul A. Cohen）の『中国における歴史の発見』である。(10) これは中国近代を「西洋の衝撃」から論ずるのではなく、中国自身に内在する近代化要因に注目すべきとした「中国自身に即した（China-centred）」歴史を提唱し、欧米の学界に大きな影響を及ぼした。その結果、特に英米の中国近代史研究においては中国における外国人プレゼンスが「まるでなかったかのような」状況となってしまったという。(11) そうしたなかで、イギリス帝国史の文脈において中国における外国人の存在の重要性を指摘したのが、帝国史家のジョン・ダーウィン（John Darwin）である。(12) 彼は居留民を「本国と現地社会をつなぐ蝶番、あるいは「接点」である「橋頭堡（Bridgehead）」と定義し、イギリス帝国の影響力の拡大はそうした「橋頭堡」がおかれた環境やその能力に大きく依存していたとして、イギリス帝国史の観点から居留民の存在に積極的な意味を与えた。そして特に研究の進んでいない中国における居留民研究の進展に対する期待を示した。

中国の外国人居留民に関する個別の実証研究では、一九二〇年代半ばの中国ナショナリズムの台頭に対するイギリス人を中心とした欧米人居留民の対応を分析した、ニコラス・クリフォード（Nicholas R. Clifford）の『帝国の甘やかされた子どもたち』が嚆矢となる。(13) ここではイギリス人居留民は、治外法権などの特権を享受している環境に慣れきり、既得権益の保持に汲々として中国との関係改善を目指すイギリス本国の方針に反抗する、タイトルに示されているとおりの「甘やかされた存在」として描かれている。

近年、中国のイギリス人について精力的に研究を行っているのがロバート・ビッカーズ（Robert Bickers）である。既存の研究が「大班《タイパン》」と呼ばれた商社や銀行の経営者などエリート階層の分析に偏るなか、(14)彼は比較的下層の「普通」のイギリス人居留民に注目して社会史的研究を行っている。初期の研究では上海のイギリス人居留民のアイデンティティの重層性が指摘され、彼らが現地に根付いたローカルなアイデンティティを獲得していたことを明らかにしている。(15)また近著ではある上海のイギリス人警官の人生――その出生から上海で日本軍に殺害されるまで――をきわめて丹念に追い、そうしたイギリス人居留民の実態から、イギリス人にとって「帝国」が何であったのかという問いに答えようとしている。(16)あまりに広範な対象を扱っているため、やや分析的視点に欠けるという批判(17)もあるが、イギリス帝国研究に新たな地平を拓いた点は十分に評価されるべきであろう。

イギリス人以外の居留民については、上海のアメリカ人居留民社会の研究などが若干存在するのみであったが、近年になってこの分野でも研究が進められている。特に前述のビッカーズによって編まれた論集はそこに含まれる個々の研究の内容も興味深いものであるが、その対象がドイツ人、ロシア人、朝鮮人など多岐にわたっており、この論集の構成自体が上海という都市のきわめて特殊な国際性を示す好例となっている。(18)またナチスの迫害によって難民となって流入したユダヤ人難民については日本当局の対応などを中心に研究が充実しつつあり、欧米においても数は少ないが独自の視点で日本人居留民についての研究が行われている。(19)

日本の研究状況に目を転じると、上海の日本人居留民研究についてはかなりの蓄積がなされている。それらの研究は坂口満宏によって「在外居留地・居留民団研究の現在」として集成されており、既存の研究を容易に把握することが可能となっている。(20)なかでも高綱博文の研究は、第一次上海事変期を中心に日本人居留民社会について社会構成や階層性を詳細に分析し、その実態を明らかにする最も包括的なものとなっている。[21] さらに日本人社会の心性の変化――よりナショナリスティックなものへの――を日本の大陸政策の進展とリンクさせて論じており、時期的には非常に限定されるが、従来、主にイギリス帝国をはじめとする西欧の帝国の文脈で語られてきた「帝国意識」の観念を日本人居留民にも適用している点は、これからの展開が期待される。[22]

以上のように、中国の居留民研究は必ずしも豊富とはいえないまでも徐々にその充実の度合いを増しつつある。しかしながら、これらの研究には共通する問題が二つある。ひとつは、ほとんどの研究が単独のコミュニティにのみ注目し、対象以外のコミュニティとの関係を等閑視していることである。とりわけ欧米の研究においては、例え日本の中国政策や軍事行動が問題になったとしても日本人居留民の存在が検討されることはなく、同様に日本の研究で欧米人居留民が問題にされることはない。[23] また個々の居留民社会についての研究が相互に連関されることもなく、したがって、上海の「国際」的側面の全体像を提示することが困難な状況となっているのである。しかしながら、例えばビッカーズと高綱のそれぞれの居留民研究は十分に対比可能なものであり、両者を一元的に検討することも可能なはずである。

もうひとつは、租界の存在が所与のものとして扱われて問題視されず、居留民の存在の前提となる租界という空間がいかに維持されていたのかが十分に検討されていないことである。すでに述べたように、中国ナショナリズムの高まり以降、租界は批判や攻撃にさらされ、さらには日本にその存在を脅かされ、常に存亡の危機に瀕し続けていたといっても過言ではない。そうした状況下にもかかわらず、太平洋戦争の勃発までの期間、若干の変化は避けられなかったものの、本質的に西洋人が優越する一九世紀的ないわゆる「条約港世界」が維持されたのである。その理由は問われなければならないだろう。

これと関連して、既存の研究から抜け落ちているのは租界行政に関する研究である。特に租界行政と居留民の関係を扱ったものは管見の限り見当たらない。しかしながら、租界の在りようを規定したのは租界の制度であり、それを運用する租界行政であったということもできるはずである。租界に住む全ての外国人居留民がその制度に服していたのであれば、少なくとも租界内に定住する外国人は国籍に関係なく租界行政との一様な関係性——例えば納税の義務や選挙権の行使など——を必然的に有していたことになり、この点からも個々の居留民社会を相互に連関させて論じるてがかりとなるのではないかと思われる。

## (3) 本書の課題

以上のような先行研究とその問題点を踏まえ、本書では一九二〇年代後半から上海共同租界の終焉期にかけての外国人居留民——とりわけイギリス人と日本人——の社会と、それらと租界行政の関係を検討する。特に世界有数の経済都市となっていた上海を誰がどのように管理するのかという各勢力の主導権争いとして、共同租界における行政の主体をめぐる議論を追っていく。

先に触れたように、共同租界の起源はイギリス租界とアメリカ租界であり、一九二〇〜三〇年代においても両国居留民の影響力が貿易や投資などの経済的側面のみならず、社会生活においても強くはたらいていた。とりわけ租界行政においてはイギリス人の影響力が強く、その行政組織は共同租界という名称に対応したコスモポリタンな外見を繕いつつも、実質的にはイギリス人によって独占的に支配されていた。また他の外国人居留民はおおむねその利害をイギリス人と一致させており、そうした状況が問題視されることはなかった。しかしながら、一九二五年の五・三〇事件以降においては中国ナショナリズムが、そして一九三〇年代に入ると本国の大陸政策を背景に日本人が、次々とイギリス人による租界行政に異議を申し立て、時期は前後するが、共同租界の管理権をめぐって、イギリス人（とジュニア・パートナーであるアメリカ人）居留民、中国人住民、日本人居留民が争う、三つどもえの構図が展開された。

こうした租界行政をめぐる各勢力の対応を考察していくなかで、以下の課題を設定する。

中国は、香港など一部の割譲された地域や各国の租借地を除いて公式に分割されることはなかったが、二度のアヘン戦争とその後の条約によって構築された不平等条約体制から、いわゆる「非公式帝国」に分類される。多くの租借地や租界は列強それぞれの勢力圏の中心として機能したが、上海はイギリスの勢力圏である長江流域の軍事的司令塔でもあり、上海長江をパトロールするイギリスの艦隊が停泊していた。しかしイギリスにとって上海は同時に中国における経済活動の司令部でもあり、バンド（旧英租界の黄浦江沿いのウォーターフロント）沿いには国際的に展開する商社や銀行の高層建築が建ち並び、株式取引所やクラブでは多くのビジネスマンが活動していた。また上海は中国中部におけるキリスト教伝道の中心でもあり、イギリスを含めた欧米の伝道団が支部を構え、そこから多くの宣教師が内陸部へと進出していった。そしてまた上海は新天地を求めてイギリスを離れる移民たちの目的地の一つとなっており、多様な人々がやってきては住み着き、外国人社会を成立させるのに不可欠な多様な西洋的職業に従事していた。外国人居留民が共同で管理する共同租界という地域に限っていえば、彼ら居留民たちが主役であったといえる。本書では第一に彼らの社会構成や、彼らが形成した社会の実態を明らかにする。

では、こうした居留民たちは帝国にとってどういった存在だったのであろうか。先にみたジョン・ダーウィンは彼らを帝国の「橋頭堡」としてとらえることを主張している。確かに彼らの存在は、帝国の多様なネットワークの端末として欠かせぬものであり、東アジアにおけるイギリスの経済的な権益の拡大においては「尖兵」としての機能も果たした。他方で、当然ながら、彼らは本国政府ないし帝国の意図をそのまま体現し、その政策のお先棒を担いでいたわけではない。彼らには独自の利害があり、それが本国の方針と矛盾することも少なくなかった。また単に本国政府とのみ対立するのではなく、イギリス帝国と日本帝国が対立状態にあるときにおいては、租界の維持のためにむしろ敵対するはずの日本の居留民の一部と積極的に協調関係を築くなど、重層的かつ多面的な関係性を有していたのである。

「帝国意識」の観点も見逃すわけにはいかない。中国人や日本人がイギリス人の租界支配に異議を申し立てた際、彼らが求めたのは租界行政へのより積極的な参加であった。しかし少なくとも欧米人居留民にとって、租界は西洋人による東洋人支配を前提とする、すぐれて一九世紀的な帝国主義的空間であり、支配／被支配、優越／劣等といった二項対立的関係性がきわめて顕著な場であった。したがって、そうした空間の支配装置である行政機構に被支配者に措定される東洋人を参加させることは、租界の性質自体を大きく歪ませるものであった。とりわけ日本人は帝国列強の一員（＝支配者）でありながら東洋人（＝被支配者）であるという、欧米人と中国人の両方の本質的特徴を兼ね備える非常に厄介な存在であった。イギリス人居留民はこの厄介な日本人をどのように扱ったのか、すなわち同じ帝国主義国の人間として行政組織に組み込んだのか、それとも西洋人とは相容れぬ東洋人として排除したのか、本書では租界行政をめぐる議論の分析を通じて検討する。

本書の分析の中心は租界行政である。租界行政を対象とする利点は、国籍に関係なく全ての居留民や中国人住民が統治の対象となっていたために、「モザイク都市」として各居留民社会や中国人社会が別個にしか論じられてこなかった租界社会全体を、行政という一つの側面からではあるが、横断的に検討することが可能になるところにある。各コミュニティがどの程度行政に関わっていたのか、財政的負担の配分はどのようになっていたのか、どの社会からどのような要望が出され、それらがどのように応じられたのか、あるいは拒絶されたのか。こうした行政をめぐる諸側面をみていくことで、各コミュニティの相対的な関係性が浮かびあがってくる。

実際のところ、上海における各コミュニティの乖離は甚だしいものがあった。例えば、日本による欧米人居留民の強制収容を描いた『太陽の帝国』は、当時上海で少年期を過ごし、強制収容されたイギリス人の自伝的要素の強い小説であるが、強制収容前の時期の欧米人社会の華やかな様子が克明に描写される一方、同じ時期に一〇万人近くが存在した日本人居留民は全く登場しない[25]。日本に関しては、軍隊のみがこれからを暗示する不気味なものとして描かれているだけである。恐らく当時の一般的な欧米人居留民の日本人居留民に対する認識も大差ないものであっただろう。また日本人居留民も決して欧米人と積極的に関わろうとすることはなかった。しかし、日本人も租界行政に対しては欧米人居留民と同様の利害を有していた。一九四〇年に日本人の代表組織の一つが発行した『上海日本人各路連合会の沿革と事蹟』には、その組織「各路連合会」の「事蹟として記録に値する主なるもの」として一三項目が挙げられているが、その過半数である七項目が租界行政に関係しており、その関心の高さをうかがわせる[26]。租界行政をめぐる問題は上海における各コミュニティを結びつける結節点として機能していたのである。とりわけ年に一度行われた租界行政のトップを選出する選挙は、外国人居留民全てが参加する租界行政という租界の体制を象徴するものであり、上海において特に大きな利害を有するイギリスやアメリカ、日本の居留民社会は高い関心を示した。

上海における帝国列強や中国の関係を考えた場合、租界行政はそうした関係のごく一部に過ぎず、当然ながらそれ以外にもさまざまな利害が対立し、権益をめぐる競争や衝突が数多く存在した。それらは特に利害が複雑に交錯する共同租界で激しかったが、そうした競争や衝突を可能とした、ある種の戦闘の場——経済戦争だけでなく、選挙戦もその一つである——としての租界はどのように維持されたのかという疑問がわき起こる。先に述べたように、この点に関して既存の研究は全く答えていない。日中戦争開始以降の時期は、周囲を日本軍の占領地域によって完全に囲まれた「孤島」期とまで称されている。しかしながら、そうした「孤島」期においても、政治空間としての租界ではいまだにイギリス人とアメリカ人が優越した立場にあり続け、欧米人利害を最優先する支配体制が、それ以前とほとんど変わることなく維持されていた。そして状況は、太平洋戦争の勃発に伴って、共同租界が日本軍によって武力制圧されるまで継続した。

どのようにしてこうした状況が可能になったのか、換言すれば、そもそも租界という政治空間——そこではイギリス人の権益を最優先することが前提となる——はどのような制度によって維持されていたのか、そしてそうした制度はなぜ三〇年代から四〇年代の初頭にかけての激動期においても、大きな変化もなく維持され続けたのかを明らかにすることもまた、本書の目的の一つである。したがって、本書では経済的な競争や衝突ではなく、租界という制度そのものをめぐる対立や競争にも焦点をあてることになる。租界は南京条約をはじめとする条約によって設置された。しかし、共同租界の諸制度は公式の条約ではなく、地方官とのローカルな取り決めを拡大解釈することで形成され、その累積によって自治政府と呼べるものにまで成長した。そのため、その法的根拠はきわめて薄弱であり、その維持を条約など列強や中国の国際的な関係性に求めることはできない。何か他の力学が作用していたのである。結論を先取りしていえば、それは条約や取り決めを拡大解釈した主体、すなわち外国人居留民であり、租界の維持や繁栄を目指すうえで彼らと共犯関係にあった一部の中国人による、ある種のコスモポリタンな調和であった。それは日本の台頭によって動揺するが、崩壊するまでには至らなかった。それは日本人居留民もまたその共犯関係に巻き込まれていたからである。すでにイギリス人が支配的な地位にあり、それに中国人と日本人が挑戦したという基本的な構図は示した。しかし本書が明らかにするその実態は、イギリス帝国や日本帝国の政策、国際情勢の変化に翻弄され、特にイギリス人、日本人社会においてはそれぞれの内部における対立や摩擦も引き起こしつつ、その関係がめまぐるしく変化する、決してイギリス人対中国人、イギリス人対日本人といった、それぞれの社会を一枚岩的にとらえる単純な図式では把握しきれないものである。

最後に本研究を進めるうえでの上海共同租界の時期区分の大枠を示しておく。後藤春美は、イギリスと日本の国際関係を論じるうえで大戦間期を満州事変で二分割し、さらにイギリスの対日方針が大きく変化した一九二八年後半をもう一つの画期としている[27]。また高綱は、上海と日本の関係を一八九五年の日清戦争終了までの前史、日清戦争終了から一九三七年の第二次上海事変に至るまでの「租界における協調帝国主義」の時代、第二次上海事変から日本敗戦までの日本支配下の上海時代、敗戦による日本人引揚げまでの四つの時期に区分している[28]。租界を対象とする本書においてはこれらの区分を前提として、一九二五年の五・三〇事件までの比較的租界が安定していた時期、五・三〇事件から一九三二年の第一次上海事変までの中国ナショナリズムの台頭とイギリスの対中政策の変化の時期、二度の上海事変の間の日本人居留民のナショナリズムの高揚期、第二次上海事変から一九四一年末の太平洋戦争勃発までのイギリスと日本の二つの帝国が前面に現れた時期に分けて議論を進める。

ただし、これらの時期区分はあくまで便宜的なものであって、租界の体制に画期的な変化などがあったわけではない。既存の研究はほとんどが一九三七年の日中戦争の勃発を区切りとし、その前後をほぼ別物として扱っている。確かに日本軍による租界を除く地域の占領によって上海の状況は一変しており、枠組みの転換を図らずに済ますことは困難である。しかしながら、本研究は租界行政と外国人居留民という比較的戦争開始による影響の少ない対象を選択することで、日中戦争開始以前の時期と以降の時期をまたいで、同じ対象を通時的、継続的に検討することが可能となった。

### (4) 本書の構成

以上のような課題をふまえ、本書では以下のような構成で議論をすすめていく。

第1章「上海共同租界と工部局」は本書の導入部にあたる。共同租界の成り立ちとその基本法規である「土地章程」の内容、そして共同租界の行政組織である工部局を詳細にみていくことで共同租界の制度的な側面を確認し、上海の外国人居留民社会を検討するための歴史的前提を明らかにする。

第2章「イギリス人居留民と居留民社会」は、共同租界の諸外国人居留民について人口や職業分布などその全体像を概観する。そのうえで主にビッカーズの議論に依拠しながら、イギリス人居留民を詳細に検討し、彼らがつくりあげた租界社会の規範や特徴を明らかにする。とりわけ中国人に対する姿勢を考察し、彼らのもつ帝国意識の人種的側面を浮き彫りにすることで、租界という空間を支配していた人種を主要な判断基準とする社会規範を明らかにする。またイギリス人居留民がつくりあげた租界社会と、その内部で醸成した上海に根付いたアイデンティティについても検討する。

第3章「イギリス人居留民と租界の危機」では、一九二〇年代後半から一九三〇年代初頭にかけての中国ナショナリズムとイギリス人社会および工部局の関係を検討する。ここでは伝統的にイギリス人が独占的な支配体制をしいていた租界行政の実態を明らかにし、そうした租界行政のあり方に対する中国ナショナリズムの異議申し立てと、中国人の行政参加を進めることでそれに対応しようとした工部局の動きを考察する。またイギリス政府や工部局の中国に妥協的な姿勢に反対し、本国に対するはたらきかけを強めようとする居留民の独自の動きも追う。

第4章「上海の日本人居留民と租界行政」では、日本人居留民社会を概観したうえで、租界行政の側面から彼らが租界の外国人社会に参入していった過程を検討する。また第一次上海事変を契機とする日本人居留民の心性の変化も考察し、それが欧米人居留民との関係にどのような影響、変化をもたらしたかについても明らかにする。

第5章「工部局と日本人」は、工部局警察に幹部として任用され、一九三〇年代を過ごした上原蕃《しげる》という人物の経験を追い、租界行政の現場において日本人がおかれていた立場を明らかにする。

第6・7章は、工部局市参事会選挙の分析を通じて、第一次上海事変以降のイギリスと日本の共同租界の支配権をめぐる闘争を考察する。第6章「工部局市参事会選挙」では、まず工部局の最高意志決定機関である市参事会を選出する選挙の制度を詳細に検討して、共同租界における選挙の意義やその政治文化的側面を明らかにする。そのうえで第一次上海事変以降の日本人社会の選挙に対するアプローチの変化と欧米人居留民の対応を考察し、そこから一九三〇年代前半における共同租界における両者の関係性も浮き彫りにする。

第7章「日中戦争と上海共同租界「臨時市参事会」の成立」では、日中戦争勃発にともなう租界行政をめぐる問題の国際化について検討する。戦争の進展は上海を日本にとって重要な戦略ポイントとし、いかに共同租界の主導権を握るかが課題とされた。他方でイギリスは、東アジアにおけるイギリス帝国の象徴として共同租界を日本から防衛しなくてはならなかった。またこの章では、日英の妥協の末に設置されたとされる「臨時市参事会」の形成過程において居留民が果たした役割を考察することで、帝国と居留民の関係も検討する。

最後の終章では、本書の内容を整理する。

**注**

（1）高橋孝助、古厩忠夫編『上海史――巨大都市の形成と人々の営み』東方書店、一九九五年、一三四～三九頁、シー・エフ・レーマー『列国の對支投資 上巻』東亜経済調査局訳、東亜経済調査局、一九三四年、七三頁。

（2）本研究では租界における一時滞在者ではない外国人住民を、日本の慣例に従って「居留民」と呼称する。居留民という呼称は、中国や併合前の朝鮮半島の邦人住民を監督するための居留民団設置を義務づける居留民団法などで使用されている（第4章も参照）。

（3）高橋、古厩『上海史』、二四頁。

（4）James Layton Huskey, 'Americans in Shanghai: Community Formation and Response to Revolution, 1919-1928', University of North Carolina Ph.D. thesis, 1985.

（5）ここでは本文で言及できなかった主な各分野の先行研究を挙げておく。戦間期の東アジアの国際関係を最初に体系的に分析したのが、Akira Iriye, *After Imperialism: Search for New Order in the Far East, 1921-1931*, Cambridge MA, 1965 である。ただし、当時はまだイギリス外務省の関連文書が公開されていなかった。それらの文書の公開後、イギリスの極東政策を詳細に追ったのが、Wm. Roger Louis, *British Strategy in the Far East 1919-1939*, Oxford, 1971 である。Edmund S. K. Fung, *The Diplomacy of Imperial Retreat: Britain's South China Policy, 1924-1931*, Oxford, 1991 は、本書も対象とする一九二〇年代をその後の東アジアからのイギリス帝国の撤退のはじまりと位置づける。Stephen Lyon Endicott, *Diplomacy and Enterprise:*

*British China Policy 1933-1937*, Manchester, 1975 は、一九三〇年代半ばの中国に対するイギリスの外交政策形成における上海の居留民を含むビジネス・ロビーの影響力を強調する。また同時期のアメリカの極東政策を明らかにしたものに、Dorothy Borg, *The United States and the Far Eastern Crisis of 1933-1938: From the Manchurian Incident through the Initial Stage of the Undeclared Sino Japanese War*, Cambridge MA, 1964 がある。後藤春美『上海をめぐる日英関係一九二五～一九三二年――日英同盟後の協調と対抗』東京大学出版会、二〇〇六年は特に日本とイギリスの関係に焦点をあて、既存の研究を総合している。中国外交史の文脈では、久保亨『戦間期中国〈自立への模索〉関税通貨政策と経済発展』東京大学出版会、一九九九年が経済政策を中心に中国の主体的な外交政策を論じている。上海史としては以下の研究がある。中国人を主体として扱った研究では、Henriot, Christian, *Shanghai, 1927-1937: Municipal Power, Localoty, and Modernization*, Berkeley, 1993 が現状において最もまとまっている。Hanchao Lu, *Beyond the Neon Light: Everyday Shanghai in the Early Twentieth Century*, Berkeley, 1999 は上海の力車引きや伝統的な家屋の生活に注目して社会史的アプローチを行っている。Bryna Goodman, *Native Place, City, and Nation: Regional Networks and Identities in Shanghai, 1853-1937*, Berkeley, 1995 は道号団体を中心に上海の住民の出身地とのネットワークを論じている。同じく上海をめぐる多様なネットワークを包括的に扱うものとして、日本上海史研究会編『上海――重層するネットワーク』二〇〇〇年が挙げられる。特に建築から上海の近代化の過程を追ったのが、村松伸『上海・都市と建築 一八四二～一九四九年』PARCO出版、一九九一年である。

（6） F.L. Hawks Pott, *A Short History of Shanghai: Being an Account of the Growth and Development of the International Settlement*, Shanghai, 1928; G. Lanning and S. Couling, *The History of Shanghai*, Shanghai, 1921; F.C. Jones, *Shanghai and Tientsin: With Special Reference to Foreign Interests*, Oxford, 1940. フランス租界についても Charles B. Maybon, and Jean Fredet, *Historie de la Concession Francaice de Changhai*, Paris, 1929 がある。

（7） 高橋、古廐『上海史』。

（8） 《上海租界志》編纂委員会編『上海租界志』上海科学院出版社、二〇〇一年。

（9） 植田捷雄『支那に於ける租界の研究』巌松堂書店、一九四一年。

（10） Paul A. Cohen, *Discovering History in China*, New York, 1984（P・A・コーエン『知の帝国主義――オリエンタリズムと中国像』佐藤慎一訳、平凡社、一九八八年）。

（11） この時期以前の居留民を扱った代表的な研究としては、Albert Feuerwerker, *The Foreign Establishment in China in the*

*Early Twentieth Century*, Ann Arbor, MI, 1976 がある。

(12) John Darwin, 'Imperialism and the Victorians: The Dynamics of Territorial Expansion', *The English Historical Review*, 112 (1977), pp. 614-642.

(13) Nicholas R. Clifford, *Spoilt Children of Empire: Westerners in Shanghai and the Chinese Revolution of the 1920s*, Hanover, NH, 1991.

(14) 「大班」を扱った代表的な研究としては、Nathan A. Pelcovits, *Old China Hands and the Foreign Office*, New York, 1948.

(15) Robert Bickers, 'Shanghailanders: The Formation and Identity of the British Settler Community in Shanghai, 1842-1937', *Past and Present*, 159 (1998), pp. 161-211; *Britain in China: Community, Culture, and Colonialism 1900-1949*, Manchester, 1999.

(16) Robert Bickers, *Empire Made Me: An Englishman Adrift in Shanghai*, London, 2003.

(17) 後藤春美「一九二〇年代中国にかかわったイギリス人」(千葉大学留学生センター紀要、7、二〇〇一年三月、八九～九八頁)。

(18) Robert Bickers and Christian Henriot, ed., *New Frontiers: Imperialism's New Communities in East Asia, 1842-1953*, Manchester, 2000.

(19) 上海のユダヤ人研究として、例えば、Marcia Reynders Ristano, *Port of Last Resort: The Diaspora Communities of Shanghai*, Stanford, 2001; 丸山直起『太平洋戦争と上海のユダヤ難民』法政大学出版局、二〇〇五年。欧米における日本人居留民研究としては、Joshua A. Fogel, '"Shanghai-Japan": The Japanese Residents' Association of Shanghai', *The Journal of Asian Studies*, 59 (2000), pp. 927-950 がある。

(20) 坂口満宏「在外居留地・居留民団研究の現在」(京都女子大学東洋史研究室編『東アジア海洋域圏の史的研究』京都女子大学、二〇〇三年)。

(21) 高綱博文『「国際都市」上海のなかの日本人』研文出版、二〇〇九年。

(22) 「帝国意識」については、木畑洋一『支配の代償――英帝国の崩壊と「帝国意識」』東京大学出版会、一九八七年。

(23) 例えば、孫安石「西洋上海と日本人居留民社会」(谷川雄一郎訳、大里浩秋・孫安石編著『中国における日本租界――重慶・漢口・杭州・上海』御茶の水書房、二〇〇六年)も欧米人居留民については全く言及されていない。

(24) 租界と租借地の違いについて、以下で主権問題を中心に簡単に説明する。租界はあくまで外国人の居留地として指定された地域であり、主権は中国にある。したがって、租界で犯罪を犯した中国人は現地の中国地方法廷で裁かれる（領事裁判権を有する外国人の裁判は当然領事裁判所で裁かれる）。これに対し租借地は実質的に植民地（割譲地）と同義であり、主権は潜在的に中国に留保されるものの、統治権は租借した国にあり、租借地で犯罪を犯した中国人は租借国の法律で裁かれることになる。

(25) J.G. Ballad, *Empire of the Sun*, New York, 1984. この印象は、スティーブン・スピルバーグによる映画化作品においてさらに顕著である。

(26) 橋本五郎次編『上海日本人各路連合会の沿革と事蹟』上海日本人各路連合会、一九四〇年。同書で挙げられている事蹟は以下の通り（八二〜一〇四頁）。（イ）日本児童教育に対する輿論指導、（ロ）支那実業家の訪日観光団組織、（ハ）上海在郷軍人の組織、（ニ）第一次上海事変出動皇軍減退に対する感謝行、（ホ）事変直接被害救済金請願運動、（ヘ）上海神社を建て敬神の年を普及す、（ト）共同租界警察部日本隊編成、（チ）工部局各部門に邦人職員採用要求、（リ）工部局市参事会員席の獲得、（ヌ）日本小学校に対する工部局教育補助金獲得、（ル）上海日本商業学校建設用地折衝、（オ）支那の租界回収運動に対する各路連合会の活動、（ワ）北部支部の設立。この内、（ト）から（ワ）までの七つが租界行政にかかわる項目である。

(27) 後藤『上海をめぐる日英関係』、九〜一〇頁。

(28) 高綱『「国際都市」上海』、一三〜一四頁。「協調帝国主義」とは、満州事変以前の中国に対する日本と欧米列強の協調的な外交姿勢を示す。ピーター・ドウス「日本／西欧列強／中国の半植民地化」（浜口裕子訳、『岩波講座　近代日本と植民地第二巻　帝国統治の構造』岩波書店、一九九二年）も参照。

# 第1章　上海共同租界と工部局

## 第1節　上海共同租界の沿革

### (1)　南京条約と租界の設定

上海共同租界の起源は、第一次アヘン戦争後、一八四二年にイギリスと清国の間で締結された南京条約にさかのぼる。この修好通商条約を結ぶにあたって、中国沿岸の五つの港の開放が要求され、上海はその一つに選ばれた。長江河口近くに位置し、海外および中国内地への交通上の利便性から、イギリスはすでに一八世紀半ばから上海を有望な港としてその発展性に着目していた。(1)

さらに南京条約は、それらの港におけるイギリス人商人とその家族の居住を認め、イギリス政府がそれぞれの港に監督官ないし領事を駐派させることを定めていた。しかしながら、この南京条約ではそうしたイギリス人商人や外交官が居住する土地については特に言及されておらず、その欠点を補うために、翌年、南京条約を補足する虎門寨追加条約が結ばれ、各港に外国人が居住するための地域をイギリスと清国が協議して設定することが定められた。

一八四五年一一月、これらの条約に従い、上海における租界に関する協定が、清朝の地方官である上海道台宮慕久と初代上海領事ジョージ・バルフォアの（George Balfour）間で結ばれた。この協定が上海における租界の基本法規となり、後には租界の存在の法的根拠とされる「土地章程（Land Regulation）」であり、租界の範囲の他、土地の授受の方法や、租界の建設、運営など租界行政の大まかな内容が規定された。土地章程は後に数度にわたり改訂されることになり、この最初のものは第一次土地章程と呼ばれている。(2) 土地章程は、領事と地方官の間の取り決めに過ぎず、国際的な拘束力をもつ国際条約や協定ではなかった。しかしのちに、共同租界として大きく発展した租界が中国ナショナリズムの攻撃対象となった時、その存在の唯一の法的根拠とされたのがこの章程であり、その妥当性がおおきな議論を呼ぶことになる。土地章程については次節で詳細に検討する。

この第一次章程で定められた租界には、上海県城の北側の土地が割り当てられ、東は黄浦江に面し、北は李家荘（現在の北京東路）、南は洋涇浜《ヤンキンバン》（現在の延安東路）の範囲とされた。西は当初曖昧なままであったが、後年、バリア・ロード（現在の河南中路）が建築され、それが西境とされた。当初の面積は約一三八エーカー（八三〇畝）(3) であった（図1）。この地域は中国人の墓も散在する沼沢地であり、租界設置当初においては、イギリス人たちは上海城外の中国人住居を借りて住むしかなかったといわれている。(4)

当時の清国においては、土地は皇帝に属し、外国人への売却は不可能とされたため、租界は中国人地主からの永代租借という形で獲得された。租界の範囲とされた土地は、一畝あたり一万五〇〇〇～三万五〇〇〇文（約一五～三五ドル）で地主から永代租借——実質的には購入——され、「道契」と呼ばれる土地証書が与えられると同時にイギリス領事館に登録された。また実質的な土地税（land tax）として、一畝あたり年額一五〇〇文の地代が清朝政府に支払われた。(5) このように、一定の土地を外国人の居留や通商のために開き、その土地を外国人個人が中国人地主から直接租借という形で借り受け、それを領事館に登録することでその権利を確定する制度は「セトルメント（settlement）」方式と呼ばれ、上海のイギリス租界および後の共同租界やフランス租界ではこの方式が採用された。これに

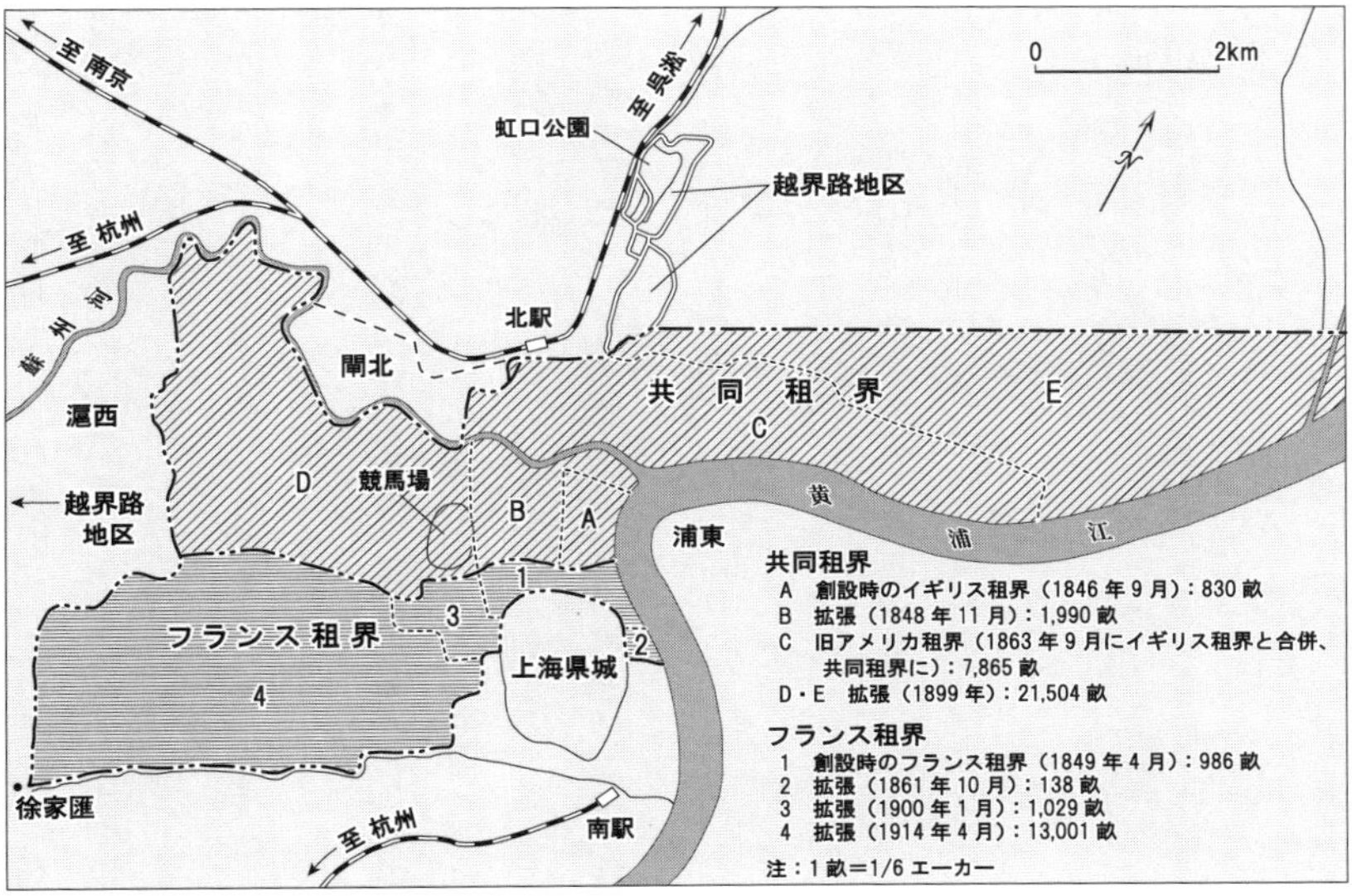


出典：Hanchano Lu, *Beyond the Neon Light* から作製.

図1　上海地図（1846〜1914年）

対し、租界として設定された一定の土地をまとめて特定の国が借り受け、その国の領事がその土地を管理し、自国民あるいは外国人に貸与するというやり方は「コンセッション（concession）」方式と呼ばれ、天津や漢口など多くの専管租界はこちらの方式を採用している。(6)租界の主権は清朝側が保持し、また租界として設定された地区において中国人が土地を借りたり、家屋を建てたりすることを禁止するいわゆる「華洋分居」が定められていた。

また第一次章程は租界のインフラ建設や運営に関しても外国人に委ねており、そのために「三名の高潔な商人（three upright merchants）」からなる「道路碼頭委員会（The Committee of Roads and Jetties）」が組織された。これが後の上海共同租界工部局の前身となる。三名の委員は、租界に土地をもつ外国人で構成される「外国人団体会議（Meeting of the Foreign Community）」で選出され、道路や橋梁の建築・維持、治安維持のための警吏の雇用、そしてそれら活動に必要となる費用を居留民から徴収する権限が与えられた。(7)

すでに租界黎明期から、租界の建設だけでなく、租界の自治的な側面の萌芽がみられたのである。実際一八四八年には二〇名程度の警吏が領事オールコック（Rutherford Alcock）によって雇用され、租界の巡回を行ったという(8)。

しばしば指摘されるように、清朝側は租界の設定を、貿易を求める外国人への恩恵であるととらえており、同時に厄介な外国人を隔離することができる便利な手段と考えていた(9)。例えば「華洋分居」条項や租界の運営そのものを外国人に丸投げするような条項に、それは如実に表われているといえよう。他方、外国人の活動を無制限に認めるつもりもなかった。例えば清朝側は租界の範囲として中国人墓地の多い城外を指定したが、これは墓地に対する中国人の迷信を利用し、さらに土地章程に中国人墓地に関する条項を入れることで、外国人の活動に制限をかけようとする目論見からであった(10)。しかしながら、そもそも墓地に対する考え方が大きく異なるイギリス人は、そうした意図になんら考慮することなく、居住や貿易の拡充に努め、結果として上海において租界は大幅に拡大されていくこととなる。

### (2)　第二次土地章程

南京条約に準じた条項を含んだ条約を、一八四四年にアメリカ（望夏条約）が、次いでその翌年にフランス（黄埔条約）が清国と締結した。これらの条約によって、両国も南京条約で開港された都市に租界を設置する権利を獲得し、ともに上海にイギリスと同様の租界を設置することになる。

フランス租界はイギリスに遅れること二年余、一八四八年一月に初代領事を上海に派遣した。翌年四月、現地のフランス商人の要請を受け、フランス租界が上海県城とイギリス租界に挟まれた地域に設定された。開設当時のフランス租界の住人は一〇名に過ぎなかったという(11)。フランス租界は前述したように「セトルメント」方式であったが、より租界としての意味合いの強い「コンセッション」という名称を採用した(12)。

アメリカは望夏条約を締結した後も領事を派遣することなく、イギリス租界に居住していた商人を領事代理に任命

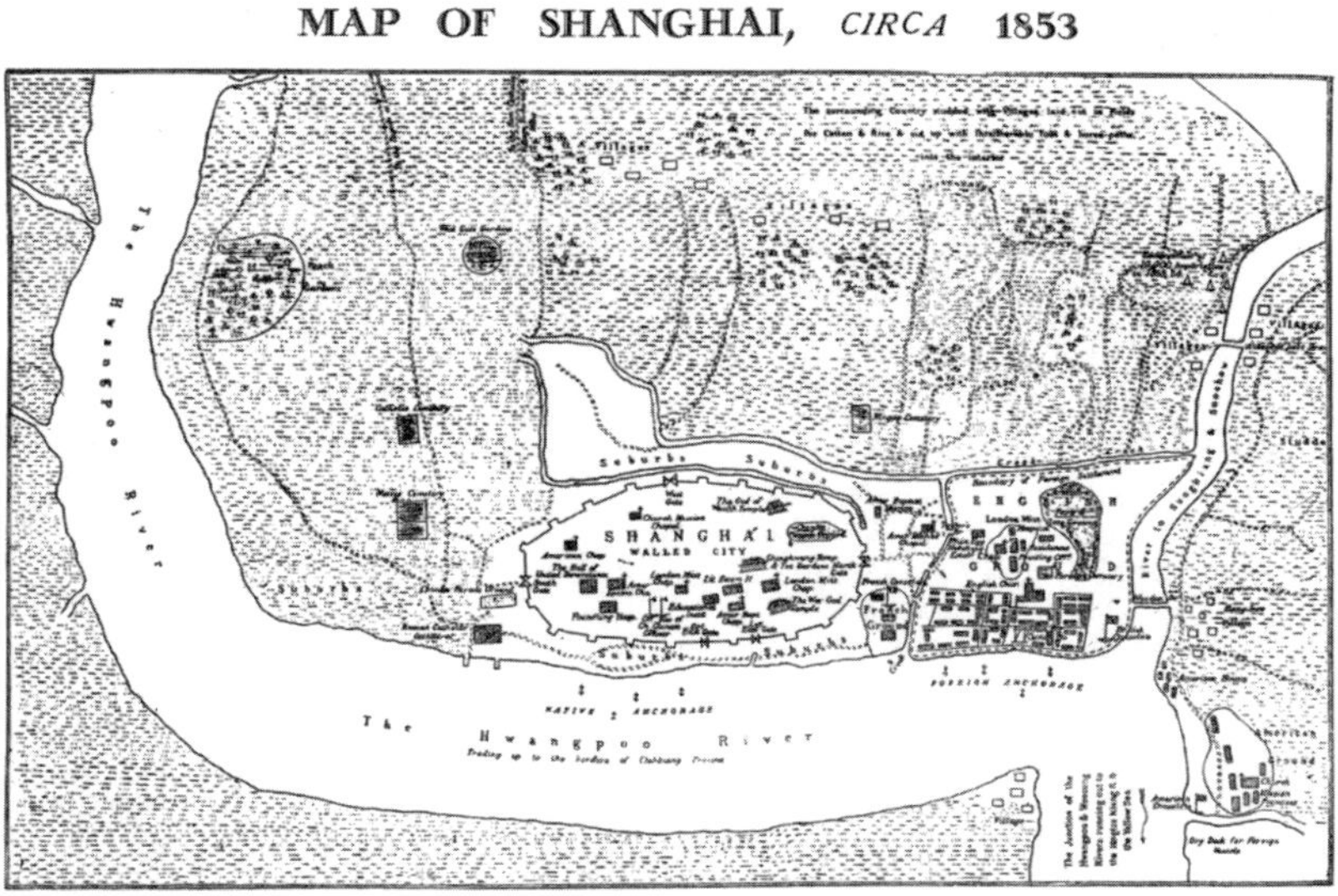


注：地図の右側が北方面.
出典：*Oriental Affairs,* Oct 1938.

図２　1853年の上海

したただけであった。この商人は領事館をイギリス租界内に設置し、アメリカ国旗を掲揚するなどして、現地のイギリス当局と衝突した。第一次土地章程では、イギリス租界内において、イギリス人以外の外国人についてもイギリスの支配に服することが規定されていたからである。その一方、アメリカ人商人や宣教師は租界の郊外、特に北部の土地を購入するものが増え、アメリカは独自の租界の設定を清朝に要求した。このアメリカ租界の設定要求について、清朝はその設定を承認したものの、アメリカ租界の明確な範囲指定はされず、「蘇州河以北虹口一帯」という曖昧なものとなった(13)。一八五四年にアメリカ領事はアメリカ租界に移動したが、その後もアメリカ商人はイギリス租界に留まり、虹口は船員や浮浪者の巣窟になっていたという(14)（図２）。

このころ、太平天国運動に呼応した小刀会という結社が上海県城を占拠するという事件が発生する。租界は清朝と小刀会双方に対し中立的立場をとったものの、その後、小刀会は一八五五年二月まで県城を占拠し続け、租界側もなんらかの防衛策が必要となった。当初は各国商人たちが自発的に「防衛委員会」を組織し対応に当たったが、やがて英・米・仏の領事が協議し、三国共同で居留民による義勇軍を組織し、清朝軍や小刀会と戦闘を行った。散発的な戦闘は一八五五年二月まで続いたが、なかでも一八五四年四月の戦闘は「泥地の戦い（Battle of Muddy Flat）」として、その後、租界の創世神話の一部となり、この時組織された義勇軍も、後の上海義勇隊（Shanghai Volunteer Corps）の基礎となる。(15)

租界成立後一〇年にして発生した小刀会の乱は、二つの点で租界のありように大きな変革を迫ることになった。一つは中国人との関係であり、もう一つは土地章程の見直しによる租界のあり方の再定義である。小刀会の乱によって大量の中国人難民が発生し、一八五四年の時点で二万人を超える中国人が難民としてイギリス租界に流入し、租界は混沌状態に陥った。このような状況に対して、章程に定められている通り租界から中国人を排除すべきと主張するものもあったが、租界の外国人の意見の大勢は中国人の受け入れに傾いた。そもそも二万もの中国人の流入を数百名の外国人が押しとどめることができるはずもなかった。また難民とはいえ、そこには近隣の裕福な中国人も多く含まれており、そうした中国人に家屋を貸し付け、多大な利益を得る外国人も少なからず存在した。こうした人々は租界への中国人の受け入れに積極的に動いた。(16)

租界のごく近郊での戦闘は、外国人に租界の中立の維持とともに、租界の自治権の拡大の必要性を痛感させた。外国人の生命・財産保全の責任は、条約では清朝側に帰されていたが、居留民自らが義勇軍として戦闘を行わなくてはならない状況では、清朝にそうした保護能力が欠けていることは明らかであったからである。また三国が協力して防衛に当たったことで、租界の外国人を統一的に管轄する、ある種の自治政府が望まれるようになった。

こうした居留民の要望を反映し、いまだ県城に小刀会が居座るなか、一八五四年七月に英・米・仏共同で土地章程が改正され、「第二次土地章程」が成立した。(17) この新たな章程はイギリス租界だけでなく、アメリカ・フランス両租界についても適用されるものとして作成された。この第二次土地章程やそれによって誕生した行政制度については次章で詳しくみるので、ここでは主な特徴を列挙するにとどめる。まず最大の変更点は、イギリス租界の排他的な管轄の放棄である。そもそも第一次章程は「イギリス人の居住のために留保された土地に関する章程」であり、そのためにアメリカ人居留民との間に衝突が起こるなどした。新章程では、その代わりに「租界内に居住するすべての外国人に対し平等な拘束力をもつ」ことが宣言され、租界において各国人が等しく権利を持つことが定められた[18]。例えばイギリス人以外の外国人が租界に土地を取得した場合でも、それまでは全てイギリス領事に届け出なくてはならなかったが、新章程では取得した外国人が所属する国の領事に届けることとなった。これは他の専管租界と一線を画するものであり、後の共同租界誕生への布石となったといえる。

次に大きな変化は、中国人が租界内に土地を取得、居住することを禁じた「華洋分居」を廃止し、それらを公認したことである。これは「華洋分居」に対し「華洋雑居」と呼ばれる。それでも第二次章程成立当初においては中国人の流入を制限しようという動きもあったが、翌年、上海道台との間に租界内における中国人の居住についての協定が結ばれ、土地章程の厳守と外国人が租界当局に対し支払う課金を等しく分担することなどを条件に、租界における中国人の居住が正式に認められた[19]。一方で、租界の主権が中国にあることも確認しており、中国当局に対する地租の支払い、道台の官印のない地券は無効であることなどが規定されている。

最後に租界の自治についての規定である。第二次章程では、租界における道路や埠頭の建設・修復、清掃、街燈の維持、排水、警察活動などの費用を徴収するために、毎年借地人会議を開催すること、そして借地人会議は、土地・家屋に対する課税、租界に陸揚げされる貨物に対する埠頭税として、居留民からその経費を徴収することが規定された。第一次章程では分担金に過ぎなかったものが、租界当局が徴収する税金として規定しなおされ、自治体としての機能が大幅に強化されたのである。以降、文言に多少の修正は加えられるものの、この条項が租界の自治権の根拠として利用されていくことになる。

租界行政の執行機関として「道路碼頭委員会」に代わり、七名の委員で構成される「市参事会（Shanghai Municipal Council）」が組織された。(20) その名称や年に一度改選される参事など、これは当時のイギリスの地方自治体をモデルとしたものであるといわれている。小刀会の活動中でもあり、直ちに租界防衛を担う「防衛委員会（Defence Committee）」を設置するとともに租界警察も組織された。後の「上海共同租界工部局警察（Shanghai Municipal Police）」の誕生である。警察長官には香港の高級警察官が招聘された。租界に居住する中国人に対する警察権もこの租界警察が有することとなり、租界における中国人犯罪者の逮捕は租界警察が行うようになった。後に奇形的な発展を遂げていく租界の行政の方向性はこの時点である程度定められたといえよう。

### (3) 英米租界の合併——共同租界の誕生

一八六〇年、太平天国の乱が上海にも波及し、六二年までに数度にわたり上海は攻撃を受けた。小刀会の乱の時よりも多くの中国人難民が流入し、一時、租界の中国人住民の数は五〇万人を超え、戦乱が落ち着いた後も二万人以上の中国人が租界に留まり続けた。イギリス租界でもこの事態において治安維持に多大な困難を抱えることになったが、以前から治安状況の悪かったアメリカ租界ではなおさらであった。当時、アメリカ租界で活動していた警察官は六名に過ぎず、アメリカ領事はイギリス租界に協力を求めなくてはならなくなった。その結果、一八六二年一一月以降、両租界の治安維持機能は事実上統合された。

また太平天国の乱に際して英米が共同で租界防衛を行っていたこともあって、両租界の合併の機運も高まった。すでに述べたように、アメリカ租界はその存在は認められていたものの、明確な地域は確定されていなかったが、これを機会に上海道台と領事の間でアメリカ租界の領域が確定された。そのうえで一八六三年、両租界の借地人会議での承認を受け、イギリス租界とアメリカ租界は空間的にも行政的にも統合され、ここにいわゆる「共同租界（International Settlement)」が誕生した。[21] ただし当時は「外国租界（Foreign Settlement)」と呼称され、「共同租界」が正式名称になるのは一八九九年になってからである。

英米租界の合併によって租界の範囲が大幅に拡大し、居留民や中国住民も増え続けるなかで租界行政は拡大、複雑化していった。そのため旧来の章程では十分に対応しきれない状況となり、一八六九年に二度目の土地章程の改訂が行われた。[22] この第三次土地章程では、選挙権の拡大、[23] 市参事会の拡大・権限強化、市参事会を被告とした案件を扱う領事団裁判所の創設、さまざまな補則の制定などが盛り込まれた。この後、一八九九年にも三度目となる改定が行われるが、この時の改定は非常に小規模な変更にとどまっており、[24] 市参事会の権限が大幅に強化されたこの第三次土地章程で、共同租界の基本的な法的枠組みはできあがった。

フランス租界はこの頃までに英米租界との分離傾向を明確にし、条例を制定して独自の行政組織を整備していた。[25] そのためこの第三次章程が適用されることも拒絶し、共同租界からは完全に独立した。その後、フランス租界では総領事を中心とした官僚主導の行政が行われていくことになる。この英米租界の合併とフランス租界の分離により、戦前期における上海の最大の特徴である、共同租界、フランス租界、華界の三つの領域の鼎立体制が確立したのである。

章程の改定、それにともなう市参事会の権力強化に並行し、租界そのものの範囲も数度にわたって広げられた。イギリス租界は、設定された翌年の一八四六年には一三八エーカーに、一八四八年には四七〇エーカーにとその領域を拡大させていたが、アメリカ租界との合併で急激に肥大化した。正式な租界の拡大は一八九九年が最後になるが、この時点で共同租界の面積は当初の二五倍以上に膨れあがっていた（図1）。この拡大と同時に「共同租界」が正式名称となった。

一八九九年以降も、共同租界のさらなる拡大が試みられるが、中国当局は一貫してそれを認めることを拒否した。

とりわけ第一次大戦後の五・四運動を経験したのちは、中国ナショナリズムの盛り上がりに後押しされ、むしろ租界の返還に向けた圧力がかけられるようになる。そこで新たな租界域拡大の手段として工部局によって積極的に推し進められたのが、「越界路」の建設である。越界路とは、その名が示すように租界の境界を越えて華界の内部に延伸された道路のことであり、工部局は、その道路上とその道路に面した土地や建物に対する徴税権や警察権を主張した。「越界路」建設は、増え続ける共同租界の人口の圧力を少しでも緩和するための手段であったが、租界の存在そのものを否定するようになっていた中国側との間で論争の焦点となった[26]。一九三〇年代には、越界路と越界路に面する敷地——「越界路地区」——は七九二三エーカー（滬北地区二八三エーカー、滬西地区七六四〇エーカー）に達し、当時の共同租界の面積（五五八四エーカー）の一・五倍近くとなっていた[27]。

共同租界における司法についても簡単に触れておく。共同租界の法廷は、領事裁判権に基づく各条約国の裁判所、中国の裁判所、そして領事団裁判所の三つに分類される。中国との間に治外法権を含む条約を締結し、領事裁判権をもつ国は一九三〇年当時で、アメリカ合衆国、ベルギー、ブラジル、イギリス、デンマーク、フランス、イタリア、日本、オランダ、スペイン、ポルトガル、ノルウェー、スウェーデン、スイスの一四か国で条約国（treaty powers）と呼ばれた。ドイツ、オーストリア、ロシアといった国は、一時は治外法権を有していたが、第一次大戦やロシア革命を通じてその特権を失っていた[28]。こうした条約国に属する居留民は、中国にあっても自国の法律に服することになる。したがって、彼らが刑事上、あるいは民事上の被告となった場合、それぞれの属する領事裁判所で裁かれた。

上海共同租界には、中国人を被告とした案件を扱う裁判所として会審公廨（会審衙門、Mixed Court）が、一八六四年に清国の管理の下で設置された[29]（図3）。これは純粋な中国の裁判所ではなく、ここで扱われる外国人を原告とする裁判では、中国人裁判長の下に外国領事が陪審し、外国人に不利な判決が出ないような制度をとっていた。また中国と条約を結んでおらず治外法権をもたない国の人間もこの裁判所で裁かれた。一九一一年に辛亥革命が勃発すると、清国当局はこの会審公廨の管理を領事団（後述）に委託した。その結果、領事団が中国人判事を任命し、その俸給は工部局が負担するという状態となり、法廷に対する列強の管理や干渉が強まった。このことは、その後台頭した中国ナショナリズムによって厳しく批判され、一九二六年に会審公廨の管理権は中国政府に返還された。さらに一九三〇年には、列強の公使団と中国政府の交渉の結果、外国人の干渉をほとんど受けない、純粋な中国裁判所に再編された。

出典：上海市档案館編，史梅定主編『追憶——近代上海圖史』．

図３　初期の会審公廨

最後の領事団裁判所は、工部局に対する行政訴訟を扱うための裁判所である。第三次土地章程で規定され、一八八二年に設置された。行政法人としての工部局を被告とする裁判は、土地の接収や評価についてしばしば居留民や中国人から訴えられることがあったが、国際的な性質をもつ工部局を被告とする裁判は、特定の国の領事裁判権で扱える範疇を大きく逸脱していた。そのために領事団裁判所がある種の国際裁判所として設置された。これは裁判長以下三名の判事で構成され、これら判事は領事団内部において互選で決められた。実際には共同租界における各国の勢力関係が反映され、第一次大戦前は英・米・独の領事によって大戦後は英・米・日の領事によってこれらの判事は占められた。

## 第2節　土地章程

### (1)　二〇世紀以降の土地章程

土地章程は共同租界の性格を決定する基本法規である。すでに第一節で概略を示したが、土地章程は租界の範囲を規定するものとしてスタートし、租界を取り巻く環境に対応するために、一九世紀後半を通じて三度にわたり改定され、細かい修正も繰り返された。本節では最終的な土地章程である一八九九年版の章程の内容を検討することで、共同租界の性質を検討する。

一八九九年の修正を経た第四次土地章程も、その基本的な部分は一八六九年の第三次土地章程からほとんど変更がなく、第三次章程の時点で共同租界の基本的な性質が決定されたといってよい。また二〇世紀に入ってからの修正の少なさにも注意が必要である。とりわけ一九〇七年以降では、一九一八年に市参事会選挙の実施時期が四～五月から二～三月に変更されたのが唯一の修正である。後述するように、章程の改訂や修正には、上海に駐在する各国領事からなる領事団だけでなく、北京に駐在する列強の公使によって構成された公使団、そして中国政府、これら全ての同意が必要であったため、修正のためのコンセンサスは容易にとることができなかった。土地章程の修正の少なさは、共同租界における利害の錯綜具合をよく示しているともいえよう。特に第一次大戦後のナショナリズムの盛り上がりのなかで、中国政府は上海を含めた租界の返還を目標の一つとし、章程のいかなる些細な修正にも反対した。例えば、一九三五年に市参事会選挙の投票時間を延長するという修正や、中国人にとってむしろ権利の拡大といえる、中国人土地委員の加入のための土地章程修正も中国政府は拒否している（その後、中国人土地委員については承認）[30]。一九四一年の市参事会の「臨時市参事会」への改組についても、重慶政府はそれを黙認はしたが、決して承認はしなかった（第7章参照）。二〇世紀に入り租界社会がインフラの近代化やモータリゼーション、あるいは日本人の台頭や白系ロシア人の流入などによる人口構成の大きな変化を経験して以降も、一九世紀後半に改訂された土地章程が、その後大きな変更を加えられることなく一九四〇年代まで適用され続けたことは、結果として章程を時代錯誤な存在へと追いやり、さまざまな矛盾を生み出すとともに、それらの矛盾を拡大していくことになった。以下では土地章程の条項（全三〇条）から共同租界の特徴をみていく(31)。

## (2)　土地の取得、譲渡など

第一条は東西南北の境界を定めることで、共同租界の範囲を規定している。その範囲は一八九九年の最後の租界拡張によって定められたもので、面積は三五八四エーカーと設置当初の約二五倍に拡大している。またこの条項には、租界内といえども領事館などの各国政府関係施設、海関、一部の中国寺院は工部局の管轄外であることが明記されている。ただしそうした用地も課税の対象となった。

第四次章程の第二条はごく短く、土地を取得する場合、列強と中国との間で締結された条約に従うことが述べられているだけだが、第二次章程以前の条文（第一条に相当）には、その手順が詳細に述べられていた。それによると、ある土地の取得を望むものは事前にその土地について、すでに第三者が地権者である中国人と交渉を行っていないかを領事館に問い合わせる必要があり、もし他の外国人によって当該地の取得について交渉が行われていた場合、その交渉の結果を待たなくてはならないとされていた(32)。これは土地取得における競争を管理するのが目的であり、この規定によって外国人同士が土地をめぐって競争することを防ぎ、中国人から土地を獲得する際の価格上昇を抑えようとしたものであった。中国人地権者からすると、競争による価格の上昇が見込めない点で外国人に対し不利であったといえよう。

こうした交渉の結果、合意に至った土地の譲渡や登記、さらには外国人の間での土地の譲渡について続く第三～五条で規定される。何よりも中国人地権者から売り渡される土地については、その譲渡証書に上海道台（中国側官吏）の承認が不可欠とされ、そうした承認の印章を押された「地券（Title Deed）」が発行されて初めて土地の代価が支払われ、契約が成立した。外国人の間での土地の譲渡もこの「地券」の売買として行われた。またこれらの手続きは全て関係する外国人が所属する国家の領事館を通じて行われると同時に、取得された土地、転売された土地は全て当該領事館に登記しなくてはならなかった。そして共同租界の土地に関しては、これら登記の情報は工部局に報告された。

第六条は、公共利用――主に道路――のための工部局による土地の収用およびその補償について条項である。この条項によって、工部局はかなり強権的に個人が所有（形式上は永代租借）する土地を道路建設などのために収用することが可能となった。所有者が収用に抵抗した場合の調停を行う「土地委員会（Land Commission）」についてもその資格などが規定されている（第六条a項）。

また中国政府による鉄道敷設の可能性を危惧して、工部局以外の第三者による共同租界を通過する鉄道敷設の際の土地収用については、工部局の許可が必要であると規定した（第六条b項）。これは鉄道が軍事利用される可能性が高いことから、租界の中立性に支障がでることを考慮したうえでの中国側への牽制であったといえよう。結果として上海を通る鉄道は華界に敷設されたが、日本との軍事衝突の際には主要な攻撃目標とされている。

一九〇六年に追加された第六条のc項は、新しい道路の建築についてであり、三か月前の告知とその道路の隣接地に居住する外国人の建設費負担（総建設費の三分の一を両側の住人がそれぞれ負担する。すなわち全体の三分の二が住民負担となる）を規定している。本来この条項は、租界の境界外の地域に道路が延長され、そうした道路に隣接する地域に居住することで経済的な負担を逃れていた外国人を工部局の管轄下に包摂することが目的であった。しかしながら、結果としてこの境界外への道路（「越界路」）建設は、工部局の権威の及ぶ範囲を租界外にまで拡大したことで、実質的に租界の拡大と同義であり、中国側との新たな摩擦を生み出すこととなった。いずれにせよ、このような土地の公共使用の条項が後の租界の発展の鍵となったことは疑いない。

第七条は境界石の設置についての条項である。これは租界の外国人居留民が両当局の管轄下にあるということを強調するための条項であり、外国人が土地を中国人地主から租借した際、境界線を画定するために、地番を英語と中国語で併記した境界石を領事と中国地方当局の監督下で設置しなくてはならなかった。

繰り返しになるが、共同租界の土地は外国人が永代租借しているが、その所有権は中国政府が留保していた。したがって、土地を租借する外国人は毎年借地料として一定額を支払わなくてはならなかったが、その期日は第八条で旧暦の一二月一五日と定められていた。当日までの未納者、滞納者は上海道台によって該当する領事裁判所に告訴され、裁判を通じて回収されることが定められている。海関収入同様、この租界からあがる借地料は中国政府にとって重要な財源の一つとなっていた。

### (3)　自治的機能

第九条には、共同租界の自治的側面の枠組みを規定する雑多な条項が列挙されている。土地章程のなかでもこの第九条は、「共同租界のよりよい秩序維持と行政のため」に、ある程度の自治的な機能を外国人居留民とその代表機関である市参事会と納税者会議に認めており、共同租界の基本的な性質を決定づけているという点でとりわけ重要である[33]。

ここでは自治的機能として、土木事業とその維持、租界内の清掃、照明、道路散水、排水、警察機構の設置、行政活動に必要な土地、住宅、建築物の購入、借り入れ、工部局職員への俸給支払い、そしてこれらの事業に必要な資金の調達などが挙げられている。次節でみるように、工部局の行政にかかわる事業内容は、教育や工場の査察、発電所の運営など、ここに挙げられた内容を超え、多岐にわたる領域に拡大していくことになるが、そうした事業は、この項目を拡大解釈していくことで正当化されていった。

第九条によると市参事会選挙と納税者会議の日程は領事団によって設定され、それぞれ一四日前、二一日前に公示しなくてはならないと定められている。したがって、これら居留民による自治活動における最も重要な行事には領事団の事前の承認が不可欠であり、工部局行政に対し領事団が行使できる数少ない権限であったといえる。しかしながら、章程にはそうした日程の設定は領事団の義務とされ、それを拒否するようなことは不可能であり、あくまでも名目的な権威に過ぎなかった。

毎年一回開催される年次納税者会議は、一定の資格基準を満たした納税者（初期においては「借地人」と呼称）が出席し、年に一度開催されるものとされたが、第九条によってその機能は共同租界の財政問題と自治活動に必要な資金の徴収方法の協議と決定に制限された。また第一二条では工部局の会計検査も納税者会議の役割とされ、前年度の会計検査が終了しない限り、市参事会は次年度への移行ができないとされた。納税者会議出席の資格や市参事会選挙の選挙権資格についてはまた別の条項で規定されたが、この第九条はそうした有資格の納税者の代理投票権を認めていた。つまり納税者会議に出席できない、あるいは市参事会選挙において投票に行けない有権者は自らの票を別の有権者に委託することが可能だったのである。これにより一人の有権者が複数の票を保有するという状況が生まれ、特に一九四〇年の市参事会選挙においては大規模な票の集中を生み出し、イギリスと日本の選挙戦を過熱化させる最も大きな要因となった（第7章参照）。

工部局の財源についても第九条はその枠組みを規定している。ここで認められている財源は、土地税（年額は土地の総価格の二〇〇〇分の一）、家屋税（年額は家賃の一〇〇分の一が上限）、共同租界に持ち込まれる貨物に対する関税（価格の一〇〇〇分の一が上限）、そして鑑札料（営業許可手数料）である。[34] 実際には一九三〇年で土地税は〇・七〜〇・八％、家屋税も一六％程度にまで引き上げられており、共同租界の継続的な土地価格の上昇も相俟って、この制限された財源でも十分に賄うことができた。[35] そのため外国人居留民の税負担は相対的に軽かったといえよう。また土地・家屋に対する課税が収入の大半を占めていたことは、この共同租界における土地所有の重要性を示している。租界内に住む中国人にも同様の課税がなされ、二〇世紀初頭までは中国式の建築に対する税率は外国式の建築に対する税率よりも平均二％高いなど、中国人により重い負担を要求するものとなっていた。

続く第一〇条は、市参事会の構成とその税金関係の権能について規定している。市参事会は外国人居留民の選挙によって選出された五名ないし九名の外国人で構成される。一八四五年の最初の章程では、三名の「道路碼頭委員会」が設置され、第二次章程で七名に増員された。それが英米租界の併合と第三次章程を経て、「上海共同租界工部局市参事会」へと再編されたのである。さらに一九二八年には、五・三〇事件以降の中国ナショナリズムの高まりのなかで中国人の行政参加を認めないわけにはいかなくなり、三名の中国人を市参事会に加えている。さらに一九三〇年には中国人参事は五名に増員され、市参事会は一四名へと大きく拡大した（第3章参照）。しかし、いずれの場合も土地章程改訂について中国政府の同意を得ることができず、領事団および公使団の了解のもとで、上海の緊張を緩和するための超法規的な措置として中国人参事の参加が認められ、この条文にその旨が追加された。

第一〇条はまた、第九条で言及された活動のために土地税や家屋税を課税する権限とともに、そうした税金の滞納者に対する訴訟や土地家屋の差し押さえについて述べられ、その具体的な方法は、滞納者の起訴については第一三条、罰金とその徴収については第一四条に定められている。

市参事会は、章程で扱われていない事項について「本章程の目的を一層完全に遂行する」ために条例（「土地章程附則」）を制定、あるいは修正する権限を持つことが続く第一一条で規定される。最終的に四二の条例が制定され、土地章程を補うことになったが、多くは下水道や排水溝、ガス管の設置・管理、建築物や道路の建設、糞尿の運搬など、大半は建築やインフラに関するものが占めている(36)。また工部局の重要な財源の一つとして鑑札料があったが、それが科せられる業種も附則で規定された。他には交通規則、危険物の規制も附則によって定められた。日中戦争勃発以降、対日テロが頻発し、日本当局からの圧力もあって共同租界内における火器の携帯が非合法化されたが、これもこの附則という形で制定されている。市参事会が案出した条例案は納税者会議と、領事団か公使団の承認が必要となった。中国政府の同意が必要となる章程の改訂に比べると、それが必要ない条例の制定や修正は比較的容易であったといえるが、実際には特別納税者会議の定足数がなかなか満たせず、条例の修正も必ずしも簡単ではなかった。しかし、土地章程と同等の効力を有するこれらの附則が、租界の住民の大半を占める中国人に断りなく制定されることに対する批判は強かった(37)。

第一五条は右記の特別納税者会議についての条項である。年次納税者会議の権能は財政関係のみに厳密に制限されており、土地章程の修正や附則の制定、あるいはその他の行政上重要な議題のために開催されたのが特別納税者会議である。特別納税者会議は、「租界行政に関係ある事項の討議」のために、領事ならば合同あるいは単独で、納税者なら二五名以上の賛成によって、一〇日以上前の公示を経て開催される。特別会議の定足数を満たすには全有権者の三分の一以上（代理人を含む）の出席が必要であり、議長は慣習的に首席領事（後述）が務めた。特別納税者会議の決定にも領事団の認可が必要であり、その認可なしに実行力を持つことはなかった。また会議での決定から領事団の認可までには一〇日間の猶予期間がおかれ、もしその決定によって財産もしくは権利を侵害される可能性を持つものは領事団にその旨を伝え、検討を要求することができ、また領事団は認可後も二か月は、その認可を取り下げることができると規定されている。領事団が一度出した認可を取り下げたという事例はないが、こうした規定は工部局や居留民に対する領事団の権威を強調するものであったといえる。

第一六条は共同租界における墓地に関する条項であり、中国人の祖先崇拝に配慮した内容となっている。外国人が中国人地主から借り入れた土地に中国人の墓があった場合、その墓の遺族の同意なしには移動することを禁止し、またその遺族の墓参も認め、そのための便宜をはかることを義務付けている。ただし租界の範囲内で中国人が新たに遺体を埋葬することは禁じている。中国人の墓参については最初の章程でも言及されており、租界拡大の障害にこそならなかったものの、外国人にとって特別の配慮が必要と考えられていた。フランス租界は道路建設のために中国人墓地を強制的に移転しようとし、大規模な暴動（四明公所事件）が二度にわたり発生している(38)。

土地章程を租界に住む外国人居留民と中国人に順守させるための規定が第一七条である。章程違反の報告、あるいは中国当局からの告発があった場合、その違反者は所属する国の領事によって召喚され、有罪であれば略式裁判の後三〇〇元以下の罰金、もしくは六か月以下の禁固刑に処せられる。またこれらの刑罰が相応しくない場合は、適当と認められる方法による処罰も可能とされている。

この条項でも注意すべきは、租界の基本法規である土地章程の違反者であっても、それを処罰するのは工部局ではなく条約国の領事たちであるという点であり、ここでも工部局に対する領事団の優越が主張されている。また条約国でない外国人が章程違反を犯した場合も、工部局ではなく、いずれかの条約国の領事を通じて中国当局に起訴することが定められている。工部局は、共同租界の基本法規である章程の違反者ですら、その処罰に関しては領事団に任せなくてはならなかったのである。さらにこの条項は必ずしも領事団や中国当局を拘束するものではなく、こうした違反者を処罰するかどうかはそれぞれの自発的な意思によるものとされており、工部局が望むような適切な処罰が行われるかどうかは、工部局と領事団、中国当局の関係如何にかかっていた。

### (4) 市参事会に関する規定

第一八条以降は、市参事会に関する条文が続く。第一八条と第一九条は市参事会の選挙についての条項であり、前者は市参事会選挙の手順を、後者は選挙資格をそれぞれ規定している。市参事会と工部局については節を改めて検討し、市参事会選挙についても章を改めて論じるので、ここではこれらについて簡単に触れるに留めておく。市参事会選挙の選挙資格はそのまま納税者会議における投票資格でもあり、これらを保有するものが有権者と呼ばれた。しかしながら、選挙資格には納税額による財産規定が存在しており、共同租界における全ての外国人居留民が参政権をもっていたわけではなかった。また共同租界に居住し、工部局によって課税・徴税の対象とされていた中国人にも参政権は認められなかった。結果として有権者の数は非常に限られ、一九三〇年で有権者数はわずか二六七七人であり、共同租界の外国人人口(当時三万六四七一人)の七%程度が参政権をもっていたに過ぎず、国籍によってもその割合には大きな開きがあった(39)。次章で詳しくみるが、こうした有権者の大半は居留民のなかでもとくにビジネス・エリート層によって占められていた。またこうした有権者の一覧の公表も第一九条で工部局に義務付けられており、毎年一二月に『工部局公報(Municipal Gazette)』に掲載された(40)。

第二〇条は、市参事会の参事に欠員が出た場合の補充について、三名以下なら市参事会の多数決で新たな参事を決定し、三名以上の場合は通常の市参事会選挙と同じ方法で新たに選出すると定めている。前述のように参事の多くはビジネスマンであり、転勤などの仕事上の都合で任期半ばでも参事を辞任するものの少なくなかった。そうした場合、納税者の意志は無視され、通常、辞任する参事の推薦で新たな参事が任命された。また国別の参事のバランスをとるために特定の国籍の当選者が辞任して、本来当選すべきと考えられた国の人物を参事として招き入れることもあった(41)。

第二一条は、参事の任期と市参事会の議長および副議長についてである。参事の任期は一年で、年次納税者会議で会計検査が通過した時点をもって、それまでに選出されている次期の市参事会と交代する。再選は可能であり、多くの参事が複数年にわたり参事を務めている。議長と副議長は初回の市参事会会議で参事のなかから選挙で決定された。

第二二条は、市参事会の定足数は三名であることと、議事の決定には出席者の過半数の賛成が必要であり、同数の場合は議長の票で決定すると定めている。しかし納税者に対しては、市参事会はあらゆる決定を常に全会一致によるものとされ、市参事会内部で意見が分裂した場合でも決して少数派意見が公表されることはなかった(42)。

工部局には市参事会の諮問機関としていくつもの委員会が設置されたが、それを規定しているのが第二三条である。しかしながら、市参事会の権限内で必要に応じて委員会の設置を認めるとする非常にあいまいな条文であり、次第に参事以外の人間も委員に任命されていくようになった。また一九二八年には、中国人参事と同時に六名の中国人委員が各委員会に配置された。

第二四条は、工部局職員の雇用と解雇、給料、服務規定などについて工部局にかなりの裁量権を与えている。唯一の制限は、三年以上にわたり雇用する職員については納税者大会で認可が必要となるという条項だけである。

第二五条は、工部局の財政支出についてである。この条項は、納税者会議によって認可された予算額内での支出を認めるとともに、年度末において工部局の収支の決算書の公表を義務付けている。この決算書の検査が年次納税者会議の重要な役割の一つであることはすでに述べた。

第二六条は、工部局職員がその職務に関係して告訴された場合、工部局がその職員に代わって費用を賄い、また職員が個人として責任を負い、損害賠償請求を受けることはないと規定している。続く第二七条では、法人としての工部局の立場が確認され、工部局が個人と同じ権利を持った法人として訴訟を起こす、あるいは訴訟の対象となることを認めている。これによって職務上の職員が告訴された場合、工部局が代わってその告訴を受けることになり、参事や事務総長といえども個人が告訴の対象となることはない。ただし工部局は中国の司法権にも各条約国の領事裁判権にも服さないので、工部局を相手とする訴訟は領事団が毎年開廷する「領事団裁判所」でのみ審理される。

第二八条は、土地章程の改訂についてである。章程の条文の修正や、あるいは解釈に異議が提出された場合、領事団と中国地方当局の間で協議し決定する。さらにその決定には北京の外交団と中国政府の同意が必要であると定められている。この条項によって土地章程の修正が非常に困難なものになってしまったということはすでに述べたとおりである。

第二九条は、章程において言及される「借地人」と「納税者」は第一九条に基づいた有権者を示すものであると両者を定義している。

最後の第三〇条は、工部局に共同租界内の建築物に対する規則を制定する権限を与えている。具体的には、火災予防のための建築物の壁、基礎、屋根、煙突などの規制、衛生のための換気、排水、便所、灰溜め、汚水溜めなどに対する規制、居住に不適な建築での居住禁止などの措置が挙げられている。また新たな建築物については事前に設計図を提出させ、検査するなどの規則を制定することも認めている。この条項は工部局の前身である「道路碼頭委員会」時代からの役割を最も色濃く残しているといえよう。

## 第3節　上海共同租界工部局

本節では、前節でみた土地章程に規定された共同租界の行政組織である工部局を概観する。繰り返し述べているように、工部局はほぼ市レベルの地方自治体としての機能を持つほか、軍事組織の保有など、明らかに一般的な地方自治体を超える権力を有していた。工部局の組織図（図4）をみると、市参事会を中心に各諮問委員会、行政の実務を担う各部局が配置され、外部には納税者会議、領事団および領事団裁判所が存在する。以下それぞれについて略述す

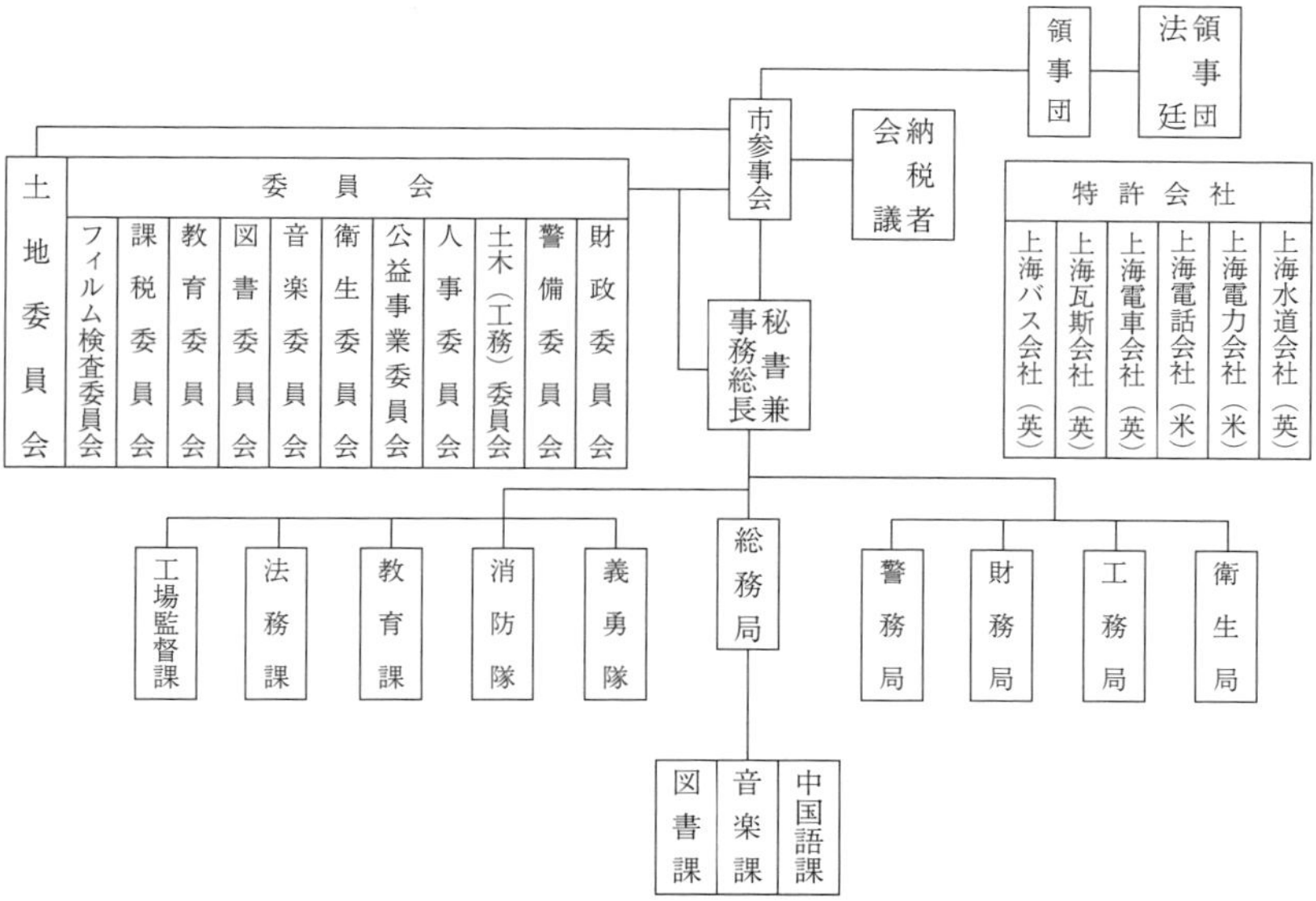


出典：上原蕃『上海共同租界誌』から作成.

図4　上海共同租界工部局組織図

る。

## (1)　市参事会

共同租界における行政上の最高意志決定機関が市参事会（Shanghai Municipal Council）である[43]。市参事会は設置当初は五～七名で構成されていたが、一八七〇年代以降は、定員を外国人参事九名とし、年に一度の選挙で全員が改選された。一九二八年に外国人参事と平等な立場で中国人参事三名の参加が認められ、一九三〇年に五名に増員された。したがって、一九三〇年以降の市参事会は、外国人九名と中国人参事五名の合計一四名で構成された。なお参事や次にみる委員は無給の名誉職である。選挙後の最初の会議で議長と副議長が参事の互選によって決定され、議長は意見が割れた場合のキャスティング・ボートを保有した。市参事会は、通常二週間に一度、水曜日に定例の会議を開き、各委員会からあがってきた報告書の承認や重要案件の討議を行った。特に緊急を要する案件がある場合は特別会議も開催され、例えば、市参事会が対応に追われた第一次上海事変中には、ほぼ毎日特別会議が開催され、[44] さまざまな対応がとられた。

土地章程に定められた市参事会の権限は、(1)土地章程附則の制定権（第一一条、第三〇条）、(2)課税権（第一〇条）、(3)土地の公用徴収権（第六条）、(4)工部局職員の任免権（第二四条）、(5)訴訟権（第二七条）、(6)その他の市政権（第九条）に分類することができる。[45] 特に(6)のその他の市政権に関しては土地章程第九条に規定されるが、すでにみたように、その条文中の「共同租界のよりよい秩序維持と行政のため」という文言が拡大解釈され、章程中に明文化されていない行政活動――例えば、保健・衛生、義勇隊、消防隊、病院運営、教育、図書館、市場、刑務所など――も行われていた。いずれにせよ、市参事会は共同租界の行政上、卓越した権力を有していたことは間違いない。

出典：《上海租界志》編纂委員会編『上海租界志』.

図 5　工部局庁舎（1921 年竣工）

## (2)　委員会

土地章程第二三条は、市参事会が諮問のために各種委員会（Advisory Committees）を設置することを認めている。これらの委員会は、それぞれが担当する分野について調査、分析するとともに、市参事会と行政各部局との間を仲介する役割を担った。当初、委員は参事が兼任したが、やがて参事以外の有識者も委員に任命されるようになった。また中国人参事の導入と同時に、この委員に関しても六名の中国人委員の参加が認められたが、参事の場合とは異なり、中国人委員はその後必要に応じて増減されている。一つの委員会は、二〜三名の参事を含む五〜一〇名の委員で構成された。委員会には常設の委員会と臨時の委員会があったが、常設委員会は共同租界の発展とともにその数を増やしていった。工部局行政の末期である一九四〇年時点では、財政委員会（一八六五年設置）、警備委員会（一八六五年設置）、工務委員会（一八六五年設置）、音楽委員会（一八七九年設置）、教育委員会（一九一二年設置、一九三〇年改組）、図書館委員会（一九一三年設置）、衛生委員会（一九一八年設置）、人事委員会（一九二四年設置）、公益事業委員会（一九二四年設置）、フィルム検査委員会（一九二七年設置）、課税委員会（一九三一年設置）の一一の常設委員会が存在した。また過去には、工部局が運営する発電所についての電気委員会や租界内の慈善団体を監督する慈善団体委員会も存在した。

特別委員会は、市政上重要な問題が発生した場合に、その調査及び市参事会への勧告のためにしばしば設置された。特に一九三〇年以降では、工部局が行政改革を推し進めるなかで、給与委員会や広報委員会、節約委員会などが設置された。また人力車調査委員会や「フィルム」検査問題調査委員会など、その後常設化されたものもあった。

委員会のなかで土地委員会は例外的存在である。土地委員会は市参事会の諮問機関ではなく、土地章程第六条に規定されるように、外国人借地人や中国人土地所有者が道路やその他の公共利用のための工部局による土地収用に応じない場合、市参事会の訴えにより、その申し立ての審理、仲裁を行う機関である。また土地収用に対する補償金の金額も決定する。公平を期すために異なる経路で選出された外国人三名で構成され、毎年年次納税者会議で任命される。一九三五年には、中国政府の同意の下で中国人土地委員が二名追加され、五名体制となった。

### (3)　各部局

租界行政の実務を担当したのが総務局をはじめとする各部局（Departments）である。工部局の職員は一九三〇年時点で、約七〇〇〇名で、外国人が二六〇〇名、残りが中国人となっている。[46] 外国人のうち最も人数が多いのはイギリス人とインド人でともに九〇〇名を超えており、次いでロシア人の三七〇名、日本人の二二〇名となっている。インド人と日本人はほとんどが警官で、ロシア人の多くは義勇隊に属していた。それ以外では、アメリカ人の三〇名弱が最も多く、したがって共同租界行政は実質的にイギリス人によって担われていたといえよう。一九三〇年以降においては、中国人の行政参加がはじまり、市政顧問（Municipal Adviser）や総務局次長に中国人が任命され、同時に日本人も比較的上位のポストに就くようになった。待遇に関しては、契約が個々人で異なるため給与はさまざまであったが、概して欧米人に対し高給が支払われた。一九三〇年には、俸給委員会の勧告により給与体系が明確化されたが、欧米人、日本人、中国人でも明らかな差がつけられた(47)。

一九三〇年代の工部局には、総務局、警務局、義勇隊、消防隊、財務局、工務局、衛生局、法務局、教育部、工場監督課、音楽課、図書課、中国語課の一一の部局が存在した。工部局内部ではこのうち総務局、警務局、財務局、工務局、衛生局を「Major Department」、それ以外を「Minor Department」と呼称し、責任者の地位や待遇が区別されていた(48)。

総務局は行政実務の中心である。各部局の調整や仲介を行い行政活動の円滑化を図るとともに、全ての市政に関する案件は総務局に集められた。総務局には、工部局で最上位の有給職員である総務局総長(49)が工部局の長官として存在し、その下に総務局長と総務局次長をはじめとする数名の職員がおかれた。総務局総長は共同租界の行政や工部局の人事の最高責任者であり、しばしば市参事会議長とともに、租界の代表者として中国当局や列強政府との折衝や交渉にあたった。一九三一年以降は、総務局次長に中国人と日本人がそれぞれ一名ずつ任命され、それぞれ自国民に関連する事項について総務局総長を補佐するとともに、工部局に対してそれぞれの社会が影響力を行使するためのチャネルとしても機能した。

通常、工部局警察（Shanghai Municipal Police）と称される共同租界の警察は警務局の管轄になる。工部局警察は、警官と内勤職員（Civil Staff）合わせて六〇〇〇人近い人員を擁し、工部局の予算の三分一を占める工部局最大の部局であり、共同租界の治安維持を担った。この工部局警察については第4章で詳述する。

義勇隊（Shanghai Volunteer Corps）は、小刀会の乱に際して一八五三年に外国人居留民の民兵隊として組織された。その後、一旦解散されるも、太平天国の乱で再び組織され、一八七〇年以降、工部局の管轄下におかれた。当初はイギリス人を中心とした部隊だけであったが、その後、ポルトガル隊や日本隊、ロシア隊などが加えられ、一九三〇年時点で人員は二〇〇〇人弱にのぼっている。(50) 隊員は、高級将校と有給の白系ロシア人三〇〇名からなる部隊を除いて、基本的に他に職業を持つ民兵であった。そのため訓練は週末に行われるごく簡単な射撃練習や、年に一度の三日間のキャンプ程度であった。(51) 一方で装備は、装甲車や機関銃など比較的新しいものがイギリスから供給された。入隊資格は特になく、中国人を含めさまざまな国籍の人間が所属したが、司令官はイギリス陸軍省を通じてイギリス陸軍大佐を招聘することが慣習となっていた。

義勇隊の目的は外敵からの共同租界の防衛であり、非常時にはイギリスの駐留軍とともに旧イギリス租界である中央区の防衛を担当した。しかし一九世紀の中国民衆の反乱を相手とするならともかく、二〇世紀に入ってからは各国の軍隊も上海に駐留するようになり、その純軍事的な意義はほとんどなくなったと考えられた。また多額の負担を工部局に課すものであり、一九三〇年代には日本人居留民を中心にその不要論も唱えられるようになった。(52) 他方中国語では「万国商団」と称されるように、ヨーロッパ人、日本人、中国人が参加する多国籍軍といえるものであり、むしろ共同租界の中立性とコスモポリタンな性質を象徴する存在として重要性をもっていた。

消防隊は一八六六年に結成された。当初は、義勇隊と同じく外国人居留民にボランティアによる「消防団」的活動であったが、火事件数の増加により、一九一九年に全て工部局に雇用された隊員で構成されることとなった。一九三〇年代には、共同租界内に六つの消防署が設置され、外国人約五〇名、中国人約五五〇名の計六〇〇名の隊員が活動していた。火事による出動回数は年を追うごとに増加し、一九三〇年前後では年間六〇〇〜七〇〇回、一九三〇年代末には九〇〇〜一〇〇〇回以上出動している(53)。また一九三一年からは救急車による救命活動も開始している。

財務局は工部局の一切の財政を担当する。経理課と収納課に分かれており、経理課は各部局の支出や公債、会計検査を担当し、収納課は各種税金やライセンス料の徴収を担当した。また財務局には工部局買弁も属しており、中国人との財政的な折衝を行った。

警務局の次に規模が大きいのが、租界の建設、補修を担当する工務局である。租界設立当初は、租界当局の事業の大半をこの局が行っており、工部局の語源ともなった。工務局の担当する事業の幅は非常に広く、道路の修繕や清掃、下水の処理を行う道路課、橋梁修築や河川護岸工事を行う土木課、租界内の建築物の新築や増築、改造を審査する建築課、道路拡張のための測量を行う土地測量課、租界内九か所の公園を管理する公園管理課、土木関係の材料の試験や汚水の細菌検査を行う科学試験課、機械や電気関係の修繕を行う作業課などに分かれている。工務局長の下、技師や検査官、日本人庭師、事務員など一四〇名の外国人職員が所属し、年間五〜六万人の中国人労働者（苦力）が使役された(54)。

コレラやチフスといった伝染病が毎年のように発生する上海において、衛生問題は租界開設当初から居留民にとって重要な問題であった。工部局はすでに一八七〇年から衛生官を雇用して衛生問題の対策にあたっていたが、衛生局自体が開設されたのは一八九八年になってからであった(55)。衛生局では、防疫活動として、住民や児童に対する予防接種や放置された遺体の処理(56)、中国人貧民区への上水の提供を行うとともに、予防接種のためのワクチンの生産、五つの工部局付属病院の運営や共同租界内の他の病院への補助を行った。食品については一七か所ある公設市場の監督、輸入食品、上海から輸出される食品の検査を行ったほか、工部局が保有する東洋一といわれる大規模な局営屠場の監督や、牛乳や食肉など畜産物の管理を行った。また飲食店、劇場、宿泊施設、屋台、食料品店、果物店、洗濯屋、洋品店などの衛生状態の審査、取締りも衛生局の業務であった。さらに工部局が保有する五か所の外国人墓地や火葬場の管理も行っていた。

一九三〇年に共同租界の会審公廨が再編され、純粋な中国裁判所に再編されたことはすでに述べた。この裁判所に、主に中国人や治外法権を持たない外国人を被告とする刑事事件を起訴するために、同年に設置されたのが法務局である。この中国法廷（上海第一特区地方法院および江蘇高等法院第二分院）は、共同租界をその管轄領域として開設されたわけであるが、他方で共同租界の警察権は引き続き工部局が保有していたため、刑事事件の起訴の権利も工部局（工部局警察）が留保しており、膨大な数の案件を起訴する部局が必要となったのである。[57]一九三〇年代には法務局によって年間一〇～一五万件程度の起訴がなされている。ただし多くの案件で被告が出廷せず、裁判が成立したのは二～三割程度であった。[58]法務局はまた、工部局の法律顧問（Municipal Advocate）としてさまざまな法的な問題について市参事会や他の委員会、部局の相談を受けるとともに、中国法の翻訳作業なども行った。

教育部は工部局による教育実務を担当した。一九世紀においてイギリス人居留民は子弟を本国に送り返して教育を受けさせるのが普通であり、工部局は教育にほとんど関心をもたなかった。しかし、外国人居留民が増加し、世紀転換期から居留民の児童に対する教育の必要性が高まると、工部局学校を開設して外国人児童の教育に乗り出した。[59]さらに一九二〇年代後半以降、中国ナショナリズムとともに租界に住む中国人児童への教育を求める声も高まった。市参事会は一九三一年に中国人教育を進める八か年の計画を明らかにし、中国人児童向けの学校の拡充を進めた。[60]その結果、一九三八年時点で工部局は五校の外国人学校（生徒数一二三二名、教員七九名）、一四校の中国人学校（生徒数六三八九名、教員二三七名）を直接運営したほか、日本人学校を含む外国人学校一五校と中国人学校一四八校に補助金を交付するようになっていた。

工場監督課は国民政府の工場法（第3章第2節参照）に対応するために一九三二年に設置された部局で、設置当時で約二〇〇〇か所、一九三〇年代後半には五〇〇〇か所近くもあった共同租界内の工場の衛生設備、事故防止のための設備、従業員の賃金、労働時間、生活費、住居問題などの調査、監督を行った。[61] 特に児童労働に関しては厳しく取り締まった。責任者にはオーストラリア出身の女性社会活動家が任命され、上海の工場労働の状況は国際連盟にも報告された。[62]

音楽課は、一八八一年以降、工部局が運営していた交響楽団（Shanghai Municipal Orchestra & Band）を管理した。[63] この交響楽団は共同租界の主要なホールや公園で定期的に年間一〇〇回程度の演奏会を開催し、当初は外国人居留民の数少ない娯楽の一つを提供していた。しかし一九二〇年代以降になると、映画など娯楽の多様化にともなってその収益は悪化し、赤字が続いた。そのため一九三〇年代には行政経費節約の目的で、しばしば日本人居留民や中国人住民によってその廃止が納税者会議に提起されたが、その度に存続を望む欧米人居留民によって廃止案は否決された。[64] 楽団としての評価が世界的にも高かったこともあったが、なによりも、租界の存在が国際的批判を浴びるなかで、共同租界の西洋的な文化的側面を象徴する存在として欧米人居留民にとって必要なものとなっていたのである。

共同租界には一八五二年に会員制の図書館が開設されたが、経営困難によって一九一二年に工部局の管理下におかれることとなり、図書課が設置された。しかしその後も図書の充実ははかどらず、一九三〇年代の末になっても蔵書数は約二万五〇〇〇冊、貸出冊数は年間六万件程度に過ぎなかった。[65]

中国語課は中国語の翻訳や工部局の外国人職員が中国語を学ぶための機関であり、一九三〇年に工部局の改革の一環として大幅に拡充された。[66] 二五名の中国語の教師が雇用され、中国人と日常的に接する警官など外勤職員は、ここで三か月程度の語学訓練を工部局の費用負担で受けることができた。また中国人住民からの陳情や申請の英訳、工部局の告知や年報の中国語訳もここが行った。

### (4)　納税者会議

納税者会議（Ratepayers' Meeting）は共同租界における議決機関である。この納税者会議に参加するには、前述の通り、土地章程で定められた財産規定を満たしている必要があり、外国人居留民全体でも有権者は多くはなかった。通常は年次納税者会議が市参事会選挙後の四～五月頃に領事団の招集によって開催されるが、領事団あるいは各領事が必要と認めた場合は、有権者二五名以上の請求で特別納税者会議が開催されることもあった。議長は首席領事（後述）が務め、議決は多数決で決定された。通常は出席者の挙手を概算するが、賛成と反対が拮抗した場合は書面による投票が行われた。議事進行の公用語は英語であるが、日本人などが発言するときなどは特別に通訳がつく場合もあった(67)。

納税者会議の権限は、年次会議では(1)市参事会が提出する当該年度の予算案の議決と前年度の決算報告の審議および承認、(2)租税の税額、税率やライセンス料の評定および賦課、(3)予算外特別歳入歳出の審議および承認、特別会議では(1)土地章程附則の改変、および新規制定案の審議および承認、(2)いまだ市参事会に委任されていない事項に関する決議、などとなっている。

### (5)　領事団と工部局

共同租界行政の特徴の一つは、特定の国の管轄下におかれるのではなく、むしろ国際的な制約のもとにおかれていることである。そのため共同租界の監督のために設置されたのが領事団であり、中国と条約を結び上海に領事館に開設している国の領事たちで構成された。これら領事のうち、在任期間が最も長いものが首席領事（Senior Consul）と称され、領事団を代表する役割を果たした。対外的な文書の交換や通達も全て首席領事の名前のもとで行われた。また領事団の事務所は工部局の本庁内におかれ、書記官が任命された。

領事団の権限はすでに前節で述べたが、改めて整理すると、(1)市参事会と中国当局の交渉の仲介、(2)年次納税者会議および特別納税者会議の招集、(3)土地章程附則の認可、(4)市参事会を被告とする行政訴訟を審理する領事団裁判所の設置、などとなっている。すでにみたように、土地章程のはしばしに領事団の権威を担保する条項が規定されていた。しかし、各国の利害が必ずしも一致しないなかで、工部局に対する領事団の監督機能は発揮されにくく、二〇世紀に入ると工部局の行動の追認に終始する傾向が顕著になり、領事団の重要性は相対的に低下していった。そして十分な監督がなされないまま市参事会は領事団を経由することなく中国当局と交渉し、任意に行政活動を行うなど、工部局は列強政府からも独立性を一層高めていくこととなった。

**注**

(1) 植田捷雄『租界の研究』、五九頁。

(2) 第一次章程は一八六〇年代以降の時代の基本となる第二次章程とはかなり異なるので、その内容をここで簡単にまとめておく。前文：租界の範囲。第一条：イギリス人が土地を租借する際の手続き。第二～四条：道路、埠頭建設の規定。第五条：租界内の中国人墓地の処理。第六～九条：イギリス人が取得した土地の境界の決定、権利の移譲・譲渡、地租、地代についての規定。第一〇条：借地人に対する禁止事項。第一一条：イギリス人の葬儀、墓地に関する規定。第一二条：租界の秩序維持とそれに関する借地人会議の招集。第一四条：土地または家屋の価格に関するイギリスと中国の査定委員の規定。第一五条：土地・家屋の貸借に対する制限、中国人の土地・家屋の貸借禁止。第一六・一七条：営業の取り締まりに関する規則、イギリス人による中国人に対する土地・家屋の賃貸禁止。第一八条：可燃性の建築物の禁止。第一九条：借地人の土地・家屋に関する報告義務。第二〇条：公費負担の決定に関する委員会。第二一条：土地章程に対するイギリス人、および第三国人の服従。第二二条：土地章程の改定に関する手続き。第二三条：章程違反に対するイギリス領事の措置。徐公粛ほか著『上海公共租界誌稿』上海人民出版局、一九八〇年、四一～五〇頁。

（3）畝は当時の中国の単位で、一畝は約〇・一六エーカー。
（4）Pott, *A Short History of Shanghai*, p. 13.
（5）*Ibid*, p. 12.
（6）租界の分類については、植田『租界の研究』、五三三〜三七頁。
（7）植田『租界の研究』、七三頁。
（8）Lanning and Couling, *The History of Shanghai*, p. 292.
（9）植田『租界の研究』、六五頁。
（10）William Crane Johnston, Jr., *The Shanghai problem*, Westport, 1937, p. 13.
（11）植田『租界の研究』、二一七〜二二五頁。
（12）Maybon and Fredet, *Historie de la Concession Francaice de Changhai*, pp. 27-36.
（13）なお、アメリカ租界も英仏租界と同じく「セトルメント」方式である。
（14）Pott, *A Short History of Shanghai*, pp. 19-20, 63-64.
（15）Bickers, 'Shanghailanders'.
（16）南満州鉄道株式会社調査課編『フィータム報告——上海租界行政調査報告（上巻）』南満州鉄道株式会社、一九三二年、四三〜四九頁。
（17）植田『租界の研究』、九一〜一二〇頁。
（18）同右、九四頁。
（19）ただし中国人の土地所有は認められず、これ以降、租界内の土地所有を求める中国人に対するイギリス人の「名義貸し」がひろまることになる。
（20）イギリス外務省は先例がないとして市参事会の存在を当初は認めなかった。しかし、後に「土地章程」については正式に承認する。Lanning and Couling, *The History of Shanghai*, pp. 322, 325; 植田『租界の研究』、五五一〜五六二頁。
（21）Johnston, *The Shanghai problem*, pp. 35-37.
（22）植田『租界の研究』、一一七〜一二一頁。
（23）土地所有者だけでなく、一定額以上の家賃を支払っている借家人にも選挙権が認められた。

（24）植田『租界の研究』、一二三～一二八頁。

（25）同右、二二七～二三五頁。

（26）越界路の起源は、一八六〇～六四年にゴードン（Charles Gorden）将軍率いる上昇軍によって建設された軍用路であるといわれている。南満州鉄道編『フィータム報告（下編）』、一九一～二〇〇頁。

（27）南満州鉄道編『フィータム報告（下編）』、二三六～二三七頁、島田俊彦「上海越界道路問題をめぐる国際紛争――（一九三二年～一九三七年）」（『武蔵大学論集』四―二、一九五七年三月）。

（28）Robert W. Barnet, *Economic Shanghai: Hostage to Politics 1937-1941*, New York, 1941, pp. 10-11.

（29）会審公廨については以下を参照。A. M. Kotenev, *Shanghai: Its Mixed Court and Council: Material Relating to the History of the Shanghai Municipal Council and the History, Practice and Statistics of International Mixed Court*, Shanghai, 1925; *Shanghai: Its Municipality and the Chinese: Being the History of the Shanghai Municipal Council and its Relations with Chinese, the Practice of the International Mixed Court, and the Inauguration and Constitution of the Shanghai Provisional Court*, Shanghai, 1927; Thomas B. Stephens, *Order and Discipline in China: The Shanghai Mixed Court 1911-27*, Seattle, 1992.

（30）The National Archives of U.K. (Public Record Office), Foreign Office Papers（hereafter FO）, FO371/1930 F3473/3062/10, From J.F. Brenan（H.B.M. Consul-General, Shanghai）to A. Cadogan, 11 April 1935.

（31）土地章程の条文は英文とその日本語対訳が、上原蕃『上海共同租界誌』丸善、一九四一年に収録されている。

（32）Wm. Fred Mayers, N. B. Dennys and Chas. King, *The Treaty Ports of China and Japan: a Complete Guide to the Open Ports of Those Countries, together with Peking, Yedo*, Hongkong and Macao, London, 1867, pp. 350-413.

（33）なお第九条には後半に市参事会と工部局に与えられた具体的な権能について列挙されている。内容については付録参照。

（34）一九三〇年代で旅館、ホテル、飲食店、劇場などの娯楽施設といったおよそ四〇の業種や自動車、自転車、人力車、さらに飼い犬にまで課せられた。

（35）Shanghai Municipal Council（hereafter SMC）, *Annual Report*, 1930.

（36）土地章程附則は、野口謹次郎、渡邊義雄『上海共同租界と工部局』日光書院、一九三九年に収録されている。

（37）例えば、『フィータム報告』で、この件に関する中国人納税者協会の見解が取りあげられている。南満州鉄道編『フィータム報告（中編）』、一九五～二一一頁。

(38) 帆刈浩之「上海に置ける遺体処理問題と四明公所――同郷ギルドと中国の都市化」（『史学雑誌』一〇三―二、一九九四年二月）。

(39) 主な国別の有権者数はイギリスが九七一人（全人口は六二三一人）、アメリカは三〇八人（同一六〇八人）、日本人は六五四人（同一万八四七八人）などとなっている。南満州鉄道編『フィータム報告（下編）』、第一三号表。

(40) このリストから有権者の数は把握できるが、国籍までは明示されないので国別の分布は特定できない。SMC, *Municipal Gazette*, 1908-1943.

(41) 第4章注21、第6章を参照。

(42) 一九二八年に中国人が市参事会や委員会に加わった際には、最初の会議で議長フェッセンデンから中国人参事や委員に対し、市参事会の議事進行や義務についてガイダンスが行われている。その際に説明された主な内容は、(1)各参事、委員は派閥や国家の代表ではなく一個人として振る舞うこと、(2)議事内容については極秘であり、最終的な結論が出るまでは公表しないこと、(3)市参事会や委員会は全会一致を前提とし、個人的な見解は記録されたとしても外部には公表しないこと、(4)各参事や委員が個人的に経済的利害を有する事項については議論や評決に参加しないこと、(5)市参事会の承諾無しに、各参事、委員は議事内容に関して外部で見解を述べてはならないこと。SMC, *Shanghai Municipal Council Minute*, 19 April 1928.

(43) 英語ではこの市参事会も、行政組織全体としての工部局もともに「Shanghai Municipal Council」と称するが、日本語表記では両者を区別しており、本書でもそれに準ずる。すなわち日本語および中国語では市参事会や委員会を含め、これらの部局の総体を工部局と呼称し、市参事会とは区別する。また工部局という名称は、元来の租界行政が道路や埠頭、家屋の建設など土木作業を中心としていたために、中国人によって呼称されたものである。

(44) SMC, *Shanghai Municipal Council Minute*, 1932.

(45) 植田『租界の研究』、六七一～六七七頁。

(46) 南満州鉄道編『フィータム報告（下編）』、第一三号表。

(47) SMC, *Municipal Gazette*, 23 August 1930, pp. 353-387.

(48) 上原『上海共同租界誌』、一〇一頁。

(49) 総務局総長のポストは一九二五年、総務局長の中国当局との交渉による負担が増えたために新設されたもの。最初に任命されたのは、Commissioner-General という名称で、一九〇八年から工部局に勤めていたH・ヒルトン・ジョンソン（Major Alan H.

Hilton-Johnson）が任命された。一九二八年に市参事会議長のスターリング・フェッセンデンが議長と兼任で就任した際に、Director-General に改称された。翌年、フェッセンデンが参事を辞めたため、再び Secretary-General と改称された。さらに一九三九年、フェッセンデンの辞任に伴い、当時の総務局長G・G・フィリップスが総務局長も兼任することになり、Secretary and Commissioner-General と呼称されるようになった。いずれも役職的には同じものであり、本研究では全て総務局総長と表記する。Johnston, *The Shanghai problem*, pp. 72-73.

（50） SMC, *Annual Report*, 1930, p. 57.

（51） *Ibid*, pp. 57-62.

（52） 例えば、FO371/20230 F4229/35/10, from H.E. Arnhold（SMC Chairman）to Brenan, 28 April 1936。また、野口、渡邊『上海共同租界と工部局』、一〇二頁も参照。

（53） SMC, *Annual Report*, 1928-1940.

（54） SMC, *Annual Report*, 1930, pp. 341-364; 野口、渡邊『上海共同租界と工部局』、六〇頁。

（55） Kerrie L. MacPherson, *A Wilderness of Marshes: The Origins of Public Health in Shanghai, 1843-1893*, Oxford, 2002, pp. 84-85.

（56） 中国人は遺体を保存し、郷里に送って埋葬する習慣があり、伝染病発生の大きな要因となっていた。

（57） 植田『租界の研究』、七四三～七四四頁。

（58） SMC, *Annual Report for 1930*, p. 112.

（59） 最初の外国人向けの工部局学校は一八九〇年に開設された。既存のユレイジアン学校の経営を引継ぎ、外国人児童向けの学校とした。

（60） SMC, *Annual Report*, 1931, pp. 237-306. なおこの教育計画は一九三六年に一部変更された。

（61） SMC, *Annual Report*, 1932, pp. 37-38.

（62） Eleanor M. Hinder, *Social and Industrial Problems of Shanghai: With Special Reference to the Administrative and Regulatory Work of the Shanghai Municipal Council*, New York, 1942; *Life and Labour in Shanghai: A Decade of Labour and Social Administration in the International Settlement*, New York, 1944.

（63） 工部局交響楽団については、榎本泰子『楽人の都・上海――近代中国における西洋音楽の受容』研文出版、一九九八年、「上海租界の娯楽活動：パブリックバンド成立まで」（『言語文化』四―一、二〇〇一年八月）、「上海パブリックバンドの誕生――工部局交響楽団の歴史（その1）」（『言語文化』五―一、二〇〇二年八月）参照。

（64）交響楽団の廃止決議案は一九三四年と一九三五年に納税者会議で提案され、否決されている。SMC, *Annual Report*, 1934, pp. 11-19, 1935, pp. 17-22.

（65）野口、渡邊『上海共同租界と工部局』、一一〇～一一二頁。

（66）SMC, *Annual Report*, 1930, p. 324.

（67）野口、渡邊『上海共同租界と工部局』、二六頁。

# 第2章　イギリス人居留民と居留民社会

## 第1節　上海の外国人居留民

### (1)　上海の外国人人口

租界の外国人人口の把握は若干の困難をともなう。その理由は、上海が基本的に貿易で発展してきた都市であったために、貿易に携わるものが多く、貿易商や水夫などの一時滞在者が外国人人口のかなりの割合を占めていたうえ、上海が共同租界、フランス租界、華界の三つの行政区に分割されていたからである。両租界当局は、それぞれが独自の統計を作成しているが、集計方法が異なっていたり、同じ年度に実施されていないために、総体的に両租界の正確な外国人人口を把握することは容易ではない。また華界にも日本人を中心に少なからぬ外国人が居住していたが、その国籍別の統計は存在していない。ここでは、不十分なものではあるが、両租界当局のセンサスなどを手がかりに上海の租界に暮らす外国人がどの程度の規模であったのかをみていく。

まず共同租界であるが、その前身であるイギリス租界の設立当初こそ一〇〇人強の外国人が居住するだけであったものの、英米租界が合併した一八六〇年代半ばにはすでに多様な国の人間が居留民として滞在するようになっており、二〇〇〇人以上の外国人居留民が租界社会を形成するようになっていた（表1および表2）。その後、共同租界の外国人人口は順調に増加し、一九〇五年には一万人を、一九二〇年代には二万人を超え、共同租界で最後のセンサスが行われた一九三五年には四万人に迫っている。(1)

こうした共同租界の居留民を国別にみていくと、一九三〇年代の工部局の人口統計では五〇前後の国や地域が項目として挙げられている。(2) そのうち半数以上は数人から数十人に過ぎず、一〇〇〇名以上の人口を有していた居留民のグループは限られており、イギリス人、アメリカ人、ロシア人、インド人、ドイツ人、ポルトガル人、そして日本人などがある程度の規模の共同体を形成していた。

この時期最も人口が多かったのは日本人で、二万人前後が共同租界に暮らしていた。その後に租界の創設者である約六五〇〇人のイギリス人が続く。彼らは歴史的にも一九世紀から二〇世紀初頭にかけて外国人居留民の半数前後を占め、欧米人居留民のなかでは際だった勢力であった。その次に人数が多かったのはロシア革命以降、難民として急激に流入量を増やしたいわゆる白系ロシア人であり、三〇〇〇人を数えている。ついで二〇〇〇人前後のインド人である。本来ならば国籍上イギリス人と分類されるインド人であるが、共同租界では別に集計されている。(3) イギリス人とともに共同租界を形成したアメリカ人は、イギリス人に比べるとその規模は非常に小さく、一九三五年なかばにようやく二〇〇〇人を超えている。第一次世界大戦の結果、治外法権をはじめとする特権を失ったドイツ人はしばらくその勢力を大幅に縮小していたが、一九三〇年代には戦前の規模を回復し、一〇〇〇人前後が共同租界に居住していた。ポルトガル人は、この時期にはその大半がユレイジアン（混血児）となっていたといわれるが、統計上は一〇〇〇人以上が存在した。(4)

フランス租界も、その名称とは裏腹にフランス人以外の国の人々が多数居住していた。一九一〇年には共同租界の一〇分の一程度、一五〇〇人弱でしかなかった外国人人口も、最後の統計が取られた一九三六年には二万三〇〇〇人を越えている（表3）。一九三〇年代のフランス租界の外国人人口の特徴としては白系ロシア人が非常に多く、逆に日本人が極端に少ないということがあげられる。また共同租界のインド人に代わって、フランスに支配されていたベトナム人が多く存在している。ただしこれは集計の問題であり、共同租界ではベトナム人はフランス人として集計されていたためで、共同租界にベトナム人が存在していなかったわけではない。

表1　上海の外国人人口（1843〜1949年）

| | 華界 | 共同租界 | フランス租界 | 上海全体 |
|---|---|---|---|---|
| 1843 | 26 | | | 26 |
| 1844 | | 50 | | 50 |
| 1845 | | 90 | | 90 |
| 1850 | | 210 | 10 | 220 |
| 1855 | | 243 | | |
| 1860 | | 569 | | |
| 1865 | | 2,297 | 460 | 2,757 |
| 1870 | | 1,666 | | |
| 1876 | | 1,673 | | |
| 1880 | | 2,194 | 307 | 2,504 |
| 1885 | | 3,673 | | |
| 1890 | | 3,821 | 444 | 4,265 |
| 1895 | | 4,684 | 430 | 5,114 |
| 1900 | | 6,774 | 622 | 7,396 |
| 1905 | | 11,497 | 831 | 12,328 |
| 1910 | | 13,536 | 1,476 | 15,012 |
| 1915 | | 18,519 | 2,405 | 20,924 |
| 1920 | | 23,307 | 3,562 | 26,869 |
| 1925 | | 29,997 | 7,811 | 37,808 |
| 1930 | 9,795 | 36,471 | 12,341 | 58,607 |
| 1931 | 12,200 | 37,834 | 15,146 | 65,180 |
| 1932 | 9,347 | 44,240 | 15,462 | 69,049 |
| 1933 | 9,331 | 46,392 | 17,781 | 73,504 |
| 1934 | 11,084 | 48,325 | 18,899 | 78,308 |
| 1935 | 11,615 | 38,915 | 18,899 | 69,429 |
| 1936 | 10,400 | 39,142 | 23,398 | 72,940 |
| 1937 | 10,125 | 39,750 | 23,398 | 73,273 |
| 1942 | 64,542 | 57,351 | 29,038 | 150,931 |
| 1945 | | | | 122,798 |
| 1946 | | | | 65,409 |
| 1949 | | | | 28,683 |

注：1850年，1880年，1935年，1937年のフランス租界の人口はそれぞれ，1849年，1879年，1934年，1936年の数値で代替.
出典：鄒依仁『旧上海人口変遷的研究』.

人口（1865～1935年）

| スウェーデン人 | ノルウェー人 | スイス人 | ベルギー人 | オランダ人 | スペイン人 | ギリシア人 | ポーランド人 | チェコスロバキア人 | ルーマニア人 | その他 | 外国人合計 | 共同租界人口総計（中国人を含む） |
|---|---|---|---|---|---|---|---|---|---|---|---|---|
| 27 | 4 | 22 | 0 | 27 | 100 | 7 | 0 | 0 | 0 | 6 | 2,297 | 92,844 |
| 8 | 3 | 7 | 1 | 5 | 46 | 3 | 0 | 0 | 0 | 155 | 1,666 | 76,713 |
| 11 | 4 | 10 | 3 | 5 | 103 | 2 | 0 | 0 | 0 | 49 | 1,673 | 110,009 |
| 12 | 10 | 13 | 1 | 5 | 76 | 4 | 0 | 0 | 0 | 57 | 2197 | 不明 |
| 27 | 9 | 17 | 7 | 21 | 232 | 9 | 0 | 0 | 0 | 101 | 3,673 | 129,338 |
| 28 | 23 | 22 | 6 | 26 | 229 | 5 | 0 | 0 | 0 | 52 | 3,821 | 171,950 |
| 46 | 35 | 16 | 21 | 15 | 154 | 7 | 0 | 0 | 0 | 338 | 4,684 | 245,679 |
| 63 | 45 | 37 | 22 | 40 | 111 | 6 | 0 | 0 | 0 | 220 | 6,774 | 352,050 |
| 80 | 93 | 80 | 48 | 58 | 146 | 32 | 0 | 0 | 12 | 229 | 11,497 | 464,213 |
| 72 | 86 | 69 | 31 | 52 | 140 | 36 | 0 | 0 | 15 | 173 | 13,536 | 501,541 |
| 73 | 82 | 79 | 18 | 55 | 181 | 41 | 0 | 0 | 16 | 202 | 18,519 | 683,920 |
| 78 | 96 | 89 | 30 | 73 | 186 | 73 | 82 | 65 | 47 | 197 | 23,307 | 783,146 |
| 63 | 99 | 131 | 34 | 92 | 185 | 138 | 198 | 123 | 69 | 458 | 29,997 | 840,226 |
| 87 | 104 | 125 | 27 | 82 | 148 | 121 | 187 | 100 | 54 | 966 | 36,471 | 1,007,868 |
| 103 | 96 | 99 | 29 | 67 | 144 | 99 | 152 | 112 | 28 | 934 | 38,915 | 1,159,775 |

人口（1910～1936年）

| スイス人 | ベルギー人 | オランダ人 | スペイン人 | ギリシア人 | ポーランド人 | チェコスロバキア人 | ルーマニア人 | インド人 | ウルグアイ人 | その他 | 外国人合計 | 共同租界人口総計（中国人を含む） |
|---|---|---|---|---|---|---|---|---|---|---|---|---|
| 7 | 12 | 16 | 2 | 2 | 0 | 0 | 0 | 17 | 68 | 15 | 1,476 | 115,946 |
| 35 | 32 | 23 | 4 | 7 | 0 | 0 | 2 | 18 | 104 | 20 | 2,405 | 149,000 |
| 31 | 43 | 41 | 7 | 20 | 25 | 5 | 13 | 8 | 91 | 21 | 3,562 | 170,229 |
| 76 | 57 | 96 | 19 | 38 | 47 | 15 | 15 | 0 | 0 | 120 | 7,811 | 297,072 |
| 81 | 61 | 108 | 73 | 64 | 156 | 39 | 32 | 0 | 0 | 320 | 12,341 | 434,807 |
| 108 | 79 | 108 | 93 | 69 | 312 | 53 | 42 | 0 | 0 | 352 | 15,462 | 478,552 |
| 97 | 75 | 120 | 96 | 0 | 261 | 121 | 46 | 47 | 0 | 981 | 18,899 | 498,193 |
| 119 | 105 | 101 | 142 | 104 | 324 | 132 | 49 | 50 | 3 | 636 | 23,398 | 477,629 |

### 表2　共同租界外国人

| | イギリス人 | アメリカ人 | 日本人 | フランス人 | ドイツ人 | ロシア人* | インド人 | ポルトガル人 | イタリア人 | オーストリア人 | デンマーク人 |
|---|---|---|---|---|---|---|---|---|---|---|---|
| 1865 | 1,372 | 378 | 0 | 28 | 175 | 4 | 0 | 115 | 15 | 4 | 13 |
| 1870 | 894 | 255 | 7 | 16 | 138 | 3 | 0 | 104 | 5 | 7 | 9 |
| 1876 | 892 | 181 | 45 | 22 | 129 | 4 | 0 | 168 | 3 | 7 | 35 |
| 1880 | 1,057 | 230 | 168 | 41 | 159 | 3 | 4 | 285 | 9 | 31 | 32 |
| 1885 | 1,453 | 274 | 595 | 66 | 216 | 5 | 58 | 457 | 31 | 44 | 51 |
| 1890 | 1,574 | 323 | 386 | 114 | 244 | 7 | 89 | 564 | 22 | 38 | 69 |
| 1895 | 1,936 | 328 | 250 | 38 | 314 | 28 | 119 | 731 | 83 | 39 | 86 |
| 1900 | 2,691 | 562 | 736 | 176 | 525 | 47 | 296 | 978 | 60 | 83 | 76 |
| 1905 | 3,713 | 991 | 2,157 | 393 | 785 | 354 | 568 | 1,331 | 148 | 158 | 121 |
| 1910 | 4,465 | 940 | 3,361 | 330 | 811 | 317 | 804 | 1495 | 124 | 102 | 113 |
| 1915 | 4,822 | 1,307 | 7,169 | 244 | 1,155 | 361 | 1,009 | 1,323 | 114 | 123 | 145 |
| 1920 | 5,341 | 1,264 | 10,215 | 316 | 280 | 1,266 | 1,954 | 1,301 | 171 | 8 | 175 |
| 1925 | 5,879 | 1,942 | 13,804 | 282 | 776 | 1,766 | 2,154 | 1,391 | 196 | 41 | 176 |
| 1930 | 6,221 | 1,608 | 18,478 | 198 | 833 | 3,487 | 1,842 | 1,332 | 197 | 88 | 186 |
| 1935 | 6,595 | 2,017 | 20,242 | 212 | 1,103 | 3,017 | 2,341 | 1,020 | 212 | 86 | 207 |

注：*ロシア革命以降,「ロシア人」は無国籍のロシア人を指す.
出典：鄒依仁『旧上海人口変遷的研究』.

### 表3　フランス租界外国人

| | イギリス人 | アメリカ人 | 日本人 | フランス人 | ドイツ人 | ロシア人* | ベトナム人 | ポルトガル人 | イタリア人 | オーストリア人 | デンマーク人 | スウェーデン人 | ノルウェー人 |
|---|---|---|---|---|---|---|---|---|---|---|---|---|---|
| 1910 | 314 | 44 | 105 | 436 | 148 | 7 | 207 | 15 | 12 | 12 | 19 | 4 | 14 |
| 1915 | 681 | 141 | 218 | 364 | 270 | 41 | 259 | 29 | 55 | 32 | 33 | 10 | 27 |
| 1920 | 1,044 | 549 | 306 | 530 | 9 | 210 | 331 | 81 | 55 | 1 | 73 | 32 | 36 |
| 1925 | 2,312 | 1,151 | 176 | 892 | 270 | 1,403 | 666 | 115 | 94 | 20 | 151 | 46 | 32 |
| 1930 | 2,219 | 1,541 | 318 | 1,208 | 597 | 3,879 | 947 | 267 | 123 | 44 | 164 | 31 | 69 |
| 1932 | 2,684 | 1,672 | 275 | 1,367 | 641 | 6,045 | 695 | 452 | 129 | 45 | 148 | 33 | 60 |
| 1934 | 2,630 | 1,792 | 280 | 1,430 | 725 | 8,260 | 980 | 412 | 167 | 83 | 149 | 32 | 25 |
| 1936 | 2,648 | 1,791 | 437 | 2,342 | 821 | 11,828 | 738 | 500 | 199 | 65 | 144 | 49 | 71 |

注：*ロシア革命以降,「ロシア人」は無国籍のロシア人を指す.
出典：鄒依仁『旧上海人口変遷的研究』.

具体的な人数をみていくと、フランス租界には一九三〇年時点で、白系ロシア人が四〇〇〇人弱、イギリス人が約二二〇〇人、アメリカ人が約一五〇〇人、ベトナム人が一〇〇〇人弱、ドイツ人が約六〇〇人に対し、日本人は三〇〇人程度しか居住していなかった。またフランス租界は二〇世紀に入ってからの人口の増加率が共同租界に比べて高く、一九三〇年代だけをみても、共同租界が一九三〇年から三五年の五年間に六％程度（二四〇〇人）しか増えていないのに対し、フランス租界は一九三〇年からの六年間で、一万一〇〇〇人増え、ほぼ倍増している。これは主に白系ロシア人の増加（八〇〇〇人）によるものである。

「華界」にも少なからぬ外国人が居住していた。統計の残る一九三〇年以降を見るとおおよそ一万人前後の外国人居留民が存在していた（表1）。ただし華界に関しては国籍別の統計は現存せず、上海全体の日本人人口などから推測すると、おおよそ六割が日本人であり、残りは白系ロシア人をはじめとする欧米人居留民であった。イギリス人も数百名が居住していたようであるが、その詳細は不明である。

華界を除く、共同租界とフランス租界を合わせると、一九三〇年の調査では、外国人居留民の合計は四万八八一二人である。内訳は、日本人一万八七九六人（三八・五％）、イギリス人八四四〇人（一七・三％）、白系ロシア人七三六六人（一五％）、アメリカ人三一四九人（六・五％）、インド人一八四二人（三・七％）、ポルトガル人一五九九人（三・二％）、ドイツ人一四三〇人（二・九％）、フランス人一四〇六人（二・八％）、ベトナム人九四七人（一・九％）等となっている。[5]

ただし留意しなくてはならないのは、華界だけでなく共同租界やフランス租界の人口の大半が中国人であったことである。「華洋雑居」が認められて以降、多くの中国人が租界内に居住するようになっていた。一九三〇年の上海全体の人口は三一四万四八〇五人で、華界が一七〇万二一三〇人であったのに対し、共同租界が一〇〇万七八六八人、フランス租界が四三万四八〇七人であった。[6]ここから外国人人口を引くと、共同租界とフランス租界の中国人人口はそれぞれ九七万一三九七人、四二万二四六六人であり、それぞれ全体の人口の九六・三％、九七・二％である。したがって、租界といえども外国人居留民が占めていたのは全体の三〜四％に過ぎず、彼らは数的に圧倒的な中国人の間で生活していたのである。以降でみるように、租界の行政や社会的諸制度は優れて西洋的なものであったが、それと同時に、構成する人々という面では極めて中国的な空間であったのである。

## (2)　共同租界の外国人人口

次に、一九三〇年度の共同租界工部局によるセンサスを手がかりに共同租界の外国人人口についてもう少し詳しくみていきたい(7)。

一九三〇年の共同租界の外国人人口の総計は三万六四七一名で、その内訳は日本人一万八四七八人（五〇・六％）、イギリス人六二二一人（一七％）、白系ロシア人三四八七人（九・五％）、インド人一八四二人（五％）、アメリカ人一六〇八人（四・四％）、ポルトガル人一三三二人（三・六％）、ドイツ人（二・二％）、フィリピン人三八七人（一％）、フランス人（含むベトナム人）一九八人（〇・五％）、ポーランド人一八七人（〇・五％）、デンマーク人一八六人（〇・五％）、朝鮮人一五一人（〇・四％）等となっている（表4）。ちなみにフィリピン人はこの年からアメリカ人と別に集計され、朝鮮人は次の一九三五年のセンサスでは項目はあるものの、実際には日本人にまとめて集計されているなど、センサスごとにナショナリティの線引きが異なることにも注意が必要である(8)。

共同租界は、大きく中央区、北区、東区、西区、そして越界路地区に分けられる。中央区は旧イギリス租界であり、バンドや南京路に代表されるように、主要な行政機関や銀行、企業が拠点を置く共同租界の金融・商業の中心であった。北区と東区は、旧アメリカ租界を中心とした地域であるが、ともに工場や埠頭、倉庫の多い工業地区であった。西区は比較的開発の遅い地域であったが、北部は紡績工場を中心とした工業地区であり、フランス租界に隣接する南

## サス（国籍別）

| 西区 | | | | | 越界路区 | | | | | 総計 | | | | |
|---|---|---|---|---|---|---|---|---|---|---|---|---|---|---|
| 成人 | | 子供 | | 計 | 成人 | | 子供 | | 計 | 成人 | | 子供 | | 計 |
| 男 | 女 | 男 | 女 | | 男 | 女 | 男 | 女 | | 男 | 女 | 男 | 女 | |
| 541 | 459 | 220 | 236 | 1,456 | 2,216 | 1,589 | 943 | 942 | 5,690 | 7,215 | 5,825 | 2,661 | 2,777 | 18,478 |
| 960 | 712 | 183 | 216 | 2,071 | 584 | 618 | 200 | 213 | 1,615 | 2,794 | 2,123 | 634 | 670 | 6,221 |
| 240 | 257 | 37 | 32 | 566 | 162 | 139 | 40 | 33 | 374 | 1,625 | 1,317 | 309 | 236 | 3,487 |
| 358 | 38 | 13 | 9 | 418 | 57 | 10 | 7 | 10 | 84 | 1,517 | 174 | 80 | 71 | 1,842 |
| 150 | 137 | 21 | 27 | 335 | 150 | 172 | 78 | 63 | 463 | 667 | 592 | 197 | 152 | 1,608 |
| 16 | 32 | 1 | 1 | 50 | 168 | 173 | 73 | 71 | 485 | 430 | 504 | 189 | 209 | 1,332 |
| 170 | 90 | 16 | 15 | 291 | 120 | 93 | 55 | 41 | 309 | 402 | 265 | 88 | 78 | 833 |
| 2 | 0 | 0 | 0 | 2 | 10 | 13 | 5 | 3 | 31 | 169 | 99 | 71 | 48 | 387 |
| 15 | 12 | 2 | 6 | 35 | 13 | 15 | 4 | 7 | 39 | 84 | 82 | 17 | 15 | 198 |
| 20 | 10 | 3 | 1 | 34 | 10 | 10 | 5 | 4 | 29 | 100 | 65 | 17 | 15 | 197 |
| 8 | 17 | 1 | 0 | 26 | 14 | 11 | 3 | 0 | 28 | 74 | 82 | 19 | 12 | 187 |
| 25 | 19 | 5 | 6 | 55 | 15 | 19 | 1 | 8 | 42 | 79 | 66 | 18 | 23 | 186 |
| 22 | 14 | 8 | 8 | 52 | 3 | 9 | 0 | 0 | 12 | 64 | 51 | 15 | 21 | 151 |
| 3 | 1 | 0 | 0 | 4 | 11 | 13 | 2 | 6 | 32 | 47 | 52 | 27 | 22 | 148 |
| 27 | 25 | 4 | 4 | 60 | 11 | 16 | 0 | 5 | 32 | 57 | 54 | 4 | 10 | 125 |
| 3 | 2 | 2 | 0 | 7 | 6 | 4 | 1 | 1 | 12 | 53 | 37 | 17 | 14 | 121 |
| 11 | 6 | 1 | 2 | 20 | 5 | 10 | 2 | 1 | 18 | 50 | 41 | 8 | 7 | 106 |
| 9 | 8 | 0 | 0 | 17 | 7 | 7 | 3 | 3 | 20 | 44 | 34 | 16 | 10 | 104 |
| 13 | 9 | 2 | 1 | 25 | 4 | 3 | 4 | 1 | 12 | 47 | 37 | 8 | 8 | 100 |
| 20 | 8 | 1 | 0 | 29 | 9 | 9 | 2 | 4 | 24 | 42 | 31 | 7 | 8 | 88 |
| 2 | 1 | 0 | 0 | 3 | 11 | 17 | 6 | 9 | 43 | 25 | 36 | 13 | 13 | 87 |
| 8 | 7 | 1 | 3 | 19 | 11 | 12 | 10 | 7 | 40 | 36 | 23 | 12 | 11 | 82 |
| 10 | 10 | 2 | 2 | 24 | 0 | 0 | 0 | 0 | 0 | 22 | 19 | 8 | 7 | 56 |
| 4 | 6 | 1 | 2 | 13 | 5 | 3 | 0 | 0 | 8 | 25 | 22 | 2 | 5 | 54 |
| 0 | 0 | 0 | 0 | 0 | 12 | 13 | 4 | 3 | 32 | 23 | 16 | 6 | 3 | 48 |
| 3 | 0 | 0 | 0 | 3 | | 3 | 2 | 0 | 10 | 20 | 12 | 4 | 1 | 37 |
| 1 | 0 | 0 | 0 | 1 | 2 | 2 | 1 | 0 | 5 | 14 | 11 | 5 | 4 | 34 |
| 6 | 3 | 1 | 2 | 12 | 0 | 1 | 0 | 0 | 1 | 13 | 8 | 4 | 3 | 28 |
| 1 | 0 | 0 | 0 | 1 | 1 | 1 | 0 | 0 | 2 | 14 | 12 | 1 | 0 | 27 |
| 3 | 6 | 0 | 1 | 10 | 1 | 3 | 0 | 0 | 4 | 8 | 18 | 0 | 1 | 27 |
| 1 | 0 | 0 | 0 | 1 | 1 | 2 | 0 | 1 | 4 | 5 | 6 | 1 | 1 | 13 |
| 5 | 2 | 0 | 0 | 7 | 1 | 0 | 0 | 0 | 1 | 6 | 5 | 1 | 1 | 13 |
| 1 | 1 | 1 | 1 | 4 | 0 | 0 | 0 | 0 | 0 | 4 | 3 | 3 | 2 | 12 |
| 0 | 0 | 0 | 0 | 0 | 0 | 0 | 0 | 1 | 1 | 3 | 3 | 3 | 3 | 12 |
| 0 | | 0 | 0 | 0 | 0 | 0 | 0 | 0 | 0 | 6 | 3 | 0 | 0 | 9 |
| 3 | 1 | 1 | 1 | 6 | 0 | 0 | 0 | 0 | 0 | 4 | 2 | 1 | 1 | 8 |
| 0 | 0 | 0 | 0 | 0 | 0 | 0 | 0 | 0 | 0 | 2 | 1 | 0 | 1 | 4 |
| 0 | 0 | 0 | 0 | 0 | 0 | 0 | 0 | 0 | 0 | 2 | 1 | 1 | 0 | 4 |
| 0 | 0 | 0 | 0 | 0 | 0 | 0 | 0 | 0 | 0 | 1 | 2 | 0 | 0 | 3 |
| 0 | 0 | 0 | 0 | 0 | 1 | 0 | 0 | 0 | 1 | 2 | 1 | 0 | 0 | 3 |
| 0 | 0 | 0 | 0 | 0 | 1 | 1 | 0 | 0 | 2 | 1 | 1 | 0 | 0 | 2 |
| 0 | 0 | 0 | 0 | 0 | 0 | 0 | 0 | 0 | 0 | 0 | 1 | 1 | 0 | 2 |
| 0 | 0 | 0 | 0 | 0 | 0 | 0 | 0 | 0 | 0 | 1 | 0 | 0 | 0 | 1 |
| 0 | 0 | 0 | 0 | 0 | 0 | 0 | 0 | 0 | 0 | 0 | 0 | 0 | 0 | 0 |
| 0 | 0 | 0 | 0 | 0 | 0 | 0 | 0 | 0 | 0 | 0 | 0 | 0 | 0 | 0 |
| 0 | 0 | 0 | 0 | 0 | 0 | 0 | 0 | 0 | 0 | 0 | 0 | 0 | 0 | 0 |
| 2 | 1 | 0 | 0 | 3 | 0 | 0 | 0 | 0 | 0 | 4 | 2 | 0 | 0 | 6 |
| 2,663 | 1,894 | 527 | 576 | 5,660 | 3,627 | 2,991 | 1,451 | 1,437 | 9,506 | 15,801 | 11,739 | 4,468 | 4,462 | 36,471 |

表4　1930年度セン

| 国籍 | 中央区 | | | | | 北区 | | | | | 東区 | | | | |
|---|---|---|---|---|---|---|---|---|---|---|---|---|---|---|---|
| | 成人 | | 子供 | | 計 | 成人 | | 子供 | | 計 | 成人 | | 子供 | | 計 |
| | 男 | 女 | 男 | 女 | | 男 | 女 | 男 | 女 | | 男 | 女 | 男 | 女 | |
| 日本人 | 75 | 21 | 9 | 11 | 116 | 2,860 | 2,681 | 874 | 903 | 7,318 | 1,523 | 1,075 | 615 | 685 | 3,898 |
| イギリス人 | 409 | 159 | 24 | 28 | 620 | 418 | 358 | 131 | 102 | 1,009 | 423 | 276 | 96 | 111 | 906 |
| ロシア人 | 316 | 60 | 4 | 3 | 383 | 176 | 257 | 70 | 37 | 540 | 731 | 604 | 158 | 131 | 1,624 |
| インド人 | 220 | 2 | 1 | 1 | 224 | 244 | 21 | 13 | 10 | 288 | 638 | 103 | 46 | 41 | 828 |
| アメリカ人 | 164 | 99 | 11 | 5 | 279 | 133 | 115 | 45 | 25 | 318 | 70 | 69 | 42 | 32 | 213 |
| ポルトガル人 | 2 | 1 | 0 | 2 | 5 | 151 | 181 | 75 | 94 | 501 | 93 | 117 | 40 | 41 | 291 |
| ドイツ人 | 19 | 10 | 1 | 2 | 32 | 49 | 37 | 1 | 10 | 107 | 44 | 35 | 5 | 10 | 94 |
| フィリピン人 | 1 | 0 | 0 | 0 | 1 | 148 | 81 | 61 | 39 | 329 | 8 | 5 | 5 | 6 | 24 |
| フランス人 | 19 | 20 | 1 | 0 | 40 | 31 | 20 | 6 | 2 | 59 | 6 | 15 | 4 | 0 | 25 |
| イタリア人 | 14 | 5 | 0 | 0 | 19 | 43 | 26 | 8 | 7 | 84 | 13 | 14 | 1 | 3 | 31 |
| ポーランド人 | 8 | 7 | 1 | 0 | 16 | 12 | 13 | 3 | 4 | 32 | 32 | 34 | 11 | 8 | 85 |
| デンマーク人 | 10 | 3 | 0 | 0 | 13 | 10 | 3 | 1 | 4 | 18 | 19 | 22 | 11 | 5 | 57 |
| 朝鮮人 | 1 | 0 | 0 | 0 | 1 | 22 | 13 | 0 | 2 | 37 | 16 | 15 | 7 | 11 | 49 |
| スペイン人 | 1 | 4 | 0 | 0 | 5 | 15 | 15 | 10 | 3 | 43 | 17 | 19 | 15 | 13 | 64 |
| スイス人 | 11 | 5 | 0 | 1 | 17 | 6 | 6 | 0 | 0 | 12 | 2 | 2 | 0 | 0 | 4 |
| ギリシア人 | 9 | 7 | 3 | 3 | 22 | 20 | 12 | 5 | 7 | 44 | 15 | 12 | 6 | 3 | 36 |
| ラトビア人 | 2 | 1 | 0 | 0 | 3 | 12 | 10 | 2 | 1 | 25 | 20 | 14 | 3 | 3 | 40 |
| ノルウェー人 | 7 | 2 | 0 | 0 | 9 | 8 | 6 | 10 | 3 | 27 | 13 | 1 | 3 | 4 | 31 |
| チェコスロバキア人 | 4 | 2 | 0 | 0 | 6 | 8 | 13 | 2 | 3 | 26 | 18 | 10 | 0 | 3 | 31 |
| オーストリア人 | 4 | 1 | 0 | 0 | 5 | 3 | 5 | 1 | 0 | 9 | 6 | 8 | 3 | 4 | 21 |
| スウェーデン人 | 1 | 0 | 0 | 0 | 1 | 6 | 9 | 4 | 0 | 19 | 5 | 9 | 3 | 4 | 21 |
| オランダ人 | 9 | 2 | 0 | 0 | 11 | 4 | 1 | 0 | 0 | 5 | 4 | 1 | 1 | 1 | 7 |
| イラク人 | 3 | 2 | 2 | 0 | 7 | 4 | 4 | 4 | 5 | 17 | 5 | 3 | 0 | 0 | 8 |
| ルーマニア人 | 2 | 1 | 0 | 0 | 3 | 5 | 4 | 0 | 0 | 9 | 9 | 8 | 1 | 3 | 21 |
| ペルシャ人 | 4 | 0 | 0 | 0 | 4 | 4 | 1 | 1 | 0 | 6 | 3 | 2 | 1 | 0 | 6 |
| ハンガリー人 | 5 | 1 | 1 | 1 | 8 | 4 | 7 | 0 | 0 | 11 | 3 | 1 | 1 | 0 | 5 |
| アルメニア人 | 0 | 0 | 0 | 0 | 0 | 7 | 6 | 2 | 4 | 19 | 4 | 3 | 2 | 0 | 9 |
| リトアニア人 | 1 | 0 | 0 | 0 | 1 | 0 | 0 | 0 | 1 | 1 | 6 | 4 | 3 | 0 | 13 |
| ベルギー人 | 6 | 4 | 0 | 0 | 10 | 4 | 7 | 1 | 0 | 12 | 2 | 0 | 0 | 0 | 2 |
| エストニア人 | 1 | 1 | 0 | 0 | 2 | 0 | 7 | 0 | 0 | 7 | 3 | 1 | 0 | 0 | 4 |
| ブラジル人 | 0 | 0 | 0 | 0 | 0 | 1 | 1 | 0 | 0 | 2 | 2 | 3 | 1 | 0 | 6 |
| トルコ人 | 0 | 0 | 0 | 0 | 0 | 0 | 0 | 1 | 1 | 2 | 0 | 3 | 0 | 0 | 3 |
| エジプト人 | 0 | 0 | 0 | 0 | 0 | 0 | 0 | 0 | 0 | 0 | 3 | 2 | 2 | 1 | 8 |
| セルビア人 | 0 | 0 | 0 | 0 | 0 | 0 | 2 | 1 | 1 | 4 | 3 | 1 | 2 | 1 | 7 |
| ユーゴスラヴィア人 | 1 | 0 | 0 | 0 | 1 | 3 | 3 | 0 | 0 | 6 | 2 | 0 | 0 | 0 | 2 |
| ブルガリア人 | 0 | 0 | 0 | 0 | 0 | 1 | 1 | 0 | 0 | 2 | 0 | 0 | 0 | 0 | 0 |
| フィンランド人 | 0 | 0 | 0 | 0 | 0 | 1 | 1 | 0 | 1 | 3 | 1 | 0 | 0 | 0 | 1 |
| メキシコ人 | 2 | 1 | 0 | 0 | 3 | 0 | 0 | 1 | 0 | 1 | 0 | 0 | 0 | 0 | 0 |
| アルゼンチン人 | 0 | 0 | 0 | 0 | 0 | 1 | 2 | 0 | 0 | 3 | 0 | 0 | 0 | 0 | 0 |
| ペルー人 | 0 | 0 | 0 | 0 | 0 | 1 | 1 | 0 | 0 | 2 | 0 | 0 | 0 | 0 | 0 |
| マレー人 | 0 | 0 | 0 | 0 | 0 | 0 | 0 | 0 | 0 | 0 | 0 | 0 | 0 | 0 | 0 |
| シリア人 | 0 | 0 | 0 | 0 | 0 | 0 | 1 | 1 | 0 | 2 | 0 | 0 | 0 | 0 | 0 |
| アルバニア人 | 0 | 0 | 0 | 0 | 0 | 0 | 0 | 0 | 0 | 0 | 1 | 0 | 0 | 0 | 1 |
| チリ人 | 0 | 0 | 0 | 0 | 0 | 0 | 0 | 0 | 0 | 0 | 0 | 0 | 0 | 0 | 0 |
| モンテネグロ人 | 0 | 0 | 0 | 0 | 0 | 0 | 0 | 0 | 0 | 0 | 0 | 0 | 0 | 0 | 0 |
| ベネズエラ人 | 0 | 0 | 0 | 0 | 0 | 0 | 0 | 0 | 0 | 0 | 0 | 0 | 0 | 0 | 0 |
| その他 | 0 | 0 | 0 | 0 | 0 | 1 | 0 | 0 | 0 | 0 | 1 | 1 | 0 | 0 | 2 |
| 計 | 1,331 | 421 | 58 | 57 | 1,867 | 4,416 | 3,931 | 1,344 | 1,269 | 10,960 | 3,764 | 2,502 | 1,088 | 1,124 | 8,478 |

注：防衛軍：英，米，日，総計4,083名（上記の表に含まれない）．
出典：SMC, Annual Report, 1930から作成．

部は高級住宅街として発展してきていた(9)。越界路区は、前述のように、租界当局によって租界の境界を越えて築造された道路とその道路に隣接する地域であり、その管轄権をめぐって工部局と中国当局の間で摩擦が絶えなかった。当時、主に北区の北側と西区の西側に越界路区は広がっており、それぞれ虹口地区、滬西地区と呼ばれていた。

それぞれの地区の人口分布をみると、中央区は一八六七人（共同租界全人口の五・一%）、北区は一万九六〇人（三〇%）、東区は八四七八人（二三・二%）、西区は五六六〇人（一五・五%）、越界路区は九五〇六人（二六%）となっている。面積の小さな中区と、一九三〇年時点でいまだ発展途上の西区は比較的人口が少ないものの、残りの三つの地区はそれぞれ同程度の人口規模を有している。しかしながら各国居留民の分布をみると、特に日本人は他と異なった分布の仕方をしている。日本人は、中央区一一六人（〇・六%）、北区七三一八人（四〇%）、東区三八九八人（二一%）、西区一四五六人（七・八%）、越界路区五六九〇人（三〇・七%）であり、中央区が極端に少ないのに対し、北区には比較的多く居住している。これに対しイギリス人は、中央区六二〇人（一〇%）、北区一〇〇九人（一六%）、東区九〇六人（一四・五%）、西区二〇七一人（三三・二%）、越界路区一六一五人（二六%）と、日本人居留民とは逆に中央区と西区に占める割合が比較的多く、北区や東区は比較的少ない。このような分布の相違は上海への進出の時期の違いを反映したもので、遅れてきた日本人には中央区など古くからある地域に入り込む余地がなく、比較的新しい地域である北区や越界路地区に住まざるをえなかったのである（第4章参照）。これに対して、イギリス人をはじめとする欧米人居留民は、人口の大半が難民であったロシア人を除いて似たような分布をしている。

男女の比率からみると、一九世紀において租界は一時滞在の男性の比率が非常に高い男性社会であったが、一九三〇年の調査では外国人居留民全体の一五才以上の成人男性（一万五八〇一人）と成人女性（一万一七三九人）の割合は五七%と四三%とその差は小さくなっている。インド人（成人男性一五一七人、成人女性一七四人）等の例外はあるものの、十分に社会として成熟してきていたことがうかがえる。また外国人居留民の四分の一が一五才未満の子ども（八九三〇人）であったことも、そのことを裏付けている。

### (3)　外国人居留民の職業分布

工部局のセンサスでは職業別の統計もとられている。ここでは資産家や被扶養者など、職に就いていない居留民も網羅されている一九三五年度のセンサスを利用する（表5）。この統計は、日本人や白系ロシア人を含め、共同租界の外国人居留民を一元的に扱っており、国籍別の分布は知ることができない。そのため、例えばイギリス人と日本人の職業上の分布傾向の違いなどを読み取ることはできないが、居留民社会全体としてのおおまかな傾向は把握することができる。また日本人居留民については、日本領事館が作成した職業統計が別に存在するが、分類の方法が工部局のそれとは異なっており、単純に比較することができない。日本人の職業分布については第4章で改めて検討する。

この統計では一五二の職業が項目として挙げられ、大きく一二のカテゴリーに分類されている。それぞれの就業人数は(1)農業・園芸（三職種、一四人）、(2)産業（四九職種、三三四六人）、(3)商業（二七職種、三八四八人）、(4)銀行・金融・保険（四職種、四四〇人）、(5)運輸・通信（一五職種、四五〇人）、(6)専門職（一七職種、一七九五人）、(7)政府・市政関係（七職種、二〇三六人）、(8)陸海軍（二職種、四三五人）[10]、(9)事務職（四職種、二一五三人）、(10)家事・その他サービス（一一職種、一八五三人）、(11)芸術家・芸人・スポーツ（八職種、七七七人）、(12)その他（六項目、二万一八六八人）となっている。最後のその他には、被扶養者や学生など、職に就いていない人々が分類されている。

それぞれの項目の内容にはここでは踏み込まないが、一瞥してわかるのは、居留民が就いていた職種が非常に豊富であるとともに、居留民が都市生活を送るうえで必要な職業がほぼ網羅されていることである。次節でみるように、イギリス人や日本人居留民は租界において本国の社会の再現を目指したが、一定程度それは達成されていた。居留民のほぼ全てが都市住民であり、当然のことではあるが第一次産業には就いていなかった。また学生も含まれるが、女

ンサス（職業別）

| 職業 | 計 | 男性 | 女性 |
|---|---|---|---|
| 4　銀行，金融，保険 | | | |
| 銀行員 | 209 | 203 | 6 |
| 仲買人 | 137 | 136 | 1 |
| 保険職員 | 84 | 79 | 5 |
| 保険業者 | 10 | 10 | 0 |
| 計 | 440 | | |
| 5　運輸，通信 | | | |
| 飛行機パイロット | 18 | 18 | 0 |
| 火夫 | 13 | 13 | 0 |
| 海務関係者 | 86 | 86 | 0 |
| 海務監督 | 3 | 3 | 0 |
| 乗合バス職員 | 10 | 10 | 0 |
| 監督官，検査官（未分類） | 88 | 82 | 6 |
| 水先案内人 | 36 | 36 | 0 |
| 郵便局員 | 8 | 8 | 0 |
| 鉄道職員 | 1 | 1 | 0 |
| 水夫（商船） | 50 | 50 | 0 |
| 電信技手 | 48 | 48 | 0 |
| 電話会社社員 | 41 | 20 | 21 |
| 電話交換手 | 14 | 0 | 14 |
| 路面電車職員 | 24 | 24 | 0 |
| 波止場管理人 | 10 | 10 | 0 |
| 計 | 450 | | |
| 6　専門職 | | | |
| 会計士 | 295 | 292 | 3 |
| アナリスト | 17 | 16 | 1 |
| 建築家 | 81 | 81 | 0 |
| 土木技師 | 44 | 44 | 0 |
| 開業技師 | 7 | 7 | 0 |
| 医師，歯科医 | 215 | 194 | 21 |
| 昆虫学者 | 1 | 1 | 0 |
| ジャーナリスト | 151 | 138 | 13 |
| 弁護士 | 41 | 39 | 2 |
| 図書館司書 | 6 | 5 | 1 |
| 海事検査員 | 10 | 10 | 0 |
| 鉱山技師 | 3 | 3 | 0 |
| 聖職者，僧侶 | 104 | 95 | 9 |
| 宣教師 | 268 | 92 | 175 |
| 眼鏡技師 | 10 | 10 | 0 |
| 獣医 | 13 | 13 | 0 |
| 教授，教師 | 429 | 265 | 164 |
| 計 | 1,695 | | |
| 7　政府，市政関係 | | | |
| a 政府関係 | | | |
| 領事館員 | 190 | 182 | 8 |
| 判事 | 3 | 3 | 0 |
| 政府関係者（未分類） | 204 | 202 | 2 |
| b 市政関係 | | | |
| 消防隊員 | 46 | 46 | 0 |
| 看守 | 233 | 230 | 3 |
| 工部局職員（他に挙げられているもの以外） | 128 | 124 | 4 |
| 警官：外国人及びインド人 | 1,232 | 1,231 | 1 |
| 計 | 2,036 | | |
| 8　陸海軍＊ | | | |
| 陸海軍士官 | 54 | 54 | 0 |
| 兵士 | 381 | 381 | 0 |
| 計 | 435 | | |
| 9　事務職 | | | |
| 集金人 | 4 | 4 | 0 |
| 事務員 | 1,751 | 1,532 | 219 |
| 速記者 | 394 | 9 | 385 |
| 翻訳家 | 4 | 4 | 0 |
| 計 | 2,153 | | |
| 10　家事，その他サービス | | | |
| バーテンダー | 46 | 42 | 4 |
| 運転手 | 62 | 62 | 0 |
| 管理人（守衛） | 9 | 9 | 0 |
| 倉庫管理人 | 7 | 7 | 0 |
| ホテルの客引き | 22 | 22 | 0 |
| 通訳 | 8 | 8 | 0 |
| マッサージ師 | 47 | 18 | 29 |
| 看護婦，助産師 | 402 | 9 | 393 |
| 使用人 | 458 | 60 | 398 |
| 給仕 | 6 | 6 | 0 |
| 警備員 | 786 | 786 | 0 |
| 計 | 1,853 | | |
| 11　芸術家，芸人，スポーツ | | | |
| 芸術家 | 84 | 50 | 34 |
| ボクサー | 2 | 2 | 0 |
| 芸人 | 480 | 10 | 470 |
| ゴルフ・プロ | 1 | 1 | 0 |
| 音楽家 | 165 | 150 | 15 |
| 身体トレーナー | 8 | 7 | 1 |
| 彫刻家 | 14 | 13 | 1 |
| 調教師 | 23 | 23 | 0 |
| 計 | 777 | | |
| 12　その他 | | | |
| 年金生活者 | 34 | 34 | 0 |
| 入院患者等 | 268 | 150 | 118 |
| 資産家 | 158 | 119 | 39 |
| 学生 | 3,517 | 2,003 | 1,514 |
| 旅行者 | 160 | 122 | 38 |
| 不申告，被扶養者，未成年 | 17,731 | 4,686 | 13,045 |
| 計 | 21,868 | | |
| 総計 | 38,915 | 21,247 | 17,668 |

表5　1935年度セ

| 職業 | 計 | 男性 | 女性 |
|---|---|---|---|
| 1　農業，園芸 | | | |
| 農業従事者 | 3 | 3 | 0 |
| 植木屋 | 11 | 11 | 0 |
| 計 | 14 | | |
| 2　産業 | | | |
| a 木工 | | | |
| 指物師 | 1 | 1 | 0 |
| 大工 | 25 | 25 | 0 |
| 製材業者 | 5 | 5 | 0 |
| b 家具製造 | | | |
| 家具設計者 | 9 | 8 | 1 |
| c 金属工業 | | | |
| ボイラー製造業者 | 3 | 3 | 0 |
| d 機械および金属製品 | | | |
| 技師 | 456 | 454 | 2 |
| 錠前師 | 2 | 2 | 0 |
| 機械工 | 204 | 204 | 0 |
| 針製造業者 | 1 | 1 | 0 |
| 配管工 | 5 | 5 | 0 |
| トランク製造業者 | 11 | 11 | 0 |
| 溶接工 | 3 | 3 | 0 |
| e ボート，船，運搬手段 | | | |
| 潜水作業員 | 4 | 4 | 0 |
| 造船工 | 7 | 7 | 0 |
| f 道路・ビル建設 | | | |
| 建築業者 | 51 | 51 | 0 |
| 石工 | 5 | 5 | 0 |
| g 煉瓦，陶器，ガラス | | | |
| ガラス製造業者 | 11 | 11 | 0 |
| i 化学および関係産業 | | | |
| クリーニング，染色業 | 64 | 64 | 0 |
| 消毒業者 | 1 | 1 | 0 |
| 製油業者 | 3 | 3 | 0 |
| 塗装工 | 17 | 17 | 0 |
| 石鹸製造業者 | 6 | 6 | 0 |
| j 織物，綿，絹，毛 | | | |
| 毛織物業者 | 24 | 13 | 11 |
| 製糸工場職員 | 83 | 82 | 1 |
| 敷物製造業者 | 34 | 34 | 0 |
| k 服飾 | | | |
| 帽子製造業者 | 28 | 7 | 21 |
| 肌着類製造業者 | 3 | 3 | 0 |
| シャツ製造業者 | 12 | 11 | 1 |
| 靴製造業者 | 34 | 34 | 0 |
| 仕立屋，洋裁師，刺繍屋 | 207 | 105 | 102 |
| l 皮革，皮，ゴム | | | |
| 皮なめし業者 | 4 | 4 | 0 |
| m 食品，飲料，タバコ | | | |
| 炭酸水製造業者 | 5 | 5 | 0 |
| パン屋 | 7 | 7 | 0 |
| ビール醸造業者 | 16 | 16 | 0 |
| 製粉業者 | 3 | 3 | 0 |
| タバコ製造業者，職員 | 51 | 49 | 2 |
| n 紙，製本，印刷，写真 | | | |
| 製図工 | 9 | 8 | 1 |
| 彫版工 | 27 | 26 | 1 |
| 石版工 | 2 | 2 | 0 |
| 写真家 | 56 | 56 | 0 |
| 印刷工 | 65 | 64 | 1 |
| o 科学，音楽機材 | | | |
| 楽器製造業者 | 2 | 2 | 0 |
| ピアノ製造業者 | 2 | 2 | 0 |
| はかり製造業者 | 4 | 4 | 0 |
| 時計製造業者 | 20 | 20 | 0 |
| q 未分類 | | | |
| 工芸職人 | 4 | 2 | 2 |
| 工場管理職 | 49 | 49 | 0 |
| 工場職員 | 1,689 | 1,637 | 52 |
| 工場労働者 | 12 | 12 | 0 |
| 計 | 3,346 | | |
| 3　商業 | | | |
| 広告代理業者 | 11 | 11 | 0 |
| 競売人 | 3 | 3 | 0 |
| 下宿経営者 | 46 | 12 | 34 |
| 本屋 | 16 | 14 | 2 |
| 映写技師 | 10 | 10 | 0 |
| 問屋 | 96 | 94 | 2 |
| 骨董商 | 18 | 18 | 0 |
| 薬剤師 | 90 | 83 | 7 |
| 食品：肉屋，調理師，菓子職人，乳製品業者 | 160 | 150 | 10 |
| ガレージ経営者と店員 | 19 | 18 | 1 |
| 美容師，マニキュア師，香水商 | 175 | 93 | 82 |
| 旅館，ホテル経営者 | 31 | 26 | 5 |
| 宝石商，銀細工師 | 26 | 26 | 0 |
| クリーニング屋 | 53 | 51 | 2 |
| 経営者（未分類） | 164 | 144 | 20 |
| 商社社員 | 730 | 712 | 18 |
| 商人 | 1,394 | 1,366 | 28 |
| 金貸し業，質屋 | 39 | 36 | 3 |
| レストラン経営者 | 108 | 74 | 34 |
| 不動産業者 | 9 | 9 | 0 |
| 販売員 | 174 | 129 | 45 |
| 船舶代理業者 | 217 | 214 | 3 |
| 絹布商人 | 1 | 1 | 0 |
| 商店店主および店員 | 237 | 229 | 8 |
| 茶検査人 | 2 | 2 | 0 |
| 茶商人 | 10 | 8 | 2 |
| 葬儀屋 | 9 | 5 | 0 |
| 計 | 3,848 | | |

注：*野営地・兵舎の防衛軍部隊は含まれない.
出典：SMC, Annual Report, 1935 より作成.

性を中心に二万人以上が主婦や子どもなどの被扶養者として存在しており、当時の外国人居留民は家族を基盤とした再生産可能な、独立した社会を形成していたといえる。

ただし、しばしば「モザイク都市」と称される上海では、共同租界の外国人社会においてもそれぞれの国の居留民社会ごとに分裂していた。それは欧米人社会が、人種、文化、社会階層において異質な日本人社会、白系ロシア人社会、インド社会などと分離していたというだけでなく、例えば比較的近しい関係にあったイギリス人とアメリカ人もむしろ一九二〇年代以降、分裂傾向をみせはじめたという。[11]とはいえ租界の欧米人居留民は、中国で西洋的な都市生活を送るうえでの価値観や規範といったものにある程度の共通性をもち、それなりにまとまりを持った外国人社会を形成していた。そうした西洋人主体の社会の基礎を築き、社会規範を形づくることで他の居留民社会のモデルとなったのが、上海に最初に租界を設置し、最大の欧米人勢力を形成したイギリス人居留民たちであった。

## 第2節　イギリス人居留民社会

### (1)　四つのカテゴリー

一九三〇年代、六〇〇〇～六五〇〇名のイギリス人が居留民として共同租界に居住していた。際立っているのは、上記のセンサスにあるように経済的中心である中央区の人口の半数近くを彼らが占めていたことであり、これは彼らの租界社会における地位を示しているといえるだろう。それ以外の地域については、比較的偏りなく分布している。共同租界以外にもフランス租界に二二〇〇名、華界にも九〇〇名近くが住んでいた。娯楽の中心であるとともに高級住宅地でもあるフランス租界には、エリート層の多くが居を構えていた。[12]華界の場合、香港籍の中国人が比較的多く住んでいたのではないかと推測される。実際のところ、こうした統計上のイギリス人というカテゴリー自体が当時の枠組みとしては非常に恣意的なもので、例えば同じイギリス国籍でありながら、インド人は別項目として計上されている一方で、バグダード系ユダヤ人や香港籍の中国人はイギリス人の項目に計上されている。これは後者が比較的少数であったためと考えられるが、こうした白人以外のイギリス人はイギリス人社会、あるいはより広い欧米人社会からは排除されていた。

職業に関しては、総領事館による統計が残っている日本人居留民とは異なり、イギリス人だけの統計資料は存在しない。そのため、上述の外国人居留民全体の職業統計から類推するしかない。既存の研究ではこうした事情も考慮しながら、中国にやってきたイギリス人居留民を大きく四つのカテゴリーに分類されるのが通例となっている[13]。すなわち外交関係者や軍人などのオフィシャル、宣教師や伝道団関係者、企業経営者や在外駐在員などのビジネスマン、そして中国に新たな生活を求めてわたってきた定住者である。

オフィシャルには主に外交関係者や軍人が分類される。上海には各国の総領事館や領事館が設置され、総領事をはじめ多数の領事や職員が派遣されていた[14]。通常、公使や領事といった外交官は平均五～六年で任地から次の任地への異動を繰り返しつつキャリア・アップを行ったが、イギリスの場合では上海はそれなりの重要度を持ち、キャリアの経過地点の一つであった[15]。また上海には中国海関の司令部ともいうべき総税務司所があり、そこで勤務していた総税務司をはじめとする海関の欧米人職員のうち、中国人と接することのない内勤職員もこのカテゴリーに含まれる[16]。

上海には、中国における勢力圏である長江流域をパトロールするためにイギリスの艦隊が常に駐留し、同様に駐留していたアメリカ、フランス、イタリア、日本の部隊とともに共同租界とフランス租界の防衛を担っていた。特に一九二〇年代以降は、中国ナショナリズムの台頭や日中の紛争など、しばしば租界が脅かされる事態が発生した。北伐軍が上海に接近した一九二七年には、イギリスは「上海防衛軍（Shanghai Defence Force）」として大部隊を上海に派遣し、上海のイギリス軍の兵力は一時一万六〇〇〇名を超えた(17)。こうした派遣軍の兵士たちは決して居留民とは扱われず、人口統計に表れることもなかった。しかし後述するように、上海におけるイギリス派遣軍や駐留艦隊の存在は、イギリス帝国を象徴するものとして、共同租界は帝国の一部であるという居留民社会の自意識に少なからぬ影響を与えていた。また工部局警察の総監や義勇隊の司令官を含め、工部局の幹部は多くが本国や帝国各地から招聘されており、そうした人々もオフィシャルに含むことができる。

最も早い時期に中国に根を下ろしたのが二つめのカテゴリーである宣教師たちである。一九世紀においてはフランスを中心としたローマ・カトリック系の伝道団の勢力が強く、その活動もキリスト教の布教に重点がおかれたが、義和団事件以降、英米のプロテスタント系の伝道団がカトリック系を凌ぐ規模で活動を開始した。プロテスタント系の伝道団はカトリック系と異なり、個人の改宗ではなく中国社会全体のキリスト教化を重視し、中国人を対象とした教育や医療といった社会的活動を展開した。「ニューヨーク、ロンドンに次いで世界で最も重要な伝道本部」と称された上海には各国の伝道組織のほとんどが拠点を置き、中国における伝道活動の本部とした(18)。英国国教会系の英国聖公会伝道協会（Church Missionary Society）やロンドン伝道協会（London Missionary Society）などイギリス系の伝道組織の他、中国で最大の伝道団組織である中国奥地伝道団（China Inland Mission）やＹＭＣＡなど多国籍な組織もあったが、特に教育や医療といった社会活動に力を入れたのはアメリカ系の伝道団であった。例えば聖約翰大学（St. John's University）や滬江大学（Shanghai Baptist College & Theological Seminar）など、大学から初等学校まで上海に数百あったミッション系の学校は、大半が米国聖公会（American Church Mission）や米国バプティスト海外伝道協会（American Baptist Foreign Mission Society）などのアメリカ系の伝道団が運営していた。

こうした社会事業は多くが現地の中国人を対象としたものであり、また宣教師自身は中国内地に入り布教活動を行ったために、彼らは居留民社会で必ずしも目立った存在ではなかった。しかしながら、生や死、結婚などの人生の節目においてキリスト教徒にとっては不可欠となる教会を維持し、また居留民社会に対し禁酒、禁煙、あるいは売春の禁止など、道徳的な基準を示すことで少なからぬ影響力を持った[19]。他方で、中国人との交流や「白人」らしからぬ生活を批判されたり、その教育活動を通じて中国ナショナリズムを生み出したとして非難されるなど、条約港の欧米人居留民社会にあっては異端的存在でもあった[20]。

三つめのカテゴリーは主に貿易などの中国とのビジネスに携わる人々である[21]。上海には一九二〇年代において上海のイギリス系五大企業の一つとして認知されていたジャーディン・マセソン商会（Jardine Matheson）やバタフィールド・スワイア社（Butterfield and Swire）といった伝統的な大商社や、ブリティッシュ・アメリカン・タバコ社（British American Tobacco）、インペリアル・ケミカル・インダストリーズ社（Imperial Chemical Industries）、アジアティック石油会社（Asiatic Petroleum Corporation）といった二〇世紀に入ってから発達してきた多国籍企業をはじめ、香港上海銀行（Hongkong and Shanghai Banking Corporation）やチャータード・バンク（Chartered Bank）といった銀行が本社や支社を構えていた[22]。一九二三年時点では他に大小合わせて二二八のイギリス企業、一六五のアメリカ企業、七〇のドイツ企業、六三のフランス企業、五六のロシア企業が存在し、そのうち約四〇社が「バンド（Bund、外灘）」の株式取引所に上場していた[23]。こうした企業の経営者や社員が、在外駐在員として上海で「ビジネスマン」階層を形成した。

なかでもイギリス人の企業経営者や支店長、銀行家などのビジネス・エリート層は、共同租界において外国人居留民社会のヒエラルキーの頂点に位置した。「大班」と呼ばれた彼らは租界社会で最も影響力をもち、居留民社会を代表する存在であった。彼らは商業活動と社交の中心として商業会議所を設置し、必要に応じて中国協会（China Association）などの圧力団体を組織することで本国の政財界と結びつき、中国政策に関して外交団や本国政府に対し一定の発言力を持った[24]。一方、租界行政においては市参事会の参事の座を独占することで、そうしたビジネス・エリート層による寡頭制を敷いた。企業の経営者や幹部はもちろんのこと、その社員も大半がイギリス本国で採用され中国に派遣されてきた人々で、現地上海での採用はほとんど行われなかった。その結果、そうした出自の違いもあり、この階層は次にみる定住者を低級な白人とみなしており、自意識において定住者との間に深い断絶がみられた。

以上、三つのカテゴリーに属する人々は概して外的な強制力によって中国に渡ってきた人々であった。しかしビジネスマン層と共に居留民社会を形成した、四つめのカテゴリーである定住者層に分類されるのは、自らの判断で、中国で新しい生活を築くためにやってきた人々であり、その最終的な目的は生計を立てることであった。

定住者に分類される職業は非常に幅広い。最も富裕なものは、租界の土地利害に関係して財産をつくった地主（借地人）や土地投機家といった資産家層である。イギリス租界時代に「華洋雑居」が認められて以来、共同租界の土地価格は上昇を続けており、そこに大きな利害関係が発生していた[25]。こうした土地利害に関わる人々は、定住者層のなかで唯一行政参加の資格を持っていた。次に工部局や海関の下級事務員や外勤職員、工部局警察の警官など行政サービスの実務を担う公務員もこのカテゴリーに含まれる。特に工部局は数百人の外国人——そのほとんどがイギリス人であったが——を職員や警官として雇用しており、共同租界において外国人居留民の最大の雇用主でもあった。最後は上記二つ以外の全ての人々である。例えば、居留民を相手としたパン屋や牛乳屋、仕立て屋などの小商店の店主、法律家や技師、医者、教師といった専門職、さらにはジャーナリスト、音楽家、ピアノの調律師、ゴルフ・プロ、芸人といった雑多な職業人々が挙げられる。表5でもあげたように他にもさまざまな業種が含まれるが、こうした人々に共通するのは、租界においてイギリス人がイギリス人らしい生活を送るのに必要なサービスを提供する職種であるということである。資産家層は比較的ビジネス・エリート層に近い位置にいたが、それ以外の人々は納税者会議に出席できるほどの土地も財産も保有しておらず、租界行政に関わることはほとんどできなかった。しかし、特に外国人を特権的地位におく治外法権を前提としたいわゆる条約港システムと、それに基づく租界形成された外国人居留民社会にその存在を完全に依存しているという点で定住者たちは共通していたといえよう。

これらのカテゴリーにどの程度の規模のイギリス人が含まれていたかは、各国別の職業統計が存在していなかったために不明である。しかしながら、工部局の職業別統計によるとオフィシャルに分類されるような職業——領事館員や判事、陸海軍士官、政府関係者の一部——は、全ての国を合わせても三〇〇名に満たず、伝道団関係者も一般の宗教関係者を合わせても同様に三七〇名程度である。全外国人居留民に占めるこれらの人々の割合は二%にも満たない。イギリス人の居留民におけるこれらの職業の比率が全体と多少異なっていたとしても、ごく一部を占めるに留まっていたと考えて問題ない。したがってイギリス人居留民社会は基本的にエリート層としてのビジネスマンと大衆層としての定住者で構成されていたと考えられる。

前述の統計ではイギリス人のみの職業構成は不明であるし、例えば大企業の経営者も中小の現地企業の経営者も同じ項目（manager）に分類されているように、どの程度のイギリス人居留民が「エリート」とされたか、正確なところは明らかではない。ただし、一つの指針として、厳しい財産規定を満たして共同租界における有権者資格を有していたイギリス人は一九三五年当時で一〇〇〇名程度存在しており、これらの人々をイギリス人社会における「エリート」であると考えることはできよう。したがって、その家族なども考慮すると共同租界のイギリス人居留民は、三〇〜三五%のエリート層と六五〜七〇%の一般民衆層で構成されていたと考えるのが妥当であろう。

他方、イギリス国籍でありながらイギリス人社会から排除されていた人々もいた。非常にわかりやすいのはインド人で、彼らは統計上でも別個に計上されている。他にはバグダード系のユダヤ人や香港籍の中国人なども社会的には「イギリス人」とはみなされることはなかった。このような国籍よりも人種のラインに沿った排除の論理は、いわゆる「帝国」、あるいは「帝国意識」においては一般的なものである。例えば、フランス租界ではベトナム人は共同租界におけるインド人と同じように別に集計されている。この点に関しては、イギリス、フランス両居留民の、「白人」

以外を自国民と分類したくないという、帝国意識の共通性を読みとることもできよう。何よりも重要なのは白人であるか否かであり、それが支配者と被支配者、優れたものと劣ったものを分ける絶対の分岐線であり、上海においてもそれが適用されたのである。このようにしてイギリス人社会から排除された人々は、イギリス人社会だけでなく、同じ価値観を共有する支配者として白人外国人社会全体からも阻害され、上海においてごく少数のマイノリティとして小さな共同体を形成した。

## (2) 租界での生活

上海にやってきたイギリス人たちは本国社会での階級から一律に階級が一つ上昇した。イギリスにおいて労働者が占める階層を中国人労働者が占めたからである。また企業経営者など本来の中流階級が上海の居留民社会のヒエラルキーの頂点に位置することができたのも、本国の上流階級が居留民社会に加わることはなかったためである。

こうした階層性を前提とした上海の外国人の生活は、しばしば優雅さや贅沢さが強調されるかたちで映画や小説の題材として取り上げられたが、実際彼らにとって、ヨーロッパに比べて厳しい気候や伝染病の流行などを除いて、きわめて安楽な生活を送ることが可能であった[26]。朝からの乗馬、短い勤務時間、夜毎のパーティー、チット・システム――いわゆる「つけ」の習慣で、これによって破産するものも多かった――などは決して過剰に誇張されたものではなかった。上海事変の最中、夜間外出禁止令が出されたときは、夜通しクラブやキャバレーで過ごし、朝、禁止令が解かれてから帰宅したというエピソードは、そうした彼らの生活の有り様を端的に示しているといえよう。

同様に、居留民の大半を占めた定住者にとっても、上海の生活はイギリス帝国に移住したものの多くが経験する「突然の天国への旅」のひとつであった[27]。本国であれば中流階級のステータスであった使用人を雇うということも、上海にやってきた労働者階級の代表的な仕事であり、上海の外国人社会では最下級の仕事の一つとされていた工部局警察の平巡査や海関の外勤職員でも充分に実現可能だった[28]。こうした人々の給料は必ずしも高額ではなかったが、それ以上に上海の物価は低く、より広い住まいが用意され、彼らにとって本国ではまず実現不可能であった生活を送ることが可能であった。なによりも中国人の存在によって、自分たちが支配する側であるという優越感に浸ることができた。ただし、こうした生活を担保していたのは租界という特殊な都市空間や治外法権であったことはいうまでもない。

日々の生活においては、可能な限りイギリス式の生活スタイルが追求された。生活のごく基本的な部分から、余暇の過ごし方まで、そうした傾向をみることができる。例えば職業統計をみると服飾関係は非常に充実しており、西洋風の衣服を入手することは容易であったことがうかがえる。また彼らは中国の限られた食材を駆使し西洋風の料理を再現した。もっとも実際の料理をするのは雇われた中国人料理人であり、彼らはそうした料理に類い希なる才能を示したという[29]。住居も欧米様式の家屋が数多く建てられ、水道やガス、電気などの最新の設備が導入された。競馬やクリケット、カヌー、テニス、乗馬などのスポーツや、パブリック・ガーデンやホールで開催される工部局の交響楽団のコンサートや映画、演劇など、やはり西洋的な余暇の過ごし方が好まれた。

こうした本国の生活への固執を端的に示す一つの事例が「ペーパー・ハント」である。これは本国では貴族のスポーツとされる狐狩りを模したもので、上海ではエリート階層のたしなみとされた。上海に狐はいなかったので紙で作った獲物を各所に配置し、それを馬に乗って追いかけるという幾分奇形的なスポーツであった。シーズンとしては一一月からの農閑期に租界周辺の農耕地で行われたため、土地の所有者である中国人との間でしばしば騒動の原因となるなど問題を抱えていたが、租界時代の末期まで継続して愛好された[30]。

租界のイギリス人社会の特徴として、クラブ文化やそれに準じる協会の存在がある。クラブ文化も基本的にイギリス本国から持ち込まれ、再現されたものであったが、上海では「少なくとも一つのクラブに所属していないと居場所を失う都市」[31]と称されたように、多種多様なクラブが存在し、社会交流の基盤として機能していた。その一方で欧米人居留民の間でもそれぞれの国の居留民社会がある程度分離していた理由の一つともなっていた。

イギリス人社会を代表する、世界一長いバー（カウンター下の足置き棒）で有名な「シャンハイ・クラブ」は、上海の外国人社会において最も格式の高いクラブとされた。会員は必ずしもイギリス人に限定されなかったが、実際には、「英国人の牙城」であり、ビジネス・エリートを中心に居留民社会の最上流階層に属する人々だけしか会員になることが許されなかった。[32]このクラブの会員は市参事会メンバーの出身階層と重なっており、ここで参事候補者が私的に選ばれた。またビジネス・エリート層にとっては、上海に設置された商業会議所や中国協会の上海支部も社交の場として機能した。

大半のイギリス人はこの「シャンハイ・クラブ」に足を踏み入れることはなく、それぞれの社会階層に見合った、所属すべきクラブが数多く存在した。こうした社交を目的としたクラブには、娯楽設備や図書館、バー、会議所などを備えており、居留民に交流の場を提供した。また多くの在華企業がスポーツを奨励したこともあり、乗馬、水泳、ラグビー、ゴルフなどのスポーツクラブは数も多く、比較的幅広い階層の人間を会員として受け入れた。女性のためのクラブも存在したが、多くのイギリス人女性は慈善団体や社会福祉を目的とした団体に参加し、イギリス女性協会がそうした団体を代表していた。[33]

フリーメイソンのロッジや、ナショナル・ソサエティもクラブと同様の機能を果たした。メイソンのロッジは、一九〇〇年時点で少なくともイングランド人の一一のロッジとスコットランド人の二つのロッジが上海に存在した。[34]イギリス本国においてメイソンの一員であったものは居留民社会により容易にとけ込むことができたという。[35]

イギリス人居留民はイギリス本国からだけでなく、帝国内の自治領などからも上海にやってきた。具体的な出身地別の人口は不明であるが、そうした人々を租界社会と結びつけるために、上海には中国カナダ人協会やアンザック協会（オーストラリアおよびニュージーランド）といった自治領出身者の代表組織が存在した。また同様にイングランド、ウェールズ、スコットランド、アイルランドの出身者もそれぞれの守護聖人を協会名としたナショナル・ソサエティを持っていた。これらはイギリスにおける「ナショナル」な――すなわちイギリス人（British）としてではなく、イングランド人、スコットランド人、ウェールズ人、アイルランド人、あるいは各自治領諸国の国民としての――アイデンティティを強化した。上海という地にあっても、イギリス人居留民社会においては英帝国の地域的多様性がある程度維持されていたといえる。実際、上海の租界社会においても、イギリス人の間ではこうした「ナショナリティ」に基づく社会的な区別と対立が存在した[36]。例えば工部局義勇隊にはイギリス隊とは別個にスコットランド隊が存在し、工部局警察においてスコットランド人警官の多さについて、常に議論があったという[37]。

同様に他の居留民社会でも、例えばアメリカ人社会にはアメリカン・クラブ、ドイツ人社会にはコンコルディア・クラブ、フランス人社会にはフランス・クラブ（Cercle Sportif Françqis）といったように、各社会を代表するクラブがイギリス人社会におけるクラブと同様、あるいはそれ以上に社会の中心として機能した[38]。例えば、アメリカ人居留民は、アメリカン・クラブを通じて予備選挙をアメリカ人社会内で独自に行うなど、単なる社交の域を超えた、ある種自治的な機能をクラブが果たしていた（第6章参照）。むしろ次節でみる日本人社会の居留民団に近い存在であったといえる。実際、イギリス人以外のより規模の小さい居留民社会の方が、こうしたクラブを通じてより排他的な社会関係を形成しており、これに対し、イギリス人社会では、個々のクラブは一部の居留民を包含するだけで、イギリス人居留民全体を一元的に管理できるような組織は存在しなかった。

### (3)「中国」との距離

イギリス人居留民が共同租界に自らの社会を確立し、維持していくにあたって、最大の焦点となったのは「中国」

との関係であった。すでに述べたように、共同租界において外国人は全人口の数%、イギリス人だけなら一%にも満たなかった。統治体制的に、あるいは居留民の意識においては、共同租界はイギリス人の支配下にあったかもしれないが、人口構成からみれば、現実の共同租界は圧倒的に中国人の都市であったといえる。最新技術を駆使して建設されたバンドの高層建築群の背後には、おびただしい数の里弄《りろう》と呼ばれる中国人の住居が規則正しく立ち並び、その隙間を埋めるように難民たちが建てた棚戸（バラック）がひしめいていた。中国人住民のほとんどは伝統的な生活を営み、外国人社会が誇る上海の西洋的な近代性とは無縁であった。欧米人居留民の西洋的社会と中国人の伝統的社会は、空間的に共同租界という限られた範囲で重なり合っていたのである。

人口規模において自らとは比べものにならないほど巨大な中国人社会との混在のなかで、租界のイギリス人居留民にとって、「中国」の侵入から自分たちの社会を守り、自らが「イギリス人であること」を維持し続けることが共通の最重要課題であり、居留民社会の基本的な規範となった。その背後にはイギリス人としてのアイデンティティの喪失、すなわち中国人社会に取り込まれてしまうことに対する根源的な恐怖があった。気を許せばすぐにでも「中国」に同化、吸収されてしまいかねないこの不安定な環境下で、イギリス人居留民はあらゆる中国人、中国的なものから距離をとるという姿勢を社会規範として採用せざるを得なかった。中国に親しむこと、そしてそれを通しての「現地化」はイギリス人居留民社会を損なうものであると考えられ、タブーとされた。

例えば、イギリス人が西洋風の食事の再現に腐心したことはすでに述べたが、それは母国の文化への執着であると同時に、中国の料理を嫌悪した結果でもあった。彼らにとって中華料理は公式の場でもない限り食べるべきものではなかった。[39] 味覚の相違や「何を食べているのか疑わしい」中国料理に対する不信感もあったかもしれないが、なによりも「中国の料理を好むことは明らかに「現地化」の兆し[40]」であると考えられたことがその理由であった。中国語を学ぶことも暗黙のタブーとされ、最低限のピジン・イングリッシュを使用するのがせいぜいであった。実際に船に乗り込んで検査を行っていた外勤の海関職員や、日常的に中国人と接していた工部局警察の警官といった中国語の習得が必須であった職業も存在していたが、概してそれらはより低い階級の人間の職業として蔑まれていたのである。[41]

こうした中国人との距離をとる傾向は、ビジネスの領域においても買弁制度という社会的構造によって強化された。イギリス人商人は伝統的に中国人の顧客と直接取引することはなく、必ず中国人の通訳兼仲介業者である買弁を通して商売を行っていた。買弁の法的立場の曖昧さに由来するトラブルは租界設立当初から存在していたが、語学的困難や商業慣習の相違を無視できる買弁制度は一九三〇年代においても変わらず存在していた。[42] 買弁はまたビジネスの場に限らず、領事館などイギリス人と中国人が接する場には必ず仲介者として存在し、仲介者というよりも非常に多くの雑務もこなすことのできる有能な通訳といったものであった。そのためイギリス人商人は買弁以外の中国人商人と直接接する必要がなかったが、それは中国人社会において自分たちと同じ地位・階層にある人々との交流の機会も大きく制限されていたことを意味した。これは最も密接に中国人と接したであろう宣教師たちでさえも程度の差こそあれ同様で、いずれにせよ中国人社会からは一定の距離を取り、自分たちが中国の世界に入るのではなく、中国人を自分たちの世界に引き入れるというのが基本的なスタンスであった。[43]

日々の生活においてもイギリス人居留民が接するのは、人力車の引き手やレストランの給仕など、外国人相手の商売をしている下層の中国人に限られていた。とりわけ身近な中国人は各家庭で雇われていた使用人たちであった。[44] 中国では外国人であれば若い独身男性でも、最低一人の中国人使用人を持つことは容易であり、夫婦と子供がいる家庭では数人の使用人を雇うのが普通であった。上海のイギリス人家庭において、本国と同様に家庭の維持は主婦の仕事であったが、その主な仕事は中国人使用人の監督と彼らに対する適切な指示であり、例えば自身で町へ出て中国人から直接ものを買うということはありえなかったという。[45]

上海におけるイギリス人社会の再生産に関わる、子どもと結婚にまつわることがらには特に注意が払われた。共同租界のイギリス人家庭において、子供の教育は重要な関心事であり、子どもを中国的なものから隔離し、純粋なイギリス人として育て、教育することも租界社会における規範の一部となっていた。子どもたちがアマー（乳母）や使用人などの中国人から過剰な影響を受けないよう、母親たちは常に注意を払わなくてはならなかった。子どもは学齢期になるとイギリス本国に送り返され、寄宿舎制の学校に入れられるのが慣例となっていた[46]。経済的にそれが不可能な場合は、工部局が運営する外国人向けの学校や、上海アメリカンスクールのような外国人しか受け入れない学校に入れることが奨められた。こうした学校では「生徒のほとんど全てが中国生まれにもかかわらず、いかなる中国的なものも教えられていない」状態であったという[47]。古典語を重視するなど、本国のパブリック・スクールに酷似したカリキュラムが実践され、中国語や中国の歴史など中国についての授業は一切行われなかったのは、本国の教育に倣ったと同時に中国的なものの排除の結果でもあった。それはなによりも最も感受性の強い時期において、「中国」の影響から子どもを隔離し、本国と同じ教育を施すことで、「イギリス人」として租界社会に再編入させるためであったといえよう。

中国人との具体的な融合を意味するイギリス人と中国人の異人種間結婚は、こうした規範のなかでもとりわけ厳しいタブーとされた。白人男性に比べ白人女性がはるかに少なかった一九世紀においては、イギリス人男性が中国人女性を愛人としたり、あるいは正式に結婚することは必ずしも珍しいことではなかった。しかし二〇世紀に入って白人女性の数が増加してくると、イギリス人居留民の間では「イギリス人」同士の結婚が推奨され、一九二〇年代までにイギリス人男性の結婚相手として「外国人、現地人、ユレイジアンは明確なタブー」となっていたという[48]。イギリス人居留民にとって、中国人との結婚は白人の尊厳を傷つけるものであると同時に、西洋人であり白人であるイギリス人と東洋人である中国人の境界を曖昧にするものとして、二重の危険性をもっていたのである。共同租界には異人種間結婚について法的な制限は存在せず、それゆえ非公式で私的な社会規範が厳しく適用された。中国人との結婚を試みるものには、近親者や友人、あるいは会社の上司から厳しい圧力がかけられ、それでも強行したものは社会的な排除の対象とされた。[49]

こうした中国人忌避の規範の背後には、当然中国人に対する人種的偏見が存在した。世紀転換期以降に著された中国についての書物のほとんどは、中国人や中国をネガティブに描いていた。[50] 東洋人に対するステレオタイプな表現は、演劇、小説、ミュージック・ホールを通してイギリス人の間に浸透し、そうした中国観を携えて彼らは中国にやってきた。本国で培われたそうした中国観は、上海で修正されるどころか一層強化された。新たな租界社会への参入者に対しては、「驚くべき逸話」とともに中国人の特異性、奇矯性が語られ、中国人に対し距離をとる必要があることが教え込まれた。その際、最も強調されたのは、やはり現地化に対する戒めである「イギリス人であることを忘れるな」ということであった。[51] このような中国観を植え付けられた人々にとって、中国人を排除する租界の生活は決して受け入れにくいものではなかった。さらに、こうしたイギリス人居留民が実際に接する中国人が非常に限られており、その多くが使用人や力車引きなど社会的により低い階層の人々であったことが、彼らの意識のなかで中国人は劣等な民族であるという飛躍をもたらした。本国のステレオタイプな中国観と上海での生活は相互に補完しあい、上海におけるイギリス人と中国人の分離をより強固なものとしたのである。

「中国」や「現地化」とともにイギリス人居留民が恐れたのは、中国における支配者／非支配者、白人・外国人／中国人といった帝国主義的二項対立の構図を崩すような存在、すなわち貧困化し、西洋人らしい生活が不可能となり、むしろ中国人に近い生活を送る白人であった。[52] 西洋人でさえあれば生活に困ることはないといわれた上海でも、例えば野放図なチットの利用などで破産し、華界で極貧生活を送るものも少なくなかった。こうした人々はイギリス人であれば総領事館が費用を負担し、本国に強制的に送還された。中国人の目に映るこうした人々の姿は、「白人の威信」を損ない、白人と中国人の間に厳然と存在すべき境界を曖昧にし、帝国主義、あるいは帝国意識に立脚する条約港世界の秩序を崩す恐れがあったのである。

ロシア革命以降、上海に難民として大量に流入した白系ロシア人も、そうした居留民の懸念を体現する存在であった。彼らは租界の外国人居留民にバレエや音楽といった芸術と、「上海で最も愛らしく、一番清潔な娘たち[53]」を提供したが、多くは男性であれば物乞いや芸人、用心棒として、女性なら踊り子や娼婦として糊口をしのがざるをえなかった[54]。白人でありながら「中国人のように」物乞いをし、街角で中国人に体を売り、中国人と同じ住居で暮らす白系ロシア人は、いわば西洋人と東洋人の間を行きつ戻りつした人々であり、条約港世界にとっては大きな脅威となった[55]。イギリス人居留民は彼らに対し、中国人に対するのと同じく距離をとることで対処し、彼らとの混淆をタブー化したのである。

他の白人に社会に対してもイギリス人居留民は少なからず距離を置いた。例えばフランス人は中国人に対して比較的寛容であり、フランス租界は共同租界よりもかなり早い段階で中国人を租界行政に参加させ、フランス・クラブは中国人の入会を認めていた。イギリス人居留民はこうしたフランス人社会の姿勢を、人種の混合を助長するものとして嫌悪した[56]。またアメリカ人に対しては、その伝道団の中国人教育が中国ナショナリズムを生み出す原因になったと非難している[57]。しかし、中国人を軽侮しつつ距離をとるという社会規範は、確かにイギリス人社会において最も露骨に表現されたが、他方で欧米人社会でも程度の差こそあれ、そうしたイギリス人の規範を採用し、中国人や中国的なものに対しては同様の姿勢をとった[58]。

## 第3節　モデル・セトルメント

### (1)　西洋的近代都市の建設

共同租界に形成された外国人社会は、以上のような傾向を持つイギリス人が主体となってつくり上げたものであった。彼らは可能な限り母国と同じような生活環境を整えようと努力し、その結果、きわめて近代的な都市景観と西洋的な社会制度を東洋の一港湾都市に生み出すこととなった。それは本来、中国という全く異なる環境下で少しでも快適に暮らすためのものであったが、彼らの社会やその規範は、結果としてアメリカ人など後から来た他国の居留民が追従するモデルとしても機能した。イギリス式のライフスタイルを堅持することは、中国人やその他の居留民と一つの都市空間において隣り合って暮らしていくなかで、自らを取り巻く他文化・他民族との混淆を防ぐことにも役立ったのである。

上海租界の歴史を著した聖約翰大学学長のホークス・ポットは租界の発展を描くのに際し、「イギリス人の行くところ教会と競馬場あり」(59)という言葉から始めている。事実、最初の教会は租界設置の翌年一八四七年に、最初の競馬場は一八五〇年にそれぞれ建設されている。上海の租界は「イギリス」的なものを代表すると考えられていたこれらを中心に形成されていくことになった。その後、英米を中心に各国の伝道団の進出もあり、さまざまな宗派の教会が数多く建設され、租界の風景の一部となっていった。一方、競馬場は租界の拡大に伴い二度にわたって移設された。当初は上層の外国人だけを対象としていた競馬も、やがて中国人にも一部開放され、五月と一一月に開催されたレースは着飾った外国人居留民の「紳士淑女」がこぞって観戦する上海を代表する一大イベントとなった。その人気は非

出典：『老上海』，上海教育出版社，1998 年.

図 6　バンド

常に高く、例えば、五・三〇事件発生時、工部局警察の警視総監が勤務中にもかかわらず観戦に出かけてしまい処分を受けている[60]。また競馬を主催するレース・クラブは、最も格式のあるクラブの一つとして、イギリス人社会において重要な地位を占めた[61]。

他方、近代的な上海の景観を代表するものとしては、バンドの高層建築群が挙げられる（図6）。バンドが高層化されたのは二〇世紀に入ってからであるが、それまでもイギリスをはじめとする各国領事館や、中国海関、また大手の銀行や商社が軒を連ねていた。バンドの近代建築を多く担当したのは、パーマー&ターナー（Palmer & Turner、公和洋江）に代表される欧米の建築家たちであり、ヨーロッパの最新の建築技術を駆使し、当時では、世界的にも希有なスカイスクレイパーが林立する光景を生み出した[62]。しかし一方で、こうしたきらびやかな高層建築群は、そのすぐ裏にひしめく貧しい中国人たちの住居を隠す「虚飾の玄関」とも呼ばれており、上海という都市がもつ光と影の一側面でしかなかった。

都市機能として学校や病院といった基本的なサービスも早い段階から導入、整備された。初期の工部局は権限も制限されており、こうした社会サービスは伝道団や慈善組織などの民間に委ねられていた。

前述のように、租界設置当初、中国は子どもの教育にふさわしくない場所であると考えられ、学齢期に達した外国人の子どもは本国に送り返されるのが通例となっていた。しかしながら、居留民の増加とともに経済的理由から、現地での教育を必要とする外国人児童も現れ、一八六四年にローマ・カトリック系の伝道団によって上海で最初の外国人学校（聖芳済学校、St. Francis Xavier's College for Boys）が開設された。一八八二年に開設されたトマス・ハンベリー（Thomas Hanbury）校をはじめ、初期の学校は教育の機会のない混血児を対象としたものが多かった。しかしその後、居留民がさらに増え、滞在期間も長期化するようになると、居留民の子弟教育の必要性はさらに高まった。純粋に欧米人子弟向けの学校も開設されるようになり、一九世紀末には工部局も学校の運営に乗り出した。一九三〇年代には、外国人向け、中国人向けの工部局学校をはじめとして、各居留民社会が運営する学校が共同租界に多数開設され、一万人近い外国人児童（そして三万人以上の中国人児童）の教育にあたっていた(63)。高等教育に関しても、聖ジョーンズ大学などレベルの高い教育機関が整えられていた。医療活動も当初は伝道団が担っていたが、次第に近代的な病院が設置されていった。工部局は上海で最大の総合病院である公済病院（General Hospital）や宏恩病院（Country Hospital）、隔離病院などを管理・運営し、一九三一年以降は、医療委員会のもと中国人の開業医を含めた医師の登録制度を開始し、西洋的な医療の質の向上に努めている(64)。この他、開港当時から重視されていた施設としては外国人向けの墓地があり、工部局は五つの墓地と火葬場を管理していた。

ガスや電気、水道などの近代的なインフラも比較的早い段階で導入されている。共同租界の目抜き通りである南京路にガス灯が灯ったのは一八六五年である。電気は一八八二年に導入されたが、すぐに工部局が発電所を買収して官営としたため、上海の電気料金は世界で最も安いとうたわれた(65)。水道は一八八三年に整備されている。もちろんこうした設備が整えられたのは、ごく一部の外国人向けの施設や住宅のみであり、共同租界の住民の大半を占める中国人はこうした恩恵を受けることはほとんど不可能であった。バンドの摩天楼の背後では、その悪臭から皮肉を込めて「ハニー・カート」と呼ばれた糞尿回収車が、毎朝戸口に並べられた汚物が入られた「馬桶」を回収していた(66)。

すでに一八六九年に租界内を対象に電報が開始されていたが、一八七一年には上海と香港、長崎の間に海底ケーブルが敷設され、香港経由でロンドンまで電信が開通した。電話交換所が設置されたのは一八八二年、共同租界とフランス租界の二五軒が最初の加入者であった。租界独自の郵便制度は一八六三年に工部局によって始められ（工部書信館）、一八六五年には中国で最初の切手も発行された。[67]

公共の交通機関としては、一九〇八年に路面電車が導入され、一九二二年には乗り合いバスが運行を開始している。これらの運営は共同租界では、イギリス系の企業が工部局から特許を得て行っていた。一九三〇年頃には共同租界だけで九系統（上海全域では一八系統）のバス路線と、一〇系統のトラム路線（上海全域では一八系統）が設定され、一〇〇輌以上の電車と一〇〇台以上のバスが共同租界を走っていた。[68] この頃までに上海ではモータリゼーションも進み、六四〇〇以上の私有自動車のライセンスが工部局によって発行されている。ただし公共交通機関としては、一九三〇年代でも黄包車と呼ばれる人力車が依然として支配的であった。[69]

新聞やジャーナリズムも共同租界において活発に機能した。アメリカ人を中心に、啓蒙的な機能と潜在的により多くの読者を期待できる中国人向けの新聞の発行が熱心に行われ、上海は中国における近代的なマスメディア発信の中心となったが、一方で外国人居留民向けの新聞も数多く発行されていた。[70] イギリス人社会を代表するものとして、一八五四年創刊の日刊紙『ノース・チャイナ・デイリー・ニュース（North China Daily News 以下NCDNと表記）』とその週刊版である『ノース・チャイナ・ヘラルド（North China Herald 以下NCHと表記）』が挙げられる。一九三〇年代には五〇〇〇部を発行し、当時の日本の調査機関によると「工部局、チャイナ、アソシエーション［中国協会］などに勢力ある上流社会を中心とする一部英人の言論機関」[71]であるとされた『NCDN』は、欧米人社会の保守的な見解を代表し、租界社会に対して大きな影響力を有していた。『NCDN』は租界のイギリス人支配に対する中国人や日本人の異議申し立てに対し批判的であったが、同じくイギリス系の『シャンハイ・マーキュリー（Shanghai Mercury）』のように上海のイギリス人利害に立脚しながらも、日英の友好関係を重視し、日本に対して好意的な姿勢をとるものもあった。またアメリカ系の『チャイナ・プレス（China Press）』のようにイギリス人社会に対し批判的で、中国に対し同情的な姿勢をとるものもあった。その他、フランスやロシア、さらにはユダヤ人などのそれぞれの居留民社会を代表する新聞が発行されていた。日本の新聞も『上海日報』や『上海日日新聞』、『上海毎日新聞』など複数発行されていたが、多くは民衆層の見解を代表し、欧米人社会に対し強硬な姿勢をとっていた。とりわけ『上海日報』は一九三九年に買収され、国策新聞『大陸新報』として日本政府の見解を代弁した。

## (2) シャンハイランダー・アイデンティティ

こうして徹底的なイギリス的環境の再現と中国的なもの、非「白人」的なものの排除のうえに生み出された、すぐれて西洋的な外観と機能を持った租界社会＝共同租界は、上海のイギリス人によって「モデル・セトルメント（模範となる租界）」[72]と自賛された。それは彼らイギリス人——あるいは彼らの祖先——が、何もない沼地にゼロからつくりあげた偉大な業績として、彼らの誇りとされたのである。そして「モデル・セトルメント」＝共同租界の建設者にして支配者である上海のイギリス人であることは、彼らの共通のアイデンティティとなり、彼らはしばしば「シャンハイランダー」と自称した。

上海のイギリス人の「モデル・セトルメント」の理念を体現したのは、上海に生み出されたきわめて西洋的に近代化された都市空間であり、東アジアで随一の経済都市となったその繁栄であり、そしてまた次章で検討する、イギリス人が主体となって運営した共同租界の行政機関である工部局の存在であった。通常、帝国のイギリス人は、イングランド人、スコットランド人、ウェールズ人、アイルランド人、あるいはカナダ人、オーストラリア人といった「ナショナル」なアイデンティティとそれらを包括する「イギリス人（British）」あるいは「帝国臣民」としての帰属意識の二重のアイデンティティを持つとされる。上海のイギリス人居留民はそれらに加え、「モデル・セトルメント」

創設という「歴史」を持つことで、第三の「ローカル」なアイデンティティといえる「シャンハイランダー・アイデンティティ」を獲得したのである。(73)

この「シャンハイランダー・アイデンティティ」は上海に基盤をおいた非常にローカルなものであると同時に、多分に帝国的要素も含まれていた。イギリス人居留民は自らを中国における帝国の「橋頭堡」的存在と考えていた。そして「中国との貿易を促進するに当たって、イギリス流に組織され、イギリス人が職員として配置された統治機構によって運営される都市を作り上げることほど有為なことはない」と帝国における共同租界の意義を主張した。(74)上海は明らかにイギリス公式帝国の一部ではなかったが、イギリス人居留民たちは、自身を何よりもまずイギリス帝国の一員と認識していた。北伐の最中、上海に派遣された上海防衛軍が到着した一九二八年の帝国記念日での演説のなかで、「上海において……この共同体を保護するために帝国各地から集められた英国海軍と陸軍が存在するということは、我々が帝国における市民的特権を有する確固たる証なのである」と、在上海総領事シドニー・バートン（Sydney Barton）は述べている。上海のイギリス人居留民は、工部局を実質的に我が物とすることで、世界第四位の貿易港である上海を支配している自分たちこそ、イギリス帝国の「橋頭堡」であり、東アジアにおいて帝国の威信を体現する存在であると信じていた。あるいはそう主張していたのである。

しかし、五・三〇事件と北伐の接近で動揺する一九二〇年代後半に新聞社の通信員として上海を訪れたアーサー・ランサム（Arthur Ransom）が、「上海のイギリス人を、イギリス国民の前哨であるとか、イギリス国民の見解を代表するものと考えることほど真実から遠いものはなく」、彼らは「自分たちの主たる忠誠の義務は上海に向けられるべきだと考える」人々だと評したように、彼らは上海、すなわち共同租界の利害を優先し、しばしば本国の帝国利害と対立した。(75)例えば、工部局警察が中国のデモ隊に発砲して多くの死傷者を出した一九二五年の五・三〇事件は、中国人による大規模なストライキやボイコットを発生させ、上海の居留民の生活のみならず、イギリスの対中国貿易にも大きな影響を与えた。事件の拡大を恐れた北京のイギリス公使は、即座に他国公使と協議し、英・米・日・仏・伊の代表からなる調査団を派遣した。北京公使団はその調査結果をもとに事件解決のための勧告を作成し、上海に通達した。この勧告は事件の早期解決を目指すものであり、工部局の責任を全面的に認めるものであった[76]。工部局はこれを公使団による工部局の権威に対する挑戦と受け止め、またあまりに中国側に対し妥協的すぎるとして拒否した。さらに親上海的な総領事バートンの圧力や商業会議所などの上海ロビーによって、外相チェンバレン（Sir Austen Chamberlain）もこの勧告の採用を見送った[77]。その結果、事件解決の見通しはなくなり、反英ストライキやボイコットは拡大しつつ継続し、イギリスは中国に対する方針の大幅な変更を迫られることになったのである。そうした方針変更の結果、一九二〇年代後半以降に活発になった治外法権をめぐる議論では、治外法権を廃止し中国との国家間の関係改善を図りたいイギリス政府と、中国の司法に組み込まれることに恐怖を感じ、既存体制の維持に固執する現地居留民社会の立場の違いが一層鮮明に表れることとなった。こうした帝国と上海のイギリス人の関係については次章でも論じる。

一方、共同租界は、その道徳的側面は別として、東アジアにおける条約港のひとつのモデルとして機能し、中国の他の租界やあるいは日本の横浜や神戸の居留地などの手本とされたのも事実である。特に工部局警察は、成功した植民地警察機構として東アジア各地の租界のモデルとなった。例えば、長崎の参事会は工部局警察の内規のコピーの送付を求めたし、威海衛や漢口、九江などの他の条約港で警察が設置される際に指導のために工部局警察の警官が派遣された[78]。他方、ペーパー・ハントや競馬は中国の他の租界の外国人社会にも広まった。中国で最大の外国人社会であった共同租界は、そうした中国における外国人社会の様式の発信地として機能したのである。また上海の中国人にとっても、共同租界は超えるべきハードルとしての機能を果たした。すなわち共同租界を超える効率性を示すことで、中国を無力・無能として不平等条約を強制する列強に対し、中国の統治能力や近代化が十分に水準に達したことを納得させることができるととらえられたのである。特に南京国民政府樹立後に再編された上海市公安局は、工部局警察をそうしたひとつの基準として組織の近代化や活動の効率化を図った[79]。そして実際に工部局警察と接する越界路などではその警察権——それは治外法権や主権問題に直結した——をめぐって激しく対立していくことになる。

**注**

（1）共同租界のセンサスは工部局によって一八六五年から五年毎に行われた。手順は租界内に居住する外国人、中国人世帯主に用紙を配付し、世帯単位で集計を行うというものであった。集計後、国籍別の人口（中国人は出身別）、居住地区（中央区、北区、東区、西区、越界路地区）の分布、男女別の人口、子どもの人口、職業分布などが公開された。回答は強制的なものでなく、用紙の回収もそれぞれの世帯主に持参してもらうというものであったので、その正確性には疑問があるが、当時の租界の状況を知るうえでは数少ない統計資料となっている。また一九四〇年のセンサスが日中戦争の影響で不可能になり、一九四三年には租界が返還されたため、一九三五年のセンサスが実質的に最後のものとなった。

（2）SMC, *Annual Report*, 1930, p. 333.

（3）こうした調査において、インド人を「British」から区別して、別項目として挙げることはイギリス帝国においては非常に稀であるという。Claude Markovits, 'Indian Communities in China, c.1842-1949', Robert Bickers and Christian Henriot, ed, *New Frontiers: Imperialism's New Communities in East Asia, 1842-1953*, Manchester, 2000.

（4）例えば、C.R. Boxer, *Fidalgos in the Far East, 1550-1770*, The Hague, Netherlands, 1948。

（5）ただし、本文でも触れているように、ベトナム人の数については、共同租界とフランス租界でそれぞれ扱いが異なるので、その点ではこの数値は正確さに欠ける。しかし共同租界に住むベトナム人は極めて少なかったと考えられるので、大きな誤差とはならないと考えられる。

（6）鄒依仁『旧上海人口変遷的研究』上海人民出版社、一九八〇年、九〇頁。

（7）SMC, *Annual Report for 1930*, pp. 333-339.

（8）SMC, *Annual Report for 1935*, pp. 49-50.

（9）佐々波智子「戦前期、上海租界に於ける不動産取引と都市発展」（『社会経済史学』六二—六、一九九七年二・三月）。

(10)　上海に駐留していたイギリス、イタリア、日本のそれぞれの艦隊に属する軍人は含まれない。表4の注を参照。

(11)　Huskey, 'Americans in Shanghai'.

(12)　実際、ビジネスマン層の大半はフランス租界や越界路地区など共同租界以外に居住していた。そのため、一九四〇年の選挙でイギリス人票を増やさなくてはならなくなった際、商工会議所に登録している企業の人間で選挙権を有している、すなわち共同租界に住んでいるのは三五〇名程度でしかなかったことが明らかになった。FO371/20230 F1466/35/10, from W. S. King（the Chairman of the Election Committee）to Brenan, enclosure in Shanghai dispatch to Peking No. 37 of 25 January 1936.

(13)　Feuerwerker, *The Foreign Establishment in China*.

(14)　一九三〇年代なかばには二一の総領事館・領事館が確認される。*All About Shanghai: a Standard Guidebook/with an Introduction by H.J. Lethbridge*, Hongkong, 1936.

(15)　Mark Francis, *Governors and Settlers: Images of Authority in the British Colonies, 1820-60*, London, 1992; P. D. Coats, *China Consuls: British Consular Officers, 1843-1943*, Oxford, 1988, pp. 432-433.

(16)　中国海関は伝統的にイギリスが役人を派遣し、管理していた。海関については以下を参照。岡本隆司『近代中国と海関』名古屋大学出版会、一九九九年、Donna Brunero, *Britain's Imperial Cornerstone in China: the Chinese Maritime Customs Service, 1854-1949*, London, 2006.

(17)　秋田茂『イギリス帝国とアジア国際秩序――ヘゲモニー国家から帝国的な構造的権力へ』名古屋大学出版会、二〇〇三年、一〇三～一〇四頁。

(18)　Clifford, *Spoilt Children of Empire*, p. 52. また上海に拠点をおいた伝道団については、Feuerwerker, *The Foreign Establishment in China*, pp. 46-47 のリストを参照。

(19)　例えば一九二〇年に納税者会議で可決された共同租界における売春宿の禁止には伝道団の影響力が強くはたらいた。SMC, *Annual Report for 1920*, 252-267.

(20)　Bickers, *Britain in China*, pp. 94-95.

(21)　中国におけるイギリスの企業活動を概観するのは、Jülgen Osterhammel, 'British Business in China, 1860s-1950s', R.T.P. Davenport-Hines and Geoffrey Jones, ed, *British Business in Asia since 1860,* Cambridge,1989.

(22)　Robert Blake, *Jaedine Matheson: Traders of the Far East*, London, 1999, ハワード・コックス『グローバル・シガレット』山

崎廣明、鈴木俊夫監修、たばこ総合研究センター訳、山愛書院、二〇〇二年、Frank H.H. King, *The Hongkong Bank between the Wars and the Bank Interned, 1919-1945: Return from Grandeur,* Cambridge, 1988 など参照。

（23） Clifford, *Spoilt Children of Empire*, pp. 42-9; Feuerwerker, *The Foreign Establishment in China*, p. 18.

（24） 商工会議所と中国協会は構成メンバーもほぼ同一であったが、商工会議所は貿易などのビジネス問題を担当、中国協会は政治問題を担当という大まかな住み分けがなされていた。'British Committees in Shanghai: Relation with London', *Oriental Affairs*, Vol. 9, May 1938, pp. 259-261. イギリス政府に対する上海のビジネスロビーについては、Yuen Nui Thomas, 'The Foreign Office and the Business Lobby: British Official and Commercial Attitudes to Treaty Revision in China, 1925-1930', Theses submitted for the degree of Doctor of Philosophy University of London, 1981.Robert W. Radtke, 'The British Commercial Community in Shanghai and British Policy in China, 1925-1931', A Thesis Submitted to The Faculty of Modern History, University of Oxford, 1990 を参照。初期のロビー活動については、Pelcovits, *Old China Hands* を参照。

（25） 佐々波「戦前期、上海租界に於ける不動産取引と都市発展」。

（26） 中国の欧米人の生活については以下を参照。Frances Wood, *No Dogs and Not Many Chinese: Treaty Port Life in China 1843-1943*, London, 1998; Harriet Sergeant, *Shanghai*, London, 1991; Christopher Cook, *The Lion and the Dragon: British Voices from the China Coast*, London, 1985.

（27） 木畑洋一『イギリス帝国と帝国主義——比較と関係の視座』有志舎、二〇〇八年、六〇頁。また上海のあるイギリス人警官も「俺たちは天国にいるみたいだと思った（We thought we were heaven）」と回想している。Bickers, *Empire Made Me*, p. 72.

（28） 一九二〇年代の外国人巡査の給与は平均月額一〇五両であったが、一般的な使用人は月七両で雇用できた。*Ibid*, p. 105.

（29） Wood, *No Dogs and Not Many Chinese*, pp. 210-231.

（30） Sergeant, *Shanghai, pp. 108-114.*

（31） *North China Herald*（hereafter *NCH*）, 18 August 1928, 287.

（32） なお租界時代に「シャンハイ・クラブ」に加入できた日本人は、在華紡連合会専務理事で、市参事会のメンバーも務めた船津振一郎とジャーナリストの松本重治の二人だけであった。松本重治『上海時代——ジャーナリストの回想（上巻）』中央公論社、一九七四年、一三四〜一三九頁。

（33） Nenad Djordjevic, *Old Shanghai Clubs and Associations: A Directory of the Rich Life of Foreigners in Shanghai from the*

*1840s to the 1950s*, Hong Kong, 2009.

（34）Lanning and Couling, *The History of Shanghai*, p. 435. また上海におけるフリーメイソンリーについては、若干時代を遡るが、F.M. Gratton, *Freemasonry in Shanghai and Northern China*, Shanghai, 1900 を参照。

（35）Bickers, *Empire Made Me*, pp. 135-136.

（36）John M. MacKenzie, 'On Scotland and the Empire', *International History Review*, 15 (1993), pp. 719-39.

（37）Bickers, *Britain in China*, p. 84.

（38）村松『上海・都市と建築』、一一八～一二五、一九四頁。

（39）Sergeant, *Shanghai*, p. 137; Carl Crow, *Foreign Devils in the Flowery Kingdom*, New York, 1940, p. 256.

（40）Crow, *Foreign Devils*, p. 203.

（41）Bickers, *Empire Made Me*, p. 87.

（42）買弁制度のもつ問題については、本野英一「一八六〇年代上海に於ける買辦登録制度の挫折と輸出取引機構の改変――ジャーディン・マセソン商会の活動を中心に」（『史学雑誌』九九―七、一九九〇年九月）を参照。

（43）Feuerwerker, *The Foreign Establishment in China*, pp 48.

（44）一九三〇年代末に行われた調査では、調査対象がやや制限されているものの、共同租界のイギリス人家庭に雇用されている家事使用人の数は平均二・〇四名という結果が示されている。中華民国上海工部局編『上海在留欧米人俸給生活者の生計水準』本田正二郎訳、満鉄調査局、一九四三年。

（45）Cook, *The Lion and the Dragon*, pp. 53-59.

（46）*Ibid*, p. 62.

（47）Huskey, 'Americans in Shanghai', p. 49; Harry A. Franck, *Roving through Southern China*, London, 1925, pp. 6-7.

（48）Frank H. H. King,, *The Hongkong Bank between the Wars and the Bank Interned, 1919-1945: Return from Grandeur: Volume* Ⅲ *of the History of the Hongkong and Shanghai Banking Corporation*, Cambridge, 1988, p. 286; Edgar Snow, 'The Americans in Shanghai', *The American Mercury*, 80 (1930), pp. 437-445.

（49）Cook, *The Lion and the Dragon*, pp. 27, 50; George E. Sokolsky, 'My Mixed Marriage', *The Atlantic Monthly: a Magazine of Literature, Science, Art, and Politics*, 152 (1933), pp. 137-46. なお社会的圧力は白人女性と中国人男性の組み合わせの方が一層

強く、国家の干渉を受けることもあった。中国人男性と結婚しようとしたイギリス人女性は、外務省極東部に呼び出され思いとどまるよう説得された。Bickers, *Britain in China*, p. 100.

(50) 代表的なものとしては、スミスの『中国人の性質』があり、その内容の大半が中国人の欠点の羅列に終始している。Arthur H. Smith, *Chinese Characteristics*, revised edt., New York, 1894. 同様に「中国人は子どもの段階にある」と論じたのが、Gilbert, Rodney, *What's Wrong with China*, London, 1926。

(51) Sir Meyrick Hewlett, *Forty Years in China*, London, 1943, pp. 2-3.

(52) 「貧しい白人」の存在は、イギリス帝国においては白人の権威に対する普遍的な問題であった。Dane Kennedy, *Islands of White: Settler Society and Culture in Kenya and Southern Rhodesia, 1890-1939*, Durham, 1987, pp. 168-170; John G. Butcher, *The British in Malaya 1880-1941*, Oxford, 1979, pp. 26-27; Ann Laura Stoler, 'Rethinking Colonial Categories: European Communities and the Boundaries of Rule', *Comparative Studies in Society and History*, 31(1989), pp. 134-161.

(53) 「タンブル・イン（Tumble Inn）」というバブリングウェル路にあったキャバレーの宣伝文句。Sergeant, *Shanghai*, p. 52.

(54) Marcia R. Ristanio, 'The Russian Diaspora Community in Shanghai', Robert Bickers and Christian Henriot, ed, *New Frontiers: Imperialism's New Communities in East Asia, 1842-1953*, Manchester, 2000. 義勇隊において白系ロシア人隊にのみ給与が支払われていたのもその救済のためであった。

(55) 当時租界に暮らす子どもであったイギリス人の記憶に残る白系ロシア人は、「エキゾチックで、いくぶん近づきがたく、家を訪ねても来ても、食事まではともにすることはない人々」であった。Sergeant, *Shanghai*, p. 38.

(56) 同化主義的傾向が強いといわれるフランスのフランス・クラブは入会制限がより少なく、人種による差別はほとんどなかった。またドイツ人のクラブ・コンコルディアは一九一七年、アメリカ人のアメリカン・クラブは一九二九年に中国人の会員を認めた。

(57) Bickers, 'Shanghailanders'.

(58) Huskey, 'Americans in Shanghai'; H.G.W. Woodhead, *Adventures in Far Eastern Journalism: A Record of Thirty-three Years' Experience*, Tokyo, 1935, p. 203.

(59) Pott, *A Short History of Shanghai*, p. 80.

(60) Clifford, *Spoilt Children of Empire*, p. 103.

(61) 例えば、レース・クラブの会長はイギリス人居留民協会の総会の議長を任されていた。'The British Residents' Association',

*Oriental Affairs*, Vol. 1, December 1934, pp. 31-32.

(62) 上海の近代建築については、村松『上海・都市と建築』参照。

(63) SMC, *Annual Report*, 1934, pp. 218-240.

(64) SMC, *Annual Report*, 1928, p. 133.

(65) Marie-Claire Bergère, '"The Other China": Shanghai from 1919 to 1949', Christopher Howe, ed, *Shanghai: Revolution and Development in an Asian Metropolis*, Cambridge, 1981. 租界のインフラストラクチャーについては『上海租界志』第四篇参照。

(66) Lu, *Beyond the Neon Light*, Chap. 5.

(67) この郵便制度は一九世紀末の清国の郵便制度確立によって廃止された。『上海租界志』、四〇五~四〇八頁。

(68) 上海毎日新聞社編『上海観光便覧 昭和六年度版』上海毎日新聞社、一九三一年、SMC, *Annual Report*, 1930, pp. 88-89.

(69) 人力車は原則として欧米人経営の会社が所有し、引手に賃貸する形式をとっており、欧米人社会の主要な利害の一つとなっていた。そのため安全性や引手の劣悪な待遇や労働環境がしばしば問題視されたにもかかわらず、所有者に利益を最大限にもたらす旧態依然とした状況があえて維持された。工部局がその重い腰をあげたのは一九三四年になってからで、人力車問題を検討する委員会を立ち上げ、規制の方向性を打ち出した。SMC, *Annual Report*, 1934, pp. 38-45. 租界における人力車問題については、Lu, *Beyond the Neon Light*, Chap. 2 も参照。

(70) Rudolf G. Wagner, 'The Role of the Foreign Community in the Chinese Public Sphere,' *The China Quarterly*, 142(2000), pp. 423-443.

(71) 南満州鉄道株式会社庶務部調査課『上海を中心とする新聞雑誌及通信機関』南満州鉄道、一九二六年、一〇頁。『NCH』は、『NCDN』の一週間分の記事を集めた週間版。基本的に掲載された記事は同一である。本研究では本文で『NCDN』と表記されている記事も、基本的に『NCH』を参照している。

(72) この用語は租界時代初期から言われている。一九三〇年代には、「モデル・セトルメント」を皮肉に捉える言説も登場していた。例えば一九三六年二月にNCHに掲載された「我らのモデル・セトルメント」というタイトルの投書は、上海がモデル・セトルメントと呼ばれる理由に、(1)東洋で一番長いバーがある。(2)西洋人が支配する世界の都市の中で最も汚い。(3)バスは混雑している上に、どこよりも汚く、洗われることはない。(4)煙突からの煙など、非常に健康に悪い。(5)上海は恐ろしいほどに込み合い、通りには孤児が溢れているが、何の対策も採られていない。(6)規制にも関らず通りには犬が溢れ、騒音を出すドライバーがいる。(7)無関心な人間が都市の有力者に投票する、などを挙げている。*NCH*, 19 February 1936, p. 318.

（73）Bickers, 'Shanghailanders'.

（74）*Ibid*.

（75）またランサムは彼らの帝国との関係性や中国に対する横柄な姿勢を、上海という都市のイギリス人居留民に特有な心性であるとして、それを「上海心理（Shanghai Mind）」と称した。Arthur Ransome, *The Chinese Puzzle*, London, 1927, 28-32.

（76）公使団は、中国当局がデモを規制しなかったことを批判しながらも、予防阻止を講じていなかった工部局総務局総長フェッセンデンの責任、事件当時、勤務中にもかかわらず競馬を見に行っていた老閘警察署署長ケニス・マクウェン（Kenneth McEuen）の怠慢、デモ隊への発砲を命じたイギリス人警官E・W・エバーソン（E. W. Everson）の早期に応援を求めなかったことについての過失を認め、工部局に対しマクウェンの免職とエバーソンの転任、工部局警察の発砲についての規則の改訂を勧告した。Clifford, *Spoilt Children of Empire*, p. 120.

（77）*Ibid*, pp. 121-126.

（78）Robert Bickers, 'Ordering Shanghai: Policing a Treaty Port, 1854-1900', David Killingray, Margarette Lincoln and Nigel Rigby, eds, Maritime Empires: *British Imperial Maritime Trade in the Nineteenth Century*, Woodbridge, 2004.

（79）Frederic Wakeman, Jr., *Policing Shanghai, 1927-1937*, Berkeley, 1995.

# 第3章　イギリス人居留民と租界の危機

## 第1節　工部局におけるイギリス人支配と中国人住民

### (1)　工部局のイギリス人支配

前章で検討したように、イギリス人居留民の共同租界に対する意識は「シャンハイランダー」というアイデンティティの形成をうながしたが、それは「モデル・セトルメント」たる共同租界の設立者であるという自意識とプライドに立脚したものであった。そうした共同租界の「モデル・セトルメント」たる理念を体現したものの一つが、工部局と工部局による租界行政であった。それは太平洋戦争開始の直前、一九四一年に工部局の改組が議論された際に工部局総務局総長G・G・フィリップス（G. G. Phillips）が述べた言葉によく示されている（第7章も参照）。

その比類なき複雑さのわりに、共同租界は驚くべき効率性を誇っている……それは、政府の官僚から独立した、当地における最良のビジネスマンによってその創設時から運営されてきたという事実によるものだと私は考える。市参事会のイギリス人参事はビジネスライクなやり方で、いかなる公務員、いかなる領事館の職員よりも、遙かに素早く決定を行うことができる人々であり、過去においてもそうであった。もし市参事会の支配権を放棄すれば、我々は上海を成長させ、生き延びさせてきたものも放棄することになるだろう。[(1)]

工部局の組織や行政実態については第1章でも簡単に触れたが、その行政能力の評価を行うことは、いまだ工部局に関するまとまった研究がなく、また容易に比較できるような都市もないために困難である。しかしながら「最良のビジネスマンによって……運営されてきた」とあるように、工部局においては定住者を中心とする民衆層ではなく、ビジネス・エリート層が主導権を握っており、その行政もビジネス利害を重視したものであったことは疑いない。他方で、恒常的に財政問題を抱え、中国にありながらあらゆる面で西洋人を偏重し、また常に現地政権と緊張状態にあったその市政は、イギリス人居留民が自負するほど理想的なものであったとは到底いいがたい。それでも彼らが租界行政を誇ったのは、工部局が自分たちイギリス人によって運営されているという事実によるものであった。

本来、工部局は共同租界の国際的な性質を反映して、自らを外見上きわめて国際性の高い、コスモポリタンな組織であると主張していた。工部局の中心的機関である市参事会は、国籍にかかわらず全ての外国人居留民による選挙で選出されたし、上海のシンボルの一つであったインド人交通巡査など、多様な人々が行政活動に参加していた。共同租界の民兵隊である工部局義勇隊は国別に部隊が編成され、中国語では「万国商団」と表記された。工部局のスローガンは「Omunia Unkta in Uno（全てのものが一つとなって）」というものであり、工部局の局旗にはこの言葉とともに制定当時中国と条約を結んでいた一二の国の国旗があしらわれるなど、そのコスモポリタニズムが強調されていた（図7）。[(2)]また工部局の職員や警官は、インド人、ロシア人、日本人を除いた全ての外国人を「外国人（foreigner）」と分類し、職員数などを計上していた。[(3)]これは、外国人は国籍にかかわらず平等に扱うというコスモポリタニズムの表出ともいえるが、一方であまりにイギリス人が多いその内訳を覆い隠すことにもなった。実際の工部局は「イギリス流に組織され、イギリス人が職員として配置された」組織であり、共同租界の行政はイギリス人居留民によって排他的に支配されていたのである。

工部局におけるイギリス人の支配的立場の要は市参事会であった。市参事会は最初期を除き九名の外国人参事で構成され、参事の国別の構成は時期によってさまざまであるものの、常にイギリス人が過半数を占めた（表6）。特に租界行政が中国や日本との間の問題となる一九二七年以降、外国人参事はイギリス人五名、アメリカ人二名、日本人二名という「定数」でほぼ固定されていた（第6章参照）。実際には参事を輩出する英米日の各居留民社会の間で「紳士協定」が結ばれ、上述の「定数」を維持するために立候補の段階で調整がなされた。第1章でみたように、市参事会は意見が割れた場合には多数決を採用していたため、常にイギリス人社会の便益が最優先される仕組みとなっていたのである。

市参事会だけでなく、工部局の各部局においてもイギリス人の優越性は明白であった。工部局の各部局の局長クラスは、音楽課課長を兼ねるオーケストラのイタリア人指揮者を除いて全てイギリス、あるいは帝国内から招聘された人材であった。例えば一九二九年に工部局警察総監として招聘されたフレデリック・ジェラード（Frederick Wernham Gerrard）は、インド警察やイラク警察に勤務した経験を持つ植民地警察の運用に精通した人物であり、そうした植民地警察での経験をもとに工部

出典：《上海租界志》編纂委員会編『上海租界志』.

図7　上海共同租界工部局旗

表6　市参事会外国人参事選挙結果（1873～1930年）

| 年度 | イギリス人 | アメリカ人 | 日本人 | ドイツ人 | その他 | 合計 | 備考 |
|---|---|---|---|---|---|---|---|
| 1873 | 6 | 1 | − | 2 | − | 9 | 無投票 |
| 1874 | 不明 | 不明 | − | 不明 | 不明 | 9 | |
| 1875 | 6 | 1 | − | 2 | − | 9 | |
| 1876 | 不明 | 不明 | − | 不明 | 不明 | 9 | |
| 1877 | 6 | 1 | − | 2 | − | 9 | |
| 1878 | 7 | 1 | − | 1 | − | 9 | |
| 1879 | 6 | 1 | − | 1 | 1　（フランス人） | 9 | |
| 1880 | 6 | 1 | − | − | 1（デンマーク人） | 8 | 無投票 |
| 1881 | 7 | 1 | − | 1 | 1（デンマーク人） | 9 | 無投票 |
| 1882 | 7 | − | − | 1 | 1　（フランス人） | 9 | |
| 1883 | 7 | − | − | 1 | 1　（フランス人） | 9 | 無投票 |
| 1884 | 7 | − | − | 1 | 1　（フランス人） | 9 | |
| 1885 | 6 | 1 | − | 1 | 1（デンマーク人） | 9 | 無投票 |
| 1886 | 6 | 1 | − | 1 | 1　（フランス人） | 9 | 無投票 |
| 1887 | 6 | 1 | − | 1 | 1　（フランス人） | 9 | 無投票 |
| 1888 | 6 | 1 | − | 1 | 1　（フランス人） | 9 | |
| 1889 | 8 | − | − | 1 | − | 9 | 無投票 |
| 1890 | 7 | 1 | − | 1 | − | 9 | |
| 1891 | 8 | 1 | − | − | − | 9 | 無投票 |
| 1892 | 7 | 1 | − | 1 | − | 9 | 無投票 |
| 1893 | 7 | 1 | − | 1 | − | 9 | |
| 1894 | 7 | 1 | − | 1 | − | 9 | 無投票 |
| 1895 | 7 | 1 | − | 1 | − | 9 | 無投票 |
| 1896 | 7 | 1 | − | 1 | − | 9 | 無投票 |
| 1897 | 7 | 1 | − | 1 | − | 9 | |
| 1898 | 8 | − | − | 1 | − | 9 | 無投票 |
| 1899 | 8 | − | − | 1 | − | 9 | 無投票 |
| 1900 | 7 | 1 | − | 1 | − | 9 | 無投票 |
| 1901 | 7 | 1 | − | 1 | − | 9 | |
| 1902 | 7 | 1 | − | 1 | − | 9 | 無投票 |
| 1903 | 7 | 1 | − | 1 | − | 9 | |
| 1904 | 7 | 1 | − | 1 | − | 9 | |
| 1905 | 7 | 1 | − | 1 | − | 9 | 無投票 |
| 1906 | 7 | 1 | − | 1 | − | 9 | |
| 1907 | 7 | 1 | − | 1 | − | 9 | 無投票 |
| 1908 | 7 | 1 | − | 1 | − | 9 | |
| 1909 | 7 | 1 | − | 1 | − | 9 | 無投票 |
| 1910 | 7 | 1 | − | 1 | − | 9 | 無投票 |
| 1911 | 7 | 1 | − | 1 | − | 9 | 無投票 |
| 1912 | 7 | 1 | − | 1 | − | 9 | |
| 1913 | 7 | 1 | − | 1 | − | 9 | |
| 1914 | 7 | 1 | − | 1 | − | 9 | 無投票 |
| 1915 | 7 | 1 | − | 1 | − | 9 | |
| 1916 | 6 | 1 | 1 | − | 1　（ロシア人） | 9 | |
| 1917 | 6 | 1 | 1 | − | 1　（ロシア人） | 9 | |
| 1918 | 6 | 1 | 1 | − | 1　（ロシア人） | 9 | 無投票 |
| 1919 | 6 | 2 | 1 | − | − | 9 | |
| 1920 | 7 | 1 | 1 | − | − | 9 | |
| 1921 | 6 | 2 | 1 | − | − | 9 | 無投票 |
| 1922 | 6 | 2 | 1 | − | − | 9 | |
| 1923 | 6 | 2 | 1 | − | − | 9 | 無投票 |
| 1924 | 6 | 2 | 1 | − | − | 9 | |
| 1925 | 6 | 2 | 1 | − | − | 9 | |
| 1926 | 6 | 2 | 1 | − | − | 9 | |
| 1927 | 5 | 2 | 2 | − | − | 9 | 無投票 |
| 1928 | 5 | 2 | 2 | − | − | 9 | 無投票 |
| 1929 | 5 | 2 | 2 | − | − | 9 | |
| 1930 | 5 | 2 | 2 | − | − | 9 | |

出典：《上海租界志》編纂委員会編『上海租界志』.

局警察の改革および近代化を実行し、その後一〇年間にわたって警視総監の地位にあり続けた[4]。また外国人居留民による民兵組織であった工部局義勇隊の司令官は、英国陸軍省の推薦を得た退役軍人が着任することが慣例となっており、租界防衛の主力である義勇隊とイギリスの駐留軍は、非常時には常に連携して活動した。上海における過酷な工場労働に対する内外からの批判によって一九三〇年代から実施された工場監査の責任者にはオーストラリア出身の女性活動家エレノア・ヒンダー（Eleanor Mary Hinder）が着任している[5]。

ビジネス・エリート層のコネクションも重視された。本節の最初に引用したフィリップスは一九三〇年代後半から工部局事務次長や事務総長を歴任した人物である。彼は上海に来る前はイギリス中部の自治体の役人であったが、大学時代の知人であるロンドンのジョン・スワイア社（John Swire and Sons）社長の意向で招聘された[6]。ジョン・スワイア社は上海のバタフィールド・スワイア社の親会社ではあったが、共同租界や工部局とは直接の関係はなかった。しかし同社社長は圧力団体である中国協会やバタフィールド・スワイア社を通じて、上海のビジネス界に対する強い影響力を有しており、こうした縁故採用も可能だったのである。

このような工部局上層部の人事は、上海という地域を越えて多様な帝国内ネットワークにおけるある種の「パトロネジ」として機能していたといえる。もちろんそれが確固たる慣例となっていたこととともに、最終決定を行う市参事会をイギリス人ビジネスマンが支配していたことで、こうした人事をスムーズに実行することが可能であった。同じことは工部局職員にもいえた。工部局の一般職員や警官はほぼ全てロンドンのエージェントを通じてリクルートされ、一九三〇年の調査では、インド人、ロシア人、日本人を除いた工部局の外国人職員・警官一〇三三名中九三四人がイギリス人となっている[7]。その次に多いアメリカ人でも三〇名に満たず、イギリス人による寡占状況は際だっている。上海のイギリス人居留民の約一～二割が工部局に雇用されていたが、工部局はイギリス人就職先としても帝国の重要な既得権益の一つとなっていたのである。

イギリス人が特権的地位にある工部局の内情は、まさにイギリスの一機関とみまがうものであった。一九三〇年に日本人として工部局警察に赴任した上原蕃は、当時の工部局警察について次のように回想している。

工部局行政書記官の長が全部英人にして、その実権を掌握せると仝《おな》じく、警視総監が英人なるは勿論、次席の特別総監、その次の総監補と英人数名の幹部が総監を取り巻き、総監を援助し、その手足となるは勿論、英国の秘密機関としての職能を遺憾なく発揮し、英人以外の幹部には絶対にその本体に触れしざるやう組織上萬全の措置の講せられあるには且つ驚ろき且つ憤慨せざるを得なかった……英語が公用語なるは勿論、警察服務令とでも言ふべき警察署規則はその内容全部英本国規則の改正せられたものであって、The Police Regulation と称する印刷物の冒頭には工部局警察を称して His Majesty King's Police となすが如きは工部局に対する英人の真意を遺憾なく表現せるものであった。(8)（ルビは引用者）

こうしたイギリス人偏重の状況は、警察だけでなく他の部局も同様であった。そして彼らはこのイギリス人主体の政体を維持するためにあらゆる努力を払った。

このような工部局におけるイギリス人の特権的立場を可能としていたもう一つの要因として、他の欧米人居留民社会の行政に対する無関心とイギリス人に対する依存が挙げられる。共同租界においてイギリス人以外の外国人居留民の利害は、その根本においておおむねイギリス人居留民のそれと一致していた。居留民の利害とは、すなわち租界および治外法権の存続、そして租界を繁栄させてきた既存体制の維持であり、イギリス人居留民がそのための努力を惜しむことはなかった。共同租界の防衛は伝統的にイギリスの駐留軍が担っていたが、それは共同租界がイギリス人居留民が益であり、「イギリス帝国」の一部であるという認識に基づいてのものであった。したがって、イギリス人居留民が租界の支配権保持に努めたというよりは、むしろ他の居留民社会がイギリス人居留民の支配権を黙認することで、煩雑かつ場合によっては危険を伴いかねない租界行政を彼らに「丸投げ」していたともいえるのである。共同租界が「イギリス人のもの」であることは、外国人居留民に共通の利害であった。

## (2)　中国人住民の租界行政からの排除

工部局のイギリス人支配とはうらはらに、共同租界の人口の大半を占める中国人は租界行政への参加の機会を全く与えられていなかった。市参事会のメンバーになれるのは外国人だけであり、当然市参事会選挙での投票権も中国人には認められなかった。租界設置時点では中国人が租界内に居住することが禁止されていたので、中国人の行政参加が想定されていなかったのは当然であったといえる。しかし「華洋雑居」が認められ、中国人住民が急激に増加した後も状況は変わらなかった。また工部局では、警官や外勤職員を中心に多数の中国人が雇用されていたが、中国人が就くことのできた幹部職は、業務の遂行にあたって中国人幹部の存在が不可欠であった工部局警察の総監補などに制限された。さらに待遇については、欧米人職員と中国人職員の平均的な給与は約一〇倍の開きがあった(9)。また工部局警察の警官の七割を占めた中国人巡査は、名前ではなく番号で管理されるなど、その扱いも非人間的で差別的なものであった。

行政サービスの側面においても、工部局は外国人納税者にのみ責任を負うという立場をとっていたため、中国人住民はおおむね無視される傾向にあり、中国人に対して工部局が提供する教育や医療は貧弱なものであった。さらに前章でみたように、外国人居留民は中国人と交わることを極力避けたために、共同租界のさまざまな公共施設から中国人住民は排除された。そうした状況を象徴していたのがバンドにあったパブリック・ガーデンである。この公園は定期的に工部局交響楽団による演奏なども行われ、観光客にも人気の上海を代表する公園であったが、工部局の管理の下、外国人が同伴する使用人以外の中国人は入ることが許されなかった。ちなみにパブリック・ガーデンは「犬と中国人入るべからず」という看板でも有名であるが、これは一種の都市伝説であり、後の共産党のプロパガンダで有名になったものである。実際の看板にはいくつかの公園使用の規則が列挙され、そのなかに「中国人の入場禁止」という項目と「犬を連れて入ることは禁止」という項目が別個に並んでいたのであり、「犬と中国人」というような同列的な扱いはなかったようである(10)。

他方で、中国人住民も外国人居留民と等しく工部局に対する納税の義務を負っており、工部局の財政における中国人の貢献は小さくなかった。家屋税や各種鑑札料はもちろんのこと、土地税においても中国人はかなりの税金を納めていた。土地章程の規定では、中国人は租界内の土地を所有することはできないことになっていたが、イギリス人に名義を借りることで、中国人も実質的に土地を所有することが可能であったのである。一九二〇年代後半ではイギリス人名義の土地の約三分の一でそうした名義貸しが行われていたと見積もられている。こうした土地に対する税金は、当然ながら受益者である中国人が支払っていた。こうした事情のため中国人住民が工部局財政においてどの程度の負担をしているのか、正確な割合を算出することは困難であった。例えば一九二七年、中国政府は中国人住民が七〇％を負担していると主張したのに対し、工部局側はそれを五五％に過ぎないと反論しているが、これは中国人に対する名義貸しが行われた土地をどのように評価するかによる齟齬であった(11)。しかしながら、少なく見積もっても工部局の収入の半分以上は中国人住民が負担していたというのが実情であった。

### (3) 中国人住民の代表要求

このような負担と権利のバランスが極端にとれていない状況のなかで、共同租界における中国人の政治参加の要求は、世紀転換期から始まった。一九世紀末に共同租界が最後の拡張を実行しようとした際、交換条件として何らかの形での中国人の政治参加が求められた。一九〇六年には、中国人商人からなる諮問委員会が工部局に対し提案された。当時の市参事会はこれを歓迎したが、納税者会議はそうした委員会の規定は土地章程にないとして提案を拒否し、中国人諮問委員会設置は実現することはなかった。この時期のこうした動きは、虞洽卿などの上海の一部の商人による働きかけであり、むしろイギリス人ビジネス・サークルとの協力関係を模索するものであったといえる。その後も数度にわたって中国人代表や諮問委員会設置などの要求が行われたが、いずれも認められることはなかった(12)。

第一次大戦後、五・四運動などを通じて中国においてもナショナリズムが高揚すると、上海の租界も帝国主義の象徴として攻撃の対象となり、同時に共同租界における中国人の政治参加を求める声もそれまで以上に高まった。外国人の特権に対する攻撃が全国規模で広がるなかで、北京の公使団も工部局に対し、市参事会への中国人代表の参加か中国人諮問委員会の設置を勧告した。市参事会も、土地章程の修正が不可欠となる中国人代表の導入には抵抗したが、諮問委員会であれば可能であるとし、納税者会議もこれを受け入れた(13)。虞洽卿ら代表的な中国人商人たちは、これを機に租界の中国人住民の代表組織として納税者協会（納税華人会）を結成し、諮問委員会は中国人住民の要望を工部局側に伝える、あるいは圧力をかけるためのチャネルとしての役割を果たすことが期待された。しかし、工部局は諮問委員会が納税華人会のエージェントとして機能することを認めず、委員会は納税華人会から実質的に切り離され、委員会はあくまで工部局の諮問機関の一つに留まることとなった。結果としてこの諮問委員会は中国人住民を代表するものとはいえなくなり、むしろ中国人の不満は高まった(14)。

一九二五年、中国ナショナリズムの一層の高まりのなかで発生した五・三〇事件によって、中国人の代表問題は大きく進展することになる。五・三〇事件は、一九二五年五月三〇日の上海で、中国人のデモ隊に工部局警察の警官隊が発砲して多数の死傷者を出した事件である。これを契機に大規模な反帝国主義運動が中国全土で巻き起こった(15)。そもそもの発端は日本の紡績工場でのストライキであったが、発砲命令を出したのがイギリス人警官であったことから、イギリスがその後の反帝国主義運動の主な攻撃対象とされた。次節で検討するように、この運動によってイギリスは中国との関係を根本的に見直すことを迫られたが、その一方で現地では事件の当事者である工部局に批判が集中し、その対応が注目された。

上海ではゼネストが敢行され、工部局の中国人諮問委員会も全員が辞任した。上海における五・三〇運動の主体であった中国総商会は、この事件の根本的な要因は人種的不平等性にあるとして、租界行政における外国人と中国人の平等を求めた。総商会は事件発生の一か月後、一三か条の要求を工部局と北京政府に提出した[16]。そのなかで事件の調査、犠牲者への補償、労働者へのスト手当、上海の会審公廨の返還などとともに、共同租界における中国人納税者の行政参加として、市参事会への中国人代表の参加と中国人納税者に対する市参事会選挙の選挙権付与が求められた。

この事態に対し、工部局は非常事態宣言を発令して義勇隊を動員し、また首席領事に駐留軍の上陸を要請するなど租界の治安維持を強化するとともに、工部局警察とイギリス人警官の発砲命令を正当なものであると主張した。また前章でみたように、事件解決に向けた公使団の勧告の受け入れを拒否し、一貫して中国ナショナリズムに対し妥協的な姿勢をとろうとはしなかった。特に総商会が求めた中国人納税者への選挙権付与は、実現すれば大半の票を中国人が保有することとなり、決して認められるものではなかった。またイギリス政府も、ストやボイコットの圧力によって中国に対し妥協を行うことは、イギリスの「弱さの証」とみられるという上海の主張に同調し、当初は強硬な姿勢を維持した[17]。

しかしながら五・三〇運動が長引くなかで、上海のイギリス人社会のなかにも変化があらわれ始めた。すでに一九二五年の八月ごろから特に反英運動で大きなダメージを受けていたビジネス・エリート層の間で中国側との妥協を求める声が聞かれるようになっていたが[18]、翌年二月には保守系の現地英字新聞である『ＮＣＤＮ』が中国人代表の導入を求める主張を行うまでになっていた[19]。これは、国民党がこの問題について工部局ではなく北京の公使団との交渉を望んでいることが明らかになり、イギリス人居留民が交渉の主導権を北京に奪われることを懸念したためであった。さらに市参事会議長フェッセンデン（Sterling Fessenden）が中国ビジネス界に接近して虞洽卿に協力を求めたことで、中国人代表の導入は急速に実現に向かった。

上海の居留民社会もこうした妥協の必要性を認識するようになっており、一九二六年の納税者会議で中国人参事三名の導入が反対一票のみで承認された。上海のイギリス人社会が恐れたのはあくまで中国人住民への選挙権付与であり、制限された形での中国人代表の導入には必ずしも反対していなかったのである。同時に、その中国人納税者への投票権の付与についても審議されたが、租界の外国人支配を覆しかねないこの提案は当然認められず、中国人納税者が外国人納税者と平等な地位を与えられることはなかった[20]。中国人参事の参加はあくまで事件収拾のための特別な措置であるという立場が取られ、外国人参事の数は据えおかれ、土地章程の正式な修正も行われなかった。虞洽卿に代表される中国ビジネス界の長期にわたる外国人社会への働きかけの結果実現した中国人代表ではあったが、少なくともこの時点においてイギリス人居留民は租界の支配権を中国人に明け渡すつもりは全くなかった。

## 第2節　イギリスの対中政策の変化と工部局の改革

### (1)　イギリスの対中関係健全化の模索

中国人に対する上海のイギリス人の姿勢が、最悪ともいえる形で表出した五・三〇事件は、それまでいわゆる「砲艦外交」を旨としていたイギリスの対中国政策において一つの画期となった。事件の発端は日本工場での労働者のストライキであったが、工部局警察のイギリス人警官のデモ隊への発砲命令がその後中国全土に拡大した反帝国主義運動の引き金となり、その矢面にはイギリスが立たされることとなった。反英ボイコットやストライキ、イギリス製品の不買運動は、漢口や広州など他の都市にも飛び火した。なかでも香港では、事件後一六か月にわたって反英ストライキが続き、イギリスの対中国貿易に少なからぬ打撃を与えた[21]。イギリスにとって中国との貿易は、投資部門とは異なり、帝国の貿易全体に占める割合はそれほど大きくなかった[22]。しかしこの頃にはイギリスの生産者を中心に、広大な中国市場という確固たるイメージが存在し、特に第一次世界大戦後においては、中国との貿易の強化を求める声が強まっていた[23]。その要求は政策決定者や世論に一定の影響力を持つようになっており、当時の外相チェンバレンも「我々はとりわけ極東においては商業国民である」と、英中関係における貿易の重要性を表現している[24]。

対中国貿易の危機に加えて、中国ナショナリズムによる不平等条約の見直し要求や、中国ナショナリズムの旗頭となっていた国民党の勢力拡大など、五・三〇事件を契機とした中国における事態の急変に直面し、イギリス政府は外務省極東部の主導の下で対中国政策の大きな転換を図り、中国との関係の根本的な改善を図ろうとした。それを端的に示したのが、一九二六年一二月一八日（一般への公開は二六日）に他のワシントン条約国に向けて行われた「一二月メモランダム（クリスマス・メモランダム）」である[25]。

「一二月メモランダム」は三〇年代のイギリスの対中国政策の方向性を定めるものであり、その新たな政策の原則が掲げられた。そのなかで、中国に対して、北京政府のみを認めるという立場を放棄して、条約改正について国民政府と「平等な」立場で交渉する意思があることが表明された。一方で他の条約列強に対し、「中国の経済的・政治的発展は外国の指導の下でのみ達成できるという考えは放棄すべき」ときにあり、「列強は、中国の条約改正に対する要求が正当であることを認め……条約特権に基づいて厳格な主張を行うという伝統的な態度を改めるべきである」と、中国との関係の見直しを勧告し、中国に対する関税自主権の承認とワシントン会議で認められた付加税を無条件で即時に提供することを提案した。これに対する列強の反応は、アメリカがこれを支持しただけで、日本やフランスにはむしろ歓迎されず、第三国に対するインパクトはほとんどなかった。あくまでイギリスの政策表明であった。

　この「一二月メモランダム」は、中国の現状を正しく認識した現実的といえるものであった。不平等条約に基づく関係がすでに「時代錯誤」であることは明白となっていた。しかしながら、イギリスは中国に対しリベラルな姿勢を見せる一方で、このメモでは中国海関のイギリス人支配や租界・租借地については何の提案もなされず、治外法権についても、西洋の水準を満たす法制度が確立されるまで、その修正については検討しないとするなど、中国におけるイギリスの本質的な利害にかかわる事項については巧みに避けられていた。副次的な権益を放棄することでナショナリズムを懐柔し、中国との関係改善を図りながら、より重要な権益は変わらず保持しようというのがイギリスの狙いであった。

　翌年一月初めの北伐軍による漢口のイギリス租界の占領（漢口事件）、さらに北伐軍の上海接近という事態に直面し、この新しい方針はすぐに試されることとなった。武力による漢口租界の再奪取を求める声は現地イギリス人社会だけでなく政府内にもあったが、結局イギリスは漢口に関しては交渉による解決を選択した。[26] 一方、上海については、租界防衛のために「上海防衛軍」の派遣が決定された。[27] イギリスにとって漢口はたいした権益のない、重要度の低い租界であったために、中国による「回収」を認めることができたが、東アジアにおけるイギリス帝国のシンボルでもあった上海は、容易に放棄することはできなかったのである。もちろん現地のイギリス人居留民の派兵要求も強く影響した。

　派遣部隊は一月下旬から順次上海に到着したが、中国側を極力刺激しないよう、この派兵は租界の外国人の生命・財産の保護のためであることが強調された。派遣された戦力による武力行使は厳格に制限され、現地社会が望んだ漢口租界の再奪取などに使用されることはなかった。その結果、イギリスは、国民政府との間に漢口事件を終結させる協定を締結することに成功し、三月後半の北伐軍の上海入城も混乱なく行われた。その直後に発生した南京事件は、多数の外国人居留民が殺傷され、現地社会に恐慌状態を巻き起こした(28)。イギリス政府もこの事件に対しては強硬姿勢の採用に傾いた。しかしながら、四月の蔣介石による反共クーデターとその後の南京国民政府樹立を契機に中国の状況を再評価し、あえて蔣に不利になるような強硬な対応をとることはせず、融和的な方針を貫く姿勢をみせた(29)。

こうしたイギリス政府の態度は、上海への派兵に歓喜したイギリス人居留民をおおいに失望させることとなったが、交渉相手として南京政府が確立されたことで、中国の要求に対するイギリスの融和的対応は続いた。一九二八年夏に南京事件について和解が成立すると、イギリスはその年の暮に関税に関する条約を結び、中国にイギリスとの貿易について関税自主権を認めた。またその際に在華イギリス公使が信任状を蔣介石に提出することで南京政府を外交的にも承認した。この条約の締結に伴い、中国海関の中国化——中国人職員の増員——も進められた。また以前に合意されていた威海衛の返還が一九三〇年一〇月実施され、中国にとってこれが回収運動の初めての成果となった(30)。天津のイギリス租界では中国人の行政参加が拡大され、鎮江と厦門《アモイ》の租界は返還された(31)。またイギリス政府は、イギリス人を原告、中国人を被告とする訴訟は中国の法廷で裁かれることを原則として認めた。

そして一九三〇年には、イギリスと中国の間の最大の懸案となっていた治外法権について、その廃止を目指す交渉が在華イギリス公使ランプソン（Sir Mile Lampson）と南京政府との間で開始された(32)。すでに一九二七年、辛亥革命以来領事団と工部局の管轄下におかれていた上海共同租界の会審公廨について、北京政府と公使団の間の交渉を経て返還協定が成立し、その管轄権が中国側に戻され、共同租界臨時法院が設置されていた。そのうえで一九三〇年に「特区法院協定」が国民政府との間に締結され、それまで共同租界の中国法廷に対し条約列強が保有していた種々の特権は全て失われるとともに、臨時法院は全面的に中国の法律が適用される純粋な中国の地方裁判所（特区法院）として再編された。司法の問題についても融和的な姿勢をイギリス政府は貫いていた。

当然、現地居留民社会や中国に関係する金融・商業利害は大きく動揺し、こうした動きにはさまざまな圧力がかけられた。その結果、交渉は曲折したが、一九三一年六月に一旦文書での合意がなった。租界については、漢口と広州は返還する一方、上海と天津は返還までそれぞれ一〇年と五年の移行期間を置くことで合意された[33]。イギリス政府としては、イギリスの権益の集中しているこれらの租界は、この交渉の対象から外すことを望んでいたが、中国側がそれを認めなかった。これだけの猶予期間を与えたことは、中国側にとっては最大限の譲歩であり、「一二月メモランダム」に則った方針を堅持するイギリスとしてもそれを認めざるをえなかった。しかし、猶予期間があるとはいえ、共同租界の期限付きの返還が設定されたのは、上海のイギリス人居留民たちには受け入れがたいものであった。彼らは後でみるフィータム報告や、本国政府への圧力団体として機能することが期待された代表組織の設立などを通じて、このイギリス政府の方針に対して抵抗を試みることになる。

## (2)　工部局の「中国化」

五・三〇事件は、世界の目を上海に向けさせる契機ともなった。取材のために数多くの記者や通信員が上海に入り、中国の情勢だけでなく、上海の外国人社会の実像も世界中に発信していった。なかでも前章で触れたマンチェスター・ガーディアン紙の通信員アーサー・ランサムは、一九二七年に上海を訪れ、北伐の接近に揺れる上海のイギリス人を痛烈に批判する記事を本国に送った。一九〇一年以来、第一次世界大戦に巻き込まれることもなく、共同租界という「安逸だが密封されたガラス箱」のなかで隔離された生活を送ってきたイギリス人居留民は、壮麗なバンドの建築を眺めて、上海とその繁栄は自分たちのものであると考え、国家的、帝国的利害よりも上海という狭い地域の利害に固執している。そして前世紀からの中国や中国人に対する尊大かつ軽蔑的な態度を改めず、「中国人は二〇年に一度は叩きつける必要があると公言する」彼らは、進展する中国の革命に対しても好戦的であり、本国に対し武力干渉を求めることで、中国との健全な関係の再構築を模索するイギリス帝国にとって厄介な障害となっている。その存在はまさに「東洋のアルスターたらんとするもの」であると論じた。[34]
また同時期に上海を訪れたアメリカ人記者エドガー・スノー（Edgar Snow）は、上海の外国人――とりわけイギリス人――は、「上海の外に出ることは危険であると考え……こせこせと中国の食べ物を避け、中国の音楽を耳にすれば悲鳴をあげ、全ての中国人は潜在的な犯罪者であると［上海を］訪れたものに請け負う」、と彼らのヒステリックともいえる中国人に対する態度を嘆いている。[35] こうしたジャーナリストの発信する記事によって、国際的な世論は上海の外国人に対し批判を強めていくと同時に、中国の農民の生活を力強く描いたパール・バック（Pearl S. Buck）の小説『大地』（一九三一年）がベストセラーとなるなど、中国に対しては好意的になっていった。

このような国際的な批判は、五・三〇事件以降、強まる中国人の反イギリス感情やイギリス本国の中国に対する姿勢の変化とともに、上海の居留民社会の各領域において中国人に対する姿勢の変化を促していくこととなった。例えば、領事館や海関ではより多くの中国人職員が導入され、彼らとイギリス人が「ともに食事をし、肩を叩き合う仲」[36]へ移行することが求められ、他方でイギリス人社会における「ダイハード（diehard）」――保守的で、中国および中国人に強硬な姿勢をとる人々がしばしばこのように呼ばれた――の代弁者とみなされていた総領事バートンはエチオピア公使として「追放」された。[37] キリスト教布教の現場では、一九二七年に結成された超教派的な中国キリスト教協会（National Christian Council）によって伝道活動の「中国化」が進められ、蔣介石のキリスト教への改宗もあって、中国人信徒に対する外国人宣教師の意識も変化した。また一九二八年に国民政府が発布した教育法によって、全ての学校に政府への登録と中国人の校長と理事会を義務付けられたことから、伝道団の教育事業の運営は徐々に中国人の手に委ねられていった。常に資金難に苦しんでいた医療事業に関しても、中国人医師や中国資本が導入されるようになった。五・三〇事件で多大な損害を受けたイギリス企業は、好調なアメリカやドイツの企業に倣って中国人社員の採用、買弁の廃止と、より直接的な中国人の顧客との取引を行うようになった。[38] さらに、国民政府による民族資本の保護と援助が顕著になるなかで、そうした企業の中国資本との合弁化も進められていった[39]。

こうしたいわゆる「中国化」が最も顕著だったのが工部局と共同租界行政であった。市参事会への中国人参事の参加を皮切りに、さまざまな面で中国人を排除するそれまでの租界行政のあり方が改革され、中国的な要素が加えられていった。

最大の改革はやはり中国人参事の加入であった。すでにみたように、五・三〇事件の記憶が新鮮ななかで、一九二六年の納税者会議による中国人参事の承認は比較的スムーズに行われた。ただし、イタリアと日本の総領事が市参事会の拡大や代理投票の廃止を要求したために領事団の承認が遅れ、また漢口事件によって中国人参事の選抜が延期されたために、実際に中国人参事が市参事会に参加したのは一九二八年からとなった[40]。一九三〇年には中国人参事の数は五名に増やされ、これ以降、市参事会は外国人参事九名、中国人参事五名の一四名体制となった。参事となった中国人は、導入の翌年から市参事会が改組される前年の一九四〇年まで参事を務めた虞洽卿など、外国人参事と同じく上海の主要なビジネスマンであった。彼らは積極的に市参事会の議事にも参加しているが、どちらかというと中国当局への私的な橋渡しという役割を果たし、一九三〇年代以降、租界当局と国民政府の関係の円滑化に貢献した[41]。また市参事会の各諮問委員会にも合計六名の中国人が委員として参加することになった。中国人参事は、外国人参事と同時に市参事会選挙で選出されるのではなく、中国人委員とともに納税華人会によって独自に選出された[42]。

中国人の工部局幹部や職員への任用も進められた。工部局が財政の効率化のために一九二七年に設置した節約委員会（Municipal Economy Committee）は、一九二九年の最終報告書のなかで、工部局の経費節約の一貫として、より人件費の安い中国人職員の任用を勧告した[43]。さらに一九三〇年一二月には、中国当局との関係強化のために幹部職により多くの中国人「名士」を任用することを工部局は公表し、翌年、行政顧問（Adviser on Municipal Affairs）や総務局次長（Assistant Secretary）といったポストに中国人が採用された[44]。同時に中国人職員が一定数を満たすまでは新たな外国人を雇用しないという方針が市参事会で採用され、見習いとして多くの中国人が技術者や保健調査人、消防士などとして採用された。(45) 一方で、外国人職員に対してもそれまで以上に中国語能力の向上が求められるようになった。特に外勤職員は中国語の習得が義務化され、規定の試験に合格すると語学手当(Language Bonus)が支給されるようになった。(46) 工部局内の中国語課も拡充され、毎年発行されていた工部局の『年次報告』(*Annual Report*)と『公報』が中国語でも発行されるようになった。(47)

同時に「中国化」が過度に進まないように注意も払われた。中国政府の関係者が直接工部局の組織に入り込むことは特に警戒され、参事は必ず民間人であることが求められた。一九三〇年にアメリカの女性商務官が市参事会選挙に立候補した際には、それが前例となってしまうと、中国政府に政府関係者を参事とする口実を与えてしまいかねないとして、アメリカ政府を通じてその商務官の立候補を取り下げさせている。(48) また人員数においても中国人だけの雇用増に偏らないよう、中国側への牽制の意味も込めて同様の要求を行っていた日本人も任用された。総務局次長には中国人と同時に日本人も採用されたほか、工部局広報官としても中国人と日本人が就任し、工部局警察日本隊の定員もこの時期に増員されている。(49) また五・三〇事件を引き起こす原因となった工部局警察も、新たにインド警察から招聘された総監の下で組織の再編が進められた(第5章参照)。

行政サービスにおいても、ようやく中国人住民に目が向けられるようになった。一九二七年、看板で批判を浴びたパブリック・ガーデンをはじめとする工部局管理下の公園に中国人の入園が認められたことは、工部局の変化を内外に示すものであったといえよう。しかしそうした明瞭なパフォーマンスだけでなく、社会的な領域においても、中国人住民に対する工部局の対応は着実に変化していった。まず教育に関して、工部局学校を新設してより多くの中国人児童の初等教育を行うことと、租界内の民間の学校に対し財政支援として補助金を支給することの二つを柱とした、以降八年間にわたる新たな教育方針が一九三一年に策定された。(50) この年に工部局による教育の恩恵を受けていた中国人児童は、工部局の中国人学校八校に通う三五二三名に過ぎなかったが、一九三八年には中国人学校は一四校に増え、生徒数も七六〇〇人と二倍以上に増えたほか、補助金を交付された中国人学校は一五六校、生徒数は三万二五二三人にまで増加した。[51] ただし共同租界の学齢期の中国人人口は一九三五年のセンサスでは一五万人を超えており、この時点でもなんらかの形で工部局の恩恵を受けられた中国人児童は全体の五分の一に過ぎなかった。

中国人の医療や衛生に関しても、それまで工部局は外国人居留民の健康を第一とし、中国人住民に関しては最低限しか対応していないという批判がなされていた。[52] 五・三〇事件以前からその必要性が訴えられてきていた、医療効率の向上を目的とした工部局への医師の登録は、一九二八年に納税者会議を通過し、一九三一年に登録リストが工部局公報に公表された。[53] そのリストに掲載された六〇〇名以上の医師、歯科医、獣医のうち、半数以上が中国人医師であった。[54] 工部局が特に力を注いだのは、同じく一九二〇年代初頭から国際的な批判を集めていた工場における児童労働や、劣悪な条件で労働を強いられていた力車引きなど、租界内の中国人の労働問題への対応であった。一九三一年に、国民政府が労働時間の規制や児童労働の禁止を盛り込んだ工場法を施行した。この法律をたてに中国当局が共同租界内部に干渉してくることを回避するために、市参事会は同様の内容を土地章程の附則に盛り込むとともに、租界内の工場を監査する工場監督課を設置し、責任者には長年上海において社会福祉活動に従事し、工場の労働環境に精通した、前述のエレノア・ヒンダーを任用した。[55] またその非人道的な労働条件が批判を集めながらも、外国人が利権を有していたためになんの規制もされてこなかった力車ビジネスについては、労働環境の調査と改善を目的に一九三三年に力車委員会が設置され、翌年、報告書がまとめられた。[56] また一九三〇年前後には市参事会の秘密主義に対する批判が高まったが、それへの対応として一九三一年に広報局を新設し、イギリス人と中国人の広報官を雇用して広報活動を充実させるとともに、市参事会の議事の抜粋を毎回公報に掲載するようになった。[57]

こうした変化のローカルな要因として、工部局のライバルである上海特別市政府の存在が挙げられる。一九二七年に成立した特別市政府は国民党政権の下、華界において中国人を対象とした教育や保健、福祉といった、それまで工部局が無視してきていた中国人に対する行政サービスの提供を開始し、ことあるごとに租界に対しても干渉を行った。自らの行政の非効率性を理由に不平等条約の廃止を拒否されてきた中国側にとって、「モデル・セトルメント」の水準を超える行政活動の実践は、諸外国に対する非常に効果的なデモンストレーションであった。他方で、「モデル・セトルメント」を標榜する共同租界にとって、中国の行政組織に自らの欠陥を補完されるような事態は受け入れがたいことであり、中国側の工場法への対応にみられるように、非常に迅速に対応した。

一連の改革は、内外に対するアピールとしての側面も強く、したがってこれらによって共同租界の中国人住民が外国人居留民と同等の政治参加や行政サービスを享受できるようになったかというと、必ずしもそうではなかった。こうした改革は、共同租界におけるイギリス人の既得権益を可能な限り維持することを前提としていた。例えば五名という中国人参事の人数は、中国人住民の数や納税額を反映したものではなく、市参事会における英米参事の支配権に影響が出ないよう考慮されたものであったし、外国人が経営の実権を握る力車については、工部局の改革は非常に中途半端なものに終わった(58)。各学校への補助金も、日本人学校を含む外国人学校に対しては児童一人あたり平均二四ドルが支給されたが、中国人児童の場合、一人あたりの支給額はたった四ドルに過ぎなかった(59)。

それでも工部局が改革の必要性を強く感じていたのは事実であった。その証拠の一つがフィータム報告である。一九三〇年に工部局は、南アフリカの判事リチャード・フィータム（Richard Feetham）に共同租界の改革についての調査と勧告を求めた。フィータム招聘について、工部局が「中国に於ける治外特権の漸廃に関して列強中特に英米が其の政策を公然発表せる以来、斯かる政策が実施さる前に……是まで上海に於て発達し来った商業実業に関する外人の重大利益に対しても亦適当なる保護を与える何分の建設的方法を案出しなければならぬ(60)」と述べているように、共同租界の改革について工部局が主導権をとり、着々と治外法権廃止交渉を進める本国政府に先んじることを試みたものであった。二年後に提出された報告の内容は、租界に対する外的な危険の除去、中国における法の支配の浸透、租界の中国人が代議制の経験を積むことを租界返還の条件とし、それまでは行政活動に適宜中国人を参加させることで現状の体制を維持すべきとするなど、租界のイギリス人を代弁するかのような非常に保守的なものとなった。そのため、市参事会という「アングロ＝サクソン的な機構の維持」は「中国の国家的発展を支援するのではなく、阻害してしまっている」[61]という認識にいたっていたイギリス政府からは一顧だにされなかったが、上記の工部局の行政改革の多くはこの報告に基づいて行われるなど、一定の影響力を持ったのは事実であった[62]。

一方で、既存体制を前提とした改革の必要性は、特に租界のセキュリティの恩恵を得ていたビジネス層を中心に中国人にも共有されていた。例えば、彼らはさらなる中国人幹部任用などの要求を引き続き行ったが、それは共同租界の支配権を外国人から奪い取ろうという意図からではなかった。特に工部局警察への中国人総監の任命が繰り返しもとめられたが、その理由を市参事会メンバーの虞洽卿は、遅かれ早かれ共産党によって五・三〇事件に匹敵する事件が引き起こされ、警官隊による発砲で中国人が再び傷つけられるであろうが、その発砲は中国人総監の命令で中国人警官によって行われなければならないからである、と述べている[63]。つまり将来予想される事件によって、再び共同租界における外国と中国との関係が危機に陥ることを防ぐことが目的だというのであった。

こうした工部局の改革により、共同租界における中国人との関係は大きく改善した。越界路の警察権問題など、一部に摩擦の原因は残ったが、五名の中国人参事の誕生と各部局への中国人の導入が実質的に最後の工部局改革となり、共同租界における中国人の行政参加問題は一応の決着をみた。しかしながら、そうした現地の既存体制維持の要望とは裏腹に、イギリス政府は中国人参事の導入や工部局のその他の改革はあくまで暫定的な措置であるという立場をとり、フィータム報告を実質的に無視して、その最終的な報告書が完成する前に治外法権交渉を進めていった[64]。

## 第3節　イギリス人居留民協会

### (1)　代表組織設置の背景

こうした租界内外の動きのなかで、イギリス人居留民の間で二極化の傾向が現れ始めた。一方は、イギリスの対中政策の転換に同調して中国との関係を改善し、それによってビジネスの可能性を拡大させようというビジネス・エリート層を中心としたグループで、彼らの代表が市参事会の参事として工部局の改革も進めていった。他方は、上海の租界にのみ利害を有する入植者層で、彼らはイギリスの新しい中国政策や各方面で進展する改革や中国化に対し不信感を募らせてきていた。ただし両者は厳密に分けられるものではなく、ビジネス層のなかにも改革には反対のものもいたし、中国人との関係改善が危急の課題であると考えていた入植者も当然ながら存在していた。

しかしながら、租界に住む彼らが共通して恐れたのは、治外法権の廃止や租界の返還によって自分たちが中国の司法に服属しなくてはならなくなることであった。その根本原理から西洋の法体系とは異なる中国の法に対するイギリス人居留民の偏見は根強かった。さらに国民党や南京国民政府の司法行政の恣意性や、日常茶飯事となっていた司法への軍事的・政治的干渉がこれを助長した。例えば、会審公廨が廃止され、その代わりに設置された臨時法院――これは会審公廨の実質的な中国への返還だった――では、一九二八年から一九二九年にかけて裁判長が連続して更迭されたが、これを租界の英字紙は、国民党の干渉に対して司法の独立性を保持しようとした結果の解任であると報じ、中国司法への不信感は一層高まっていた(65)。また外国人の間でこの時代においても流布していた、中国人は残虐である、あるいは執念深いといった言説は、それまで外国人が中国人を殺害しても有罪になることはなかったという共同租界の実情と相まって、治外法権廃止後に予想される自分たちに対する中国人の復讐という、より根源的な恐怖をもたらした。

中国の司法に対するイギリス人居留民の危機感は、政府と足並みを揃えて「中国化」を進める工部局に対する不信感としてもあらわれた。前述のように、一九三〇年、国民政府と列強の「特区法院協定」によって、臨時法院が純粋な中国の地方裁判所である特区法院に改組されたことはすでに述べた。ある程度外国人の利権が担保された臨時法院でさえ、上述の裁判長の人事問題など、居留民にとって十分に満足できるものではなく、外国人の特権を放棄し、中国の司法機関に全てを委ねるこの協定は、外国人居留民にとって容易に受け入れられるものではなかった。そうしたなかで問題となったのは、この「特区法院協定」の締結の際に、納税者はもとより、他の参事でさえあずかり知らないところで、当時の市参事会議長アーノルド（H. E. Arnhold）と総務局総長フェッセンデンがイギリス政府から意見の聴取を受けていたことであった[66]。一九三〇年初頭にこのことが公になると、この協定に不満をもっていた租界のイギリス人社会は、この行動を納税者に対する裏切りであるとして、市参事会を一斉に非難した[67]。特に『ＮＣＤＮ』編集長グリーン（O. M. Green）の一連の社説は、これまでの工部局の改革や「中国化」だけでなく、市参事会の独断性や秘密主義を痛烈に批判した[68]。さらに同紙には、市参事会議長と事務総長を非難する、内部告発ともいえるイギリス人参事の投書も掲載され、その後に行われた市参事会選挙では、現職の議長アーノルドが落選するという前代未聞の結果となった[69]。アーノルドはこの落選を日本人の陰謀によるものだと主張したが、イギリス総領事は「特区法院協定」に対するイギリス人居留民の反発の結果であると分析している[70]。

事態はこれだけにとどまらなかった。この時期、工部局の「中国化」の進展は佳境に入っており、アーノルドが落選した市参事会選挙の直後には、中国人の行政参加問題の決着を目指して、中国人参事の五名への増員を行う決議案が納税者会議で提案される予定となっていた。この時、すでに国民政府とはこの条件で合意がなされており、中国人参事の増員は納税者会議での承認を待つばかりとなっていた。ところが「ダイハード」として有名なイギリス人弁護士ラナルド・マクドナルド（Ranald G. McDonald）が、フィータム報告の勧告を待つことなく改革を進める市参事会に対する不信感を露わにしつつ、「もし二名の中国人参事が参加すれば、彼らの方針や［中国政府から］与えられる指導は、これを外国人から租界を奪う最初の好機と考え、租界の外国人支配を浸食するだろう」(71)という論調の反対演説を行った。そして出席した有権者がこの意見に同調したために、この決議案は反対多数で否決されてしまったのである。この会議には全有権者二七〇〇名中、一割に満たない二五二名しか出席しておらず、少数にもかかわらず根回しが十分にされていなかったことも大きく影響した(72)。

中国人参事の増員が否決されることを想定していなかった市参事会や領事団は、中国との関係が再び悪化することを恐れ、急遽、特別納税者会議を招集し、再び同じ決議案を提出することを決定した。イギリス人社会の世論も、前回の会議直後から、『NCDN』や『天津・北京タイムス』などの保守系新聞を含め、決議案を否決したマクドナルドと納税者の行動を「四月の狂気」として激しく批判し、また日本人社会が有権者を動員して賛成票を確保したこともあって、今回の特別納税者会議では圧倒的多数で決議案は通過した(73)。中国側も租界側の迅速な対応に感謝の意を表し、租界と中国との関係が逆行することは免れたが、他方で、工部局やイギリス政府の改革志向に対する不信感がイギリス人居留民の間にひろまっていることが、最も露骨なかたちで示されてしまった(74)。

こうした混乱を招いたそもそもの要因であった、イギリス人居留民が感じていた中国の司法に対する不安は、「ソーバーン事件（The Thorburn Case）」によって現実のものとなる(75)。一九三一年六月、上海在住の一九歳のイギリス人青年ジョン＝ソーバーン（John Hay Thorburn）が、突然失踪した。彼は冒険に憧れ、共産党と戦うために中国国民党に参加しようと目論んでいたと報じられ、国民軍兵士といるところを目撃したという情報もあった。彼の失踪は、上海では連日トップニュースとして扱われ、総領事もすぐに中国当局に照会するなど調査に乗り出した。その後、外交筋の圧力により蒋介石が軍に内部調査を指示したが、その結果提出された報告によって事件のあらましが公表されたのは、半年近くたった一〇月末であった。その事件の真相はイギリス人居留民にとって驚くべきものだった。ジョンは国民党に参加すべく蘇州に向う途上、行き違いから国民軍の憲兵二名を射殺してしまい、そのまま軍当局に拘束されていた。そして、彼は取調べの最中、そのあまりに不遜な態度のために激昂した尋問官に、その場で射殺されていたのである。国民軍当局はこの事件の隠蔽を図ったが、最終的に蒋が指示した内部調査によって露見することとなった(76)。

外国人が中国人によって傷つけられることがほとんどなくなっていたこの時代に、裁判もなくイギリス人が殺害され、なおかつその事実が隠蔽されていたという事実は、中国人に対して圧倒的優越感を抱いていたイギリス人居留民に大きな衝撃を与えた(77)。しかし、彼らがそれ以上に危機感を覚えたのは、この事件の間もランプソンが南京政府と治外法権廃止の交渉を続け、さらにこの事件の真相が明らかになっても、治外法権廃止への方針を一切変更することがなかったことであった(78)。さらに工部局と同様、フィータムの報告が提出される前に、ランプソンのもとで治外法権交渉のとりまとめが開始されたことも、彼らの不信感を強める結果となった(79)。すでに行われた「特区法院協定」といい、この治外法権廃止交渉といい、イギリス人居留民たちは、自分たちの与り知らぬところで自らの命運が決定されようとしていること、そしてそれによってもたらされると予想される結果に、深刻な懸念を抱かざるをえなかったのである。

治外法権廃止交渉の開始にあたって、イギリス政府はその廃止について「中国の情勢がそれを可能にし次第、細かい交渉に入る」という条件をつけていた(80)。『NCDN』はこの点についてイギリス人居留民を代表し、以前から、「中国のイギリス人社会は危険を感じており、それは全く弱まっていない……南京政府の努力を無視するわけではないが、中国の状況はそうした細かい交渉に入る段階にはない(81)」と繰り返し主張していた。ソーバーン事件後には、ビジネス団体もランプソンに対し、治外法権廃止の対象から上海や天津を除外することを求める覚書を準備した。[82] イギリス人居留民たちは、中国の「実情」は自分たちにしか理解できないものであり、本国政府やすでに中国の首都とはいえなくなった北京に駐在する公使がそれを把握できているはずはないと考えていた。しかし、当時の彼らは効果的にその「実情」をロンドンに伝える術をもたず、そのことがイギリス人居留民にとって初めての代表組織の結成への動きを生み出すこととなった。

## (2) イギリス人居留民協会の形成

一九三一年一一月一二日、男女八〇〇名程のイギリス人が出席したレース・クラブでの集会で、イギリス人居留民協会（British Residents' Association 以下ＢＲＡ）の結成が決定された。[83] ＢＲＡの中心となったのは、上海におけるイギリスの商業利害を代表する上海イギリス商業会議所と中国協会の上海支部である。この集会では治外法権の廃止交渉やソーバーン事件が主な議題となり、最終的に、「中国における現在の混乱した情勢、政治的不安定、安定した権威ある政府の不在の観点から、治外法権廃止についての交渉の促進は望ましいものではないということ、並びに南京政府には条約義務の履行、地方政権および軍閥に対しての効果的な管理を行う能力も気概もないという観点から、この（治外法で廃止）問題および上海・天津・漢口・沙面の将来についての同種の問題は再検討すべきであるということを全員一致の意見とした」という決議がなされた。[84] そのうえで「中国におけるイギリス利害に致命的な影響を与える問題について、イギリス人の見解を調整・表現する効果的な手段を提供することを目的として」ＢＲＡを設立することが宣言された。[85]「致命的な影響を与える問題」とは治外法権廃止交渉であり、頭越しに進行する、共同租界の未来を左右しかねない交渉について、中国のイギリス人居留民の意見を直にロンドンに主張するという目的のために協会は設立されたのである。

ＢＲＡの設立にかかわったイギリス人居留民は、「一二月メモランダム」以降の、中国国民党に対する「ほとんど果てしない妥協の流れ」に非常に強い危機感をもっていた。頻発する反英運動やボイコット、労働争議は、しばしば中国当局の支援を受けており、攻撃されたイギリス企業側が高額の支払いを行って解決することも少なくなかった。イギリス人ビジネスマンたちは、こうした状況は外国人の財産を保護する能力に欠けた、あるいはその意思に欠けた中国当局に原因があるとみていた。そのうえで中国司法の恣意性や、特にソーバーン事件などに顕著にみられる軍部の司法への介入を挙げ、租界の居留民にとって治外法権はいまだなくてはならないものであると主張された。さらに市参事会への中国人参事導入や会審公廨の返還といった、共同租界という聖域における行政と司法への中国人の侵入は状況をさらに悪化させ、治外法権の下で築きあげられた上海の繁栄を衰退させると考えられた(86)。事実、一九三〇年代に入り、上海における最大の利害である土地の価格は下落に転じていた(87)。要するに、「以前もっていたものを、なぜあきらめなくてはならないのか？」ということが協会のイデオロギーだったのである。

当初、協会の会員資格は、イギリス上海総領事館の領事裁判権の管轄下にあるイギリス人に与えられたが、上海以外のイギリス人居留民からの要請で、すぐに外港のイギリス人にも認められることとなった。それにともない協会の正式名称も上海イギリス人居留民協会（Shanghai British Residents' Association）から中国イギリス人居留民協会（British Residents' Association of China）に変更された。協会結成から半年後の一九三二年六月の公式発表によると、会員数は二九八六名、その内上海の住人は二七一六名で、残りの二七〇名は他の外港の居留民であった(88)。当時、インド系を除く上海のイギリス人居留民の人口は六二〇〇～六三〇〇名であり、この会員数を信用するならば、子供の数などを考慮しても約半数のイギリス人居留民が会員として参加していたことになる。

会費は当初年額一ドルとされたが、翌年には倍の二ドルに値上げされ、後述するロンドン委員会の運営費用のため、会費以外にも多額の寄付金を企業から集めていた。協会の総支出は、一九三三年度で三万三三六六ドル、一九三四年度は二万七〇四〇ドルであったが、会費収入はそれぞれ五五六二ドル、二九六一ドルにすぎなかった。残りは「いくつかの主要企業」の寄付でまかなわれた。(89)

その組織構成をみると、イギリス社会全体を代表しようという意志がうかがえる。まずBRAの中心としてその方針を決定し、実務を担当する委員会が設置された。これは二〇名で構成されたが、その内一一名は会員の選挙により選出され、残り九名は共同租界の代表的なイギリス人団体――イギリス商業会議所および中国協会・聖ジョージ協会・聖アンドリュー協会・聖デイビッド協会・聖パトリック協会・ユナイテッド・サービス協会・中国カナダ人協会・アンザック協会・イギリス女性協会――の代表者が任命された。イギリス商業会議所と中国協会は、前述したように協会の母体となったもので、共に中国におけるイギリス人の経済利害を代表していた。聖ジョージ協会、聖アンドリュー協会、聖デイビッド協会、聖パトリック協会はそれぞれイングランド、スコットランド、ウェールズ、アイルランドのナショナル・ソサエティであり、それぞれ属するイギリス人の社交や慈善の中心として機能していた。ユナイテッド・サービス協会は退役軍人の互助組織で、上海の退役軍人の多くが参加していた。中国カナダ人協会およびアンザック協会は自治領出身者のナショナル・ソサエティであった。女性協会は共同租界のイギリス人女性の団体としては最大のものであり、その代表も女性であった。(90)翌一九三二年には選挙で選ばれる委員が一四名に増員され、緊急を要する議題のために六名の委員会委員からなる執行委員会が別に設置された。(91)この委員会には参事会のイギリス人メンバーの多くが選出、あるいは団体代表として参加していた。

他にもメンバーシップや財政、広報を担当する小委員会が設置されたが、協会にとって最も重要な機能を果たしていたと考えられるのは、本国政府に圧力をかけるという協会の目的に直結するロンドン委員会であった。この委員会は、ロンドンでの議会や政治・経済団体に対するロビー活動を目的としたもので、前述の『ＮＣＤＮ』元編集長グリーンをはじめとする、かつて上海で生活していた四名のイギリス人で構成され、その名の示す通りロンドンに置かれた。この四名の委員の他に、実際の活動のために広報や政治の専門家をそれぞれ年額一〇〇〇ポンドで雇うなどとしており、実質的に協会の収入の大半はこのロンドン委員会の運営・維持のために支出されていた。

ＢＲＡの活動内容については、それが政治的活動であることを理由に、詳しい内容が公表されることはなく、全面的にＢＲＡを支持する方針を打ち出していた『ＮＣＤＮ』に、年に数度、協会の声明が掲載される程度であった。一九三二年末に掲載された、初年度の活動を概観した声明からは、次のような活動内容がうかがえる。まず上海での活動としては、委員会がさまざまなローカルな問題――治外法権問題・越界路問題・臨時裁判所の改革・市参事会選挙・満州での貿易におけるイギリス人に対する差別・ボイコット組織・内地のイギリス人およびイギリス企業に対する違法な課税――について検討したことのみが述べられている。[92]その検討の結果として、市参事会や中国当局に何らかの圧力をかける、あるいは要求を出すということが行われた形跡はなく、[93]上海における主要な活動は資金を集めることであったと考えられる。参事自身が協会の委員を務めていたこともあり、参事会に対して協会として圧力をかけることにあまり意味がなかったのかもしれないが、基本的に初期の住民協会は、ロンドンにおける圧力団体としての機能を重視しており、上海における活動は等閑視されていた。それが変化するのは日本人社会との政治的な対立が明確になってからである。

次にロンドン委員会であるが、以下のような活動が挙げられている。雇用した専門家を通じてロンドンの主要紙やレビューと連絡を密にし、中国の情勢について誤った記事が出ないよう監視している。また中国におけるイギリス人の問題について、下院や政治・商業団体の興味を惹くよう努力している。そして、その結果として下院には中国小委員会が設置され、外務省に対し様々な問題提起がなされたと報告されている。[94]後にこのロンドン委員会の活動に関しては、協会の発起人の一人であり、初年度の副議長を務めた新聞編集者ウッドヘッド（H. G. E. Woodhead）が、委員会のロビー活動の結果、当時の下院において二〇名からなる中国の利害に関心をもつ議員グループが形成されたと述べている。しかし、具体的にどの議員がそのグループに参加しており、議会においてどのような問題が論じられたのか、そしてそれがイギリス政府の方針にどういった影響を与えたのかといった、最も核心的な事実については、協会からは一切明らかにされることはなかった。(95)

このような協会の秘密主義的姿勢は、多くの会員および非会員の反感を買い、すぐに会員数は激減することになる。(96) 一九三四年の報告書によると、会員数は二六五五名としながらも、そのうち会費を支払ったのは一四八二名であった。一九三六年の会員数は一七〇〇名程度にまで持ち直したが、これはイギリス人居留民が日本の脅威に反応して一時期より大幅に回復した結果の数であり、会費の徴収がうまくいっていないという記事が毎年のように出ていることからも、実際の会員数はさらに少なかったと考えられる。(97) 協会はこうした会員数の減少をほとんど公表しなかった。会員数の減少は、協会はイギリス人居留民の代表組織であり、その見解を代表しているという協会の主張を大きく損なうものであったからである。こうした規模の縮小にともない、圧力団体としての協会の活動自体も下火となっていったが、これには満州事変により治外法権交渉が一時停止され、治外法権が廃止されるという当面の危機が去ったことにより、協会の存在意義自体が半減したことも大きく影響していた。(98)

### (3) 居留民協会の意義

ＢＲＡの結成は、一九二五年以降の租界の「中国化」や、治外法権廃止・租界返還を進める本国政府やビジネス・エリート層に対する、入植者層の抵抗であるとしばしば論じられてきた。事実、レース・クラブの会長でイギリス人社会の重鎮バーキル（A.W. Burkil）や保守系のジャーナリストであるウッドヘッドなど、入植者の利害を代弁するような人物が協会結成を主導していた。他方、当時、ジャーディン・マセソン商会と並ぶ、貿易商社のジョン・スワイア社は、上海の現地子会社のバタフィールド・スワイア社に対し、ＢＲＡは「有益どころか非常に有害であり、全く建設的ではなく、単に過去を取り戻そうとしているだけ」の存在であり、寄付金を拠出する必要もないと指示を出している。[99]しかし、このスワイア社の反応は特殊なものであり、ＢＲＡ設置の母体が、イギリス人社会のビジネス・サークルの中心であるイギリス商業会議所と中国協会の合同委員会であったこと、企業からの寄付金も相当に集まっていたこと、委員には市参事会のメンバーが数多く参加していたことなどから、必ずしも入植者利害のみを代表していたわけではなく、ビジネス・エリート層もその運営に深く関わっていたと考えられる。実際、一九三五年にはＢＲＡと中国協会の合併さえ議論の対象となっている。[100]むしろ支出の大半を企業の寄付金でまかなっているという財政状況からは、協会がそうしたビジネス・サークルの影響を強く受けており、その設立自体も彼らの意図によるものであると考えるべきであろう。しかしながら、例えば外務省が寄付金を拠出していたのは上海に基盤をおいていた企業であろうと推測しているように、[101]あくまでその目的は、中国との国際的な関係改善など、スワイア社のような多国籍企業がもっていた利害ではなく、居留民に特権的な地位を約束する既存体制の維持という、上海の居留民の利害を代表しようとしたものであった。企業主導でありながら、結成当初、数多くのイギリス人居留民が会員として登録したことは、治外法権廃止の問題が、階層に関わりなく租界のイギリス人居留民共通の関心事であったことを意味する。ＢＲＡ設立はそうした居留民社会を反映していたのである。

ただし圧力団体としての居留民協会は、大きな成果を残すことはなかった。すでに述べたように、満州事変勃発にともない、決着寸前であった治外法権廃止交渉が棚上げされ、居留民にとっての危機的状況が回避されたことがその大きな理由である。またロビー活動の中心であるロンドン委員会も十分に機能しなかった。ロンドン委員会の代表グリーンは、外務省に対し十分な影響力を行使したという報告を上海に送っているが、実際のところ外務省は、上海のイギリス人の行動に対する彼の「子供じみた信頼」を信用しておらず、その後の国民政府との交渉においても、可能な限り彼に悟られないように進めていた。[102]少なくとも協会の活動を「しばしば愚かで、ときに有害である」とみていた外務省にとって、協会は厄介者以上の意味を持っていなかったのである。議員グループは議会で中国に関する質問を行ったが、それがなんらかの政策に結びつくことはなく、会員に報告できる内容がなかったというのが事実であった。

他方で、イギリス人居留民協会は、本国政府に対する圧力団体としての機能とは別に、次章以降でみるように、日本との租界行政をめぐる闘争や、太平洋戦争下でのイギリス人居留民の強制収容の際に、上海におけるイギリス人居留民の包括的な代表組織として重要な役割を担っていくこととなる。(103)

従来、共同租界のイギリス人居留民は自らの代表組織というものをもたなかった。アメリカ人社会や日本人社会においては、前者はアメリカン・クラブ、後者は居留民団という居留民の代表組織といえるものをもっており、これらの組織を通して、共同租界における自国民の意見の統一や調整を図り、本国政府にその意見を伝えていたのである。これに対し、イギリス人居留民は慈善や社交といった社会的な団体はもっていても、政治的な側面を有する代表組織を形成することはなかった。それは実質的に共同租界を支配していたイギリス人居留民にとって、市参事会や工部局こそが自身の政治的な代表組織であったからである。そしてその彼らの共同租界における支配権は、諸々の外国人居留民の利害がある程度イギリス人の利害と一致していたという事実と、それゆえの工部局の中国人を排除した「表面上」のコスモポリタニズムによって担保されていた。そのためイギリス人居留民は「ナショナル」な代表組織を形成し、租界行政を「国際化」することで、租界のコスモポリタニズムを損ないたくはなかったのである。

しかし工部局の「中国化」の進展によって、工部局が外国人居留民の利害「だけ」を代表しているとはいえなくなり、さらに一九三〇年代に入ると欧米人居留民とは必ずしもその利害を一にしない日本人居留民の台頭によって、租界行政は「国際化」されていくことになる。「全てのものが一つになって」という工部局のモットーはもはや通用しなくなり、それぞれ異なる国際社会での利害を背景に、各国の居留民が、共同租界という政治空間のなかで各々の権益を主張し、対立する、「国際的」な租界行政が展開されていくことになる。そのなかでイギリス人が独自の代表組織を形成することは、いずれにせよ不可避であったといえよう。共同租界を舞台としたイギリス人居留民と日本人居留民との政治闘争について、工部局が両者に対し中立的な立場をとることを余儀なくされるなか、イギリス人居留民協会という枠組みは、イギリス商業会議所や中国協会では取りこぼしてしまう、イギリス人社会のなかの入植者を中心とした層の組織化に重要な役割を果たすことになる。本来の役割であった本国政府への圧力団体としての役割にはほぼ失敗しながら、イギリス人居留民協会が存続しえたのは、そうした租界行政をめぐる対立構図が、外国人対中国人というものから、英米人対日本人へと変化していったからだといえよう。このライバルとして登場した日本人居留民との共同租界の支配権をめぐる争いは、次章以降で検討する。

**注**

（1）School of Oriental and African Studies Library, University of London（hereafter SOAS), John Swire and Sons' Papers (hereafter JSS Papers), JSS II 3/1, Phillips to Mitchell, 31 January 1941.

（2）この旗が制定されたのは一九世紀後半であり、例えば一八九五年の下関条約で中国に対する条約国となった日本の国旗は含まれていない。

（3）SMC, *Annual Report*, passim.

（4）*NCH*, 12 October 1929, p. 34.

（5）Wheelhouse, *Eleanor Mary Hinder*, p. 34.

（6）SOAS, JSS Papers, JSSI 3/10, Scott to Curtis, 11 August 1933.

（7）南満州鉄道編『フィータム報告（下編）』、第一三号表。なお、工部局の外国人職員の国籍別の人数が明らかになったのは、このフィータムによる調査が初めてである。

（8）上原蕃『回想録』未公刊、遺族所蔵。

(9) 'The Council and the Japanese: Far Reaching Demands', *Oriental Affairs*, Vol. 9, February, 1938, p. 68.

(10) Robert A. Bickers, 'Shanghai's "Dogs and Chinese Not Admitted" Sign: Legend, History and Contemporary Symbol', *The China Quarterly*, 142 (1995), pp. 444-466.

(11) Clifford, *Spoilt Children of Empire*, 263-264.

(12) Johnston, *The Shanghai problem*, p. 237.

(13) *NCH*, 10 April 1920, p. 89.

(14) 当初は諮問員会のアドバイスは全て納税者協会の承認が必要とされたが、SMCがこれを認めず、諮問委員会は協会の同意なしにアドバイスできるとされた。南満州鉄道編『フィータム報告(上編)』、一八四～一九〇頁。

(15) 五・三〇事件とその影響については、Clifford, *Spoilt Children of Empire; id., Shanghai, 1925: Urban Nationalism and the Defense of Foreign Privilege*, Ann Arbor, MI, 1979; Richard W. Rigby, *The May 30 Movement: Events and Themes*, Canberra, 1980 参照。

(16) Clifford, *Spoilt Children of Empire*, pp. 116-118.

(17) Thomas, 'The Foreign Office and the Business Lobby', pp. 58-59.

(18) *Ibid*. p. 73.

(19) *NCH*, 13 February 1926, pp. 272-273.

(20) SMC, *Municipal Gazette*, 14 April 1926, pp. 128-132.

(21) Clifford, *Spoilt Children of Empire*, pp. 132-133.

(22) 中国における全外国投資においてイギリスが占める割合は、一九〇二年に三三%、一九一四年三七・七%、一九三一年に三六・七%、一九三六年に三五%で、常に全体の三分の一前後を占めていた。逆にイギリスの全海外投資において中国が占める割合は一九三三年五・九%であった。Hou Chi-ming, *Foreign Investment and Economic Development in China, 1840-1937*, Cambridge, MA, 1965, p. 17 Table 4; Endicott, *Diplomacy and Enterprise*, p. 22. 貿易では、中国は一九一一～三七年においてイギリスの総輸出の二～三%を輸入するのみであった。P・J・ケイン・A・G・ホプキンズ『ジェントルマン資本主義の帝国II——危機と解体一九一四～一九九〇』木畑洋一・旦祐介訳、名古屋大学出版会、一九九七年、一六四頁。中国の対外貿易においてイギリスが占める割合は、一九〇六年に一八・四%、一九一三年に一六・五%、一九一九年に九・五%、一九二七年に七・三%、一九三一年に八・三%、一九三六年に八・三%であった。John King Fairbank, ed., *The Cambridge History of China: Volume 12: Republican China 1912-1949, Part I*, Cambridge, 1983, p. 126 Table 29..

(23) R.P.T. Davenport-Hines, 'The British Engineers' Association and Markets in China 1900-1930', R.P.T. Davenport-Hines, ed, *Markets and Bagmen: Studies in the History of Marketing and British Industrial Performance 1830-1939*, Cambridge, 1986.

(24) 当時の英国首相ロイド・ジョージ（David Lloyd George）は、一九二一年に次のように述べている。「この国［中国］は今まさに目覚めようにしている。中国における貿易高は人口一人あたりにつき一ポンドに過ぎないが……最終的には中国における貿易は四〇億ポンドに達する可能性がある」。Louis, *British Strategy in the Far East*' p. 26; *The Times*, 31 January 1927.

(25) 「一二月メモランダム」の形成過程は、河合秀和「北伐へのイギリスの対応――「クリスマス・メッセージ」を中心として」（細谷千博・斎藤真編『ワシントン体制と日米関係』、東京大学出版会）を参照。

(26) Fung, *The Diplomacy of Imperial Retreat*, pp. 105-128.

(27) 秋田茂『イギリス帝国とアジア国際秩序』、九八〜一〇七頁。

(28) Clifford, *Spoilt Children of Empire*, pp. 223-225.

(29) Fung, *The Diplomacy of Imperial Retreat*, pp. 137-144.

(30) *Ibid*, 170-194.

(31) 天津地域史研究会編『天津史――再生する都市のトポロジー』東方書店、一九九九年、一四二〜一四三頁。

(32) 治外法権の廃止交渉の経過については、Fung, *The Diplomacy of Imperial Retreat*, Chap. 10 and 11 を参照。

(33) FO371/15483 F4987/220/10, Foreign Office Minute 'Mr. Justice Feetham's report on Shanghai and the extraterritoriality negotiations with China', 26 August 1931.

(34) Ransome, *The Chinese Puzzle*, 28-32.

(35) Snow, 'The Americans in Shanghai'.

(36) Robert A. Bickers, 'Changing British Attitudes to China and the Chinese, 1928-1931', thesis submitted for the degree of Doctor of Philosophy, 1992, p. 155.

(37) バートンはジャーディン・マセソン社社長の娘婿でもあった。Coats, *China Consuls*, p. 477.

(38) William C. Kirby,, 'China Unincorporated: Company Law and Business Enterprise in Twentieth-century China', *The Journal of Asian Studies*, 54 (1995), 43-63.

(39) 島一郎『中国民族工業の展開』ミネルヴァ書房、一九七八年、Bickers, *Britain in China*, Chap. 5.

(40) FO371/14691 F4618/78/10, 'A Review of the Movement for Chinese Representation on the Shanghai Municipal Council with Commentaries thereon' by E.A. Long (Secretary of the Consular Body), 25 April 1930.

(41) 特に租界の周辺が日本軍に占領され、傀儡市政権が確立された「孤島期」においては、国民政府とのチャネルは中国人参事が担っていた。

(42) 「納税華人会章程」によると、中国人参事や委員を選出する際の有権者資格は、土地章程における外国人有権者資格と同様のものとなっている。野口、渡邊『上海共同租界と工部局』、二七～二八頁。

(43) SMC, *Municipal Gazette*, 9 February 1929, p. 46.

(44) SMC, *Municipal Gazette*, 12 December 1930, p. 532; Shanghai Municipal Council Minute, 1930-1931, passim. 行政アドバイザーに就任したのは臨時法院の裁判長、総務局次長に就任したのは華人納税者協会の元事務局長であった。SMC, Annual Report, 1931, p. 328.

(45) *Ibid*. p. 328.

(46) SMC, *Annual Report*, 1930, p. 324.

(47) SMC, *Annual Report*, 1930, p. 324; 1931, p. 310.

(48) FO371/14690 F1201/F1258/F2140/78/10.

(49) SMC, *Annual Report*, 1931, p. 328; Minute, 1930, p. 181.

(50) SMC, *Annual Report*, 1931, pp. 237-246.

(51) *Ibid*, p. 244; SMC, *Annual Report*, 1938, pp. 253-256.

(52) 例えば、南満州鉄道編『フィータム報告(中編)』、二六三～九七頁。

(53) SMC, *Annual Report*, 1928, p. 133; *Municipal Gazette*, 29 August 1931, 365-392.

(54) SMC, *Annual Report*, 1931, pp. 112-113.

(55) こうした動きは工場法を楯に中国当局が租界内の工場にも干渉しようとしたことへの対応でもあった。SMC, *Annual Report*,

pp. 37-38; Frances Wheelhouse, *Eleanor Mary Hinder, An Australian Woman's Social Welfare Work in China Between the Wars*, Sydney, 1978.

(56) SMC, *Annual Report*, 1933, p. 33; 1934, pp. 38-45; Tim Wright, 'Shanghai Imperialists versus Rickshaw Racketeer: The Defeat of the 1934 Rickshaw Reform', *Modern China*, Vol. 17 No. 1 (1991), pp. 76-111.

(57) SMC, *Annual Report*, 1931, p. 327. しかし広報局は一九三六年には経費削減のために廃止された。SMC, *Annual Report*, p. 27.

(58) Lu, *Beyond the Neon Light*, p. 92.

(59) 野口、渡邊『上海共同租界と工部局』、一〇九頁。

(60) 南満州鉄道編『フィータム報告（上編）』、一二頁。

(61) FO371/15483 F3967/220/10, 13 July 1931.

(62) 例えば、注33に挙げた覚書など。

(63) FO371/14691 F3239/78/10, from Brenan to Lampson, 22 April 1930.

(64) FO371/15483 F4904/220/10, Foreign Office Memorandum 'Mr. Justice Feetham's report on Shanghai' by Sir J. Pratt, 6 August-10 September 1931.

(65) *NCH*, 21 July 1928, p. 93, 4 August 1928, p. 198, 11 August 1928, p. 234, 18 Augsut 1928, p. 288; Wesley R. Fishel, *The End of Extraterritoriality in China*, Berkeley, 1952, p. 159. また比較的早い段階での治外法権廃止に対する反対意見は、H.G.W. Woodhead, *Extraterritoriality in China: The Case Against Abolition*, Tientsin, 1929を参照。

(66) FO371/14691 F2140/78/10, from Brenan to Lampson, 27 February 1930. フェッセンデンは、この件について英米人参事に対し覚書というかたちで釈明を行っている。FO371/14691 F2140/78/10, 'Provisional Court' memorandum by Sterling Fessenden, 21 February 1930.

(67) 例えば、*NCH*, 11 February 1930, p. 223.

(68) *NCH*, 25 February 1930, pp. 293-295, 306.

(69) *NCH*, 4 March 1930, 358.

(70) FO 371/14691 F2140/78/10, from Lampson to Wellesley, 20 March 1930.

(71) *SMC*, Annual Report, 1930, p. 18.

（72） *Ibid*. pp. 3-4.

（73） FO371/14691 F 2166/78/10, from Brenan to Lampson, 20 April 1930; F3235/78/10, from Brenan to Lampson, 22 April 1930.

（74） ただしブレナン総領事は、特別納税者会議での増員案の可決後に出会った中国人たちの反応について、次のように述べている。「特別納税者会議において外国人納税者がみせた友好的な精神に対する彼らの暖かく誠実な感謝に驚いている。この限りにおいては、英中関係の深刻な後退に見えたものは、利益に反転したといえるだろう」。FO371/ 14691 F4618/78/10, from Brenan to Lampson, 20 May 1930.

（75） 事件の詳細と分析は以下を参照。Robert A. Bickers, 'Death of a Young Shanghailander: The Thorburn Case and the Defense of the British treaty Ports in China in 1931', *Modern Asian Studies*, 30（1996）, pp. 271-300.

（76） *NCH*, 27 October 1931, p. 135.

（77） 一方でジョンが二名の中国人を殺害したことは全く問題とされなかった。

（78） Fung, *The Diplomacy of Imperial Retreat*, p. 238.

（79） FO371/15483 F4904/220/10, Foreign Office Memorandum 'Mr. Justice Feetham's report on Shanghai' by Sir J. Pratt; F4987/220/10, Foreign Office Minute 'Mr. Justice Feetham's report on Shanghai and the extraterritoriality negotiations with China'.

（80） Fishel, *The End of Extraterritoriality*, p. 171.

（81） *NCH*, 11 February 1931, p. 210.

（82） SOAS, JSS Papers, JSS II 2/10, 'Extraterritoriality' Memorandum prepared by the Joint Committee of the British Chamber of Commerce and the Shanghai Branch of the China Association, 9 December 1931.

（83） *NCH*, 17 November 1931, p. 240.

（84） SOAS, JSS Papers, JSS II 2/10, 'Shanghai British Residents' Association', 13 November 1931. この決議には、ランプソンの罷免を求める添え書きも提案されたが、協会の印象を悪くするとして却下された。

（85） 'The British Residents' Association: An Active Organization', *Oriental Affairs*, Vol. 1, January 1934, pp. 31-32.

（86） Endicott, *Diplomacy and Enterprise*, p. 29.

（87） 佐々波「戦前期、上海租界に於ける不動産取引と都市発展」。

（88） *NCH*, 14 June 1932, p. 417.

(89) SOAS, JSS Papers, JSS II 2/12, 'British Residents' Association of China, Shanghai: Second Annual General Meeting: Report & Speeches', 5 December 1933; FO371/19319 F823/823/10, 'British Residents' Association of China: Second Annual General Meeting', 6 December 1934.

(90) *NCH*, 17 November 1931, p. 240, 1 December 1931, p. 313.

(91) *Oriental Affairs*, January 1934, p. 31.

(92) *NCH*, 30 November 1932, p. 334.

(93) 例えば少なくとも一九三六年までの市参事会議事録においてＢＲＡは一切言及されていない。SMC, Shanghai Municipal Council Minute.

(94) *NCH*, 30 November 1932, p. 334.

(95) 報告書は秘密扱いで、ＢＲＡの役員と領事館などにのみ配布された。'The British Residents' Association', *Oriental Affairs*.

(96) 例えば以下を参照。'The B.R.A.; A Member's Inquiry', *NCH*, 7 June 1932, p. 385.

(97) *NCH*, 11 July 1934, p. 56, 12 December 1934, p. 417, December 11 1935, p. 439, 2 December 1936, p. 362, 30 December 1936, p. 526.

(98) 'The British Residents' Association: After Three Years', *Oriental Affairs*, Vol. 3, January 1935, pp. 22-23.

(99) SOAS, JSS Papers, JSS II 2/12, 'British Residents' Association' 6 January 1933. また一九三三年末にはこれ以上ＢＲＡに寄付を行わないよう指示している。JSS II 2/11, 'British Residents' Association', 9 December 1932. ビッカーズは、スワイア社が居留民協会設立に反対していたことから、ＢＲＡを商業利害とともにイギリスの融和的な中国政策に追従する参事会に対する「入植者」層の抵抗であると位置づけている。Bickers, *Britain in China*, pp. 146-51.

(100) FO371/19330 F6742/3062/10, from Warren Swire to Beal, 27 September 1935. また同様の議論は一九三八年にも行われた。*'British Committees in Shanghai'*, Oriental Affairs.

(101) プラットはアーノルドが経営する会社ではないかと推測している。FO371/19319 F823/823/10, 'Annual General Meeting of British Residents Association of China', 6 February 1935.

(102) FO371/16196 F2671/65/10, 15 March 1932; F5362/65/10, 'Extra Settlement roads at Shanghai'. Foreign Office Minute by Sir John Pratt, 6 July 1932.

(103) Report on the Activities of the British Residents' Association Relief Association of Shanghai, Dec. 1941-June 1943, Prepared by W.G. Braidwood.

# 第4章　上海の日本人居留民と租界行政

## 第1節　上海の日本人居留民社会

### (1)　人口・社会構成

上海への日本人の進出は一八七〇年代にはじまる。一八七一年に日本の領事館が設置されたが、この時期の上海には一〇〇人程度の日本人が存在するだけであった。最恵国待遇を含む一八九五年の下関条約によって日本は条約列強の一員となった。さらに日露戦争を経て、紡績業を中心に日本資本の進出がはじまると、「長崎県上海市」[1]と称されるようなその近隣性も手伝って、上海の日本人人口は毎年五％以上の増加を示すようになる。人口一万人を超えた第一次世界大戦から一九二〇年代にかけての時期は、上海における日本人居留民社会の確立期であると考えられている[2]。またこの頃、日本人居留民は共同租界でもイギリス人居留民（約五五〇〇人）を人口数で上まわり、最大の外国人勢力となった。その後、一九二〇年代前半に一時的に減少に転じるものの、第二次上海事変以降に急激な増加をみせ、最終的に一九四〇年代前半には一〇万人を超えた（表7）。

日本人が増加傾向をみせ始めた二〇世紀初頭には、すでに共同租界は一八九九年の最後の拡張を終えていた。遅れ

表7　上海の日本人人口（1870～1949年）

| 年 | 人口 | 年 | 人口 | 年 | 人口 | 年 | 人口 | 年 | 人口 |
|---|---|---|---|---|---|---|---|---|---|
| 1870年 | 3 | 1901年 | 1,473 | 1913年 | 9,093 | 1925年 | 19,510 | 1937年 | 23,672 |
| 1873年 | 50 | 1902年 | 1,891 | 1914年 | 11,138 | 1926年 | 20,594 | 1938年 | 34,676 |
| 1877年 | 110 | 1903年 | 2,216 | 1915年 | 11,457 | 1927年 | 25,918 | 1939年 | 51,093 |
| 1887年 | 250 | 1904年 | 3,038 | 1916年 | 11,172 | 1928年 | 26,541 | 1940年 | 65,621 |
| 1890年 | 644 | 1905年 | 4,331 | 1917年 | 13,397 | 1929年 | 26,552 | 1941年 | 87,277 |
| 1893年 | 866 | 1906年 | 5,825 | 1918年 | 13,880 | 1930年 | 24,207 | 1942年 | 92,676 |
| 1895年 | 606 | 1907年 | 6,268 | 1919年 | 17,720 | 1931年 | 24,235 | 1943年 | 103,968 |
| 1896年 | 773 | 1908年 | 7,325 | 1920年 | 14,520 | 1932年 | 26,724 | 1944年 | 102,442 |
| 1897年 | 823 | 1909年 | 8,057 | 1921年 | 16,718 | 1933年 | 26,901 | 1945年 | 72,654 |
| 1898年 | 932 | 1910年 | 7,682 | 1922年 | 17,620 | 1934年 | 26,810 | 1949年 | 441 |
| 1899年 | 1,088 | 1911年 | 7,036 | 1923年 | 16,760 | 1935年 | 23,991 | | |
| 1900年 | 1,172 | 1912年 | 7,717 | 1924年 | 17,918 | 1936年 | 23,613 | | |

出典：副島圓照「戦前期中国在留日本人人口統計（稿）」，およびChristian Henriot, “Little Japan' in Shanghai: an Insulated Community, 1875-1945' から筆者作成.

てきた日本人が入り込み、土地を獲得する余地は、既存の租界にはほとんどなかった。そのため他の外国人居留民と異なり、華界に居を構えざるをえなかった日本人居留民も少なくなく、一九三〇年時点では、およそ五五〇〇人が華界に住んでいたと考えられる（表2、3、7）。それでも共同租界に住むものが最も多かったが、古くからある共同租界の中心である中央区や高級住宅地とされた西区での比率は低く、共同租界において僻地ともいえる北部越界路区の虹口《ホンキュウ》地区や、それに隣接する北区を中心とした地域に七割以上の人口が集中した（第2章第1節参照）。また華界に住む場合でも、虹口地区や北区に隣接する閘北《ザホク》地区に大半が居住していた。日中戦争が始まるまでは閑静な高級住宅地とされていたフランス租界にも、日本人はほとんど住んでいない(3)。他の外国人居留民はおおむねこれとは逆の傾向をみせており、上海における日本人社会の凝集性は非常に高かったといえる。

居留民の出身地に関してもいくつかの調査がある。例えばクリスチャン・アンリオ（Christian Henriot）は日本クラブの名簿を利用し、通説通り東京の他、長崎、福岡、広島、岡山、兵庫、大阪が主要な居留民の供給地であったとしている(4)。

ただし日本クラブの名簿にあがっている名前はクラブの性質上、比較的上層の人々であるという問題がある。これに対し、比較的下層の人間が多かったと考えられる工部局警察の日本人警官の出身地をまとめたのが表8である。日本人警官は、大半が上海において居留民のなかから現地採用されており、大衆層の比率をある程度代表していると考えられる。一九三〇年の日本人警官の出身地は、北海道から九州まで日本全国に及ぶが、やはり九州出身者が多く、一九八名中八八名となっている。なかでも長崎出身者は三三名と全体の六分の一を占めている。この他、東京出身者が一二名など、日本クラブのものにほぼ類似した結果となり、通説を具体的に確認しているといえる。(5)

また男女比は他の居留民社会に比べバランスがとれており、一九三〇年において女性一人に対し男性約一・二四人(居留民全体では女性一に対し、男性約一・三五人)である。人口に占める子どもの割合は、日本人を除く居留民全体では約一九%なのに対し、日本人社会では約三〇%ときわめて高い(表4)。

表8　工部局警察日本人警官出身地(1930年)

| 地方 | 都道府県 | 1930年 |
|---|---|---|
| 北海道 | 北海道 | 3 |
| 東北 | 青森 | 0 |
| | 岩手 | 2 |
| | 宮城 | 3 |
| | 秋田 | 2 |
| | 山形 | 3 |
| | 福島 | 4 |
| | 計 | 17 |
| 関東 | 茨城 | 1 |
| | 栃木 | 2 |
| | 群馬 | 1 |
| | 埼玉 | 1 |
| | 千葉 | 7 |
| | 東京 | 12 |
| | 神奈川 | 5 |
| | 計 | 29 |
| 中部 | 新潟 | 7 |
| | 富山 | 1 |
| | 石川 | 0 |
| | 福井 | 2 |
| | 山梨 | 2 |
| | 長野 | 1 |
| | 岐阜 | 0 |
| | 静岡 | 7 |
| | 愛知 | 1 |
| | 計 | 21 |
| 近畿 | 三重 | 2 |
| | 滋賀 | 1 |
| | 京都 | 3 |
| | 大阪 | 2 |
| | 兵庫 | 6 |
| | 奈良 | 0 |
| | 和歌山 | 0 |
| | 計 | 14 |
| 中国・四国 | 鳥取 | 0 |
| | 島根 | 0 |
| | 岡山 | 7 |
| | 広島 | 8 |
| | 山口 | 5 |
| | 徳島 | 3 |
| | 香川 | 4 |
| | 愛媛 | 1 |
| | 高知 | 1 |
| | 計 | 28 |
| 九州 | 福岡 | 10 |
| | 佐賀 | 5 |
| | 長崎 | 33 |
| | 熊本 | 16 |
| | 大分 | 2 |
| | 宮崎 | 2 |
| | 鹿児島 | 20 |
| | 沖縄 | 0 |
| | 計 | 88 |
| | 朝鮮 | 1 |
| | 総計 | 198 |

出典：外務省亜細亜局「亜細亜局調書第三輯ノ六 中華民国傭聘外国人人名録(昭和五年一二月末現在)」から筆者作成.

共同租界の日本人居留民については、領事館の調査による職業別の統計が存在する。[6] ただしこれは華界に居住する日本人も含み、項目も若干異なるため、単純に工部局のものと比較することはできないが、若干の特徴を指摘することができる。例えば、職業のなかで最も人数が多いのは、いわゆる給与所得者である会社員・銀行員・商店員・事務員に分類される五〇七六名（有職者の三七・七％）で、家族を含めると一万七四六人となり、日本人居留民の四一％を占めている。これは日本企業、特に紡績会社が上海で日本国内と同様の企業経営を行い、会社員として多数の日本人を雇用していたからであり、駐在員だけを派遣する欧米系の企業とは大きな違いとなっている。またイギリス人社会においては排除の対象とされ、工部局の統計上にも現われず、おそらく数も非常に少なかったであろう売春婦が、「芸妓娼妓酌婦」として六〇〇人以上計上されているのは、すでに述べたイギリス人の自社会に対する意識と対比で興味深い。少なくとも日本人社会にイギリス人社会にあったような、こうした人々を、自民族の人種的尊厳を損なう存在として排除しようとする傾向は希薄であったといえよう。他方で、自国民社会を維持するために多様な雑業が存在していた点などは、欧米人社会と共通していた。

日本人居留民社会が明確な形をとりはじめる一九二〇年代までに、在華紡の形成や財閥系銀行の支店開設などにともない、居留民社会内部でいわゆる「三層構造」が形成されていった。上海においてはその三層は、①日本に本拠を置く有力・中堅企業の上海支店・在華紡関係者、②中国在地経済に足場をおく土着的商工業者、③虹口商人ら主に在留邦人に依存する零細業であり、山村睦夫は一九一〇年代半ばにおいては、商業に従事する日本人居留民のうち、①が三五〜四〇％、②が一五％、③が三五〜四〇％を占めていたと分析する。また先の統計表を分析した先行研究は、当時の日本人居留民社会は三％程のエリート層、四〇％程の中間層、その他一般の民衆層に区分できるとしている。[7] エリート層は商社・銀行支店長や高級官吏、会社経営者などが含まれ、旧イギリス租界やフランス租界に住む数少ない日本人であった。具体的には横浜正金銀行、朝鮮銀行、台湾銀行、三井銀行、三菱銀行、住友銀行、三井物産、日清汽船、日本郵船、日本綿花などの銀行や企業の幹部職以上の人々や、日本総領事をはじめとする外交関係者である。中間層は紡績会社や銀行、商社に勤める給与生活者が中心で、すでに述べたように日本人社会に特徴的な階層であり、多くは会社が用意した社宅に居住した。民衆層は中小商人層、中小工業の親方・職工層、飲食・サービス業者、各種雑業層、無職の下層民衆から形成され、虹口地区や北区、閘北を中心とする華界に居住した。

以上のように、日本人居留民社会もまたイギリス人居留民社会と同様、階層社会であり、その階層間には対立関係も存在した。日本人居留民の場合は、「会社派」と「土着派」と呼ばれるグループが形成され、より明示的に分裂していた。その名の通り、「会社派」はエリート層を中心としたグループで、「土着派」は一般民衆層によって形成されていた。中間層に関しては、その実態はあまり明らかとなっていない。この「会社派」、「土着派」という言葉は当時から使用されており、このような区別が表面化し始めたのは一九二〇年代であったという(8)。この頃、居留民団を牛耳る少数の「会社派」に対し、自分たちこそ居留民の本流であるとする「土着派」が反発するようになったのである(9)。両者は居留民団の運営方針や工部局への対応や市参事会選挙に対する方針などで、激しく衝突するようになった。

旧イギリス租界やフランス租界に住み、日常的に欧米人と交流したエリート層はごく一部であった。エリート層以外の「土着派」や中間層を中心とする大半の日本人居留民は虹口地区を中心とする地域に集住し、日本人街(「リトル・トーキョー」)を形成していった(10)。それほど広くないこの地域に集まることで、日本人居留民たちは欧米人居留民以上に自己充足的かつ排他的な生活を送った。例えば欧米人居留民は中国人との交流を極力排しながらも、日常生活においては使用人などとしてその労働力に依存しなくてはならなかったが、日本人居留民は使用人としても日本人を雇っていた(職業統計では九〇〇名が家事被雇人に分類)など、日々の生活において中国人と接する必要はほとんどなかった。日本式の生活に対する固執も強く、畳や床の間、押入れ、風呂を「三種の神器」として、中国式、西洋式の住居を問わずそれらを備え付けようと努力したという(11)。また神社や寺院もつくられ、年中行事も日本国内と同様

出典：佐野眞一ほか『上海時間旅行』.

図 8　上海神社

にとり行われた（図8）。一九二〇年代に開設された長崎との間の定期航路によって、新たな居留民とともに、日本的な日々の生活を送るのに必要な物資も容易に持ち込むことが可能であった。

一方で、日本人は上海にやってきてもイギリス人のような劇的な生活水準の上昇は見込めなかったが、例えば次章でみるように、工部局警察などに雇用された場合、その給与水準は日本国内よりずっと高くなった。現地の中国人にとってと同様、日本人居留民にとっても欧米人社会へのアクセスはより豊かな生活をもたらしたといえよう。

### (2)　日本人社会の組織化とその活動

上海の日本人居留民社会の特徴の一つとして、高度に組織化されていたことが挙げられる。その組織化の主要な手段が、日本人居留民団と日本人各路連合会であった。居留民団は本国政府による居留民の管理手段として、また各路連合会は反日運動に対する自衛策として導入され、それぞれ本国による居留民の統轄、中国ナショナリズムへの対応という、各居留民社会が共通して抱える問題から設置された。

一九〇二年、日本政府は中国の日本租界に住む日本人を統制するために「日本専管居留地仮規則」を制定した。その後、一九〇五年三月により包括的な「居留民団法」が施行された。これによって自治団体としての機能を果たすための居留民会および参事会の選出や、その自治活動の費用として民団費を居留民から徴収するなどが定められた。居留民団にはさまざまな権限が与えられたが、全ての決定に対する最終決定権は管轄の領事に与えられていた。この点では、総領事が董事会の決定に対する拒否権を持ち、警察長官も兼ねていたフランス租界の行政機構に近いといえる。

このように居留民団は領事館経由で外務省の監督を受ける一種の「自治団体」と定義される[12]。

上海ではその頃までに、領事館、日本倶楽部、日本実業倶楽部が合同で日本人協会を設置し、日本人学校の経営や日本義勇隊、その他の慈善活動を統括していた。一九〇七年、日本の外務省は居留民団法に従って民団の設置を上海にも指示し、日本人協会は解散され、その業務を新たに組織された民団が引き継ぐこととなった[13]。ただし、上海には日本の専管租界はなく、共同租界、フランス租界、華界ともに既存の自治行政組織が存在した。そのため上海の日本人居留民はどの地域に住んでいても、二重の自治的権力に服していたことになる。

自治組織として民団は公衆衛生や福祉、教育など幅広い公共サービスを提供した。民団は診療所を運営し、救急車の運用や、予防接種を行い、居留民向けの保険事業も行っていた[14]。しかし特に力が注がれたのは日本人子弟の教育であり、多くの日本人学校が整備された。日本人子弟の教育は一九世紀においては、欧米人居留民社会と同様、東本願寺など宗教系の団体が担っていたが、民団設置以降、民団立の学校が数多く設立された。一九三七年には職業訓練校や幼稚園も含め九つの学校が運営されていたが、日中戦争開始以降、日本人居留民は急増し、一九四二年にさらに八校が新たに開校され、生徒数は約一万三〇〇〇人、教員も四三二人を数えた[15]。民団は負担軽減のために工部局に助成金を求め、一九三一年以降は毎年工部局から助成金を得るようになった[16]。

こうした日本人学校運営をはじめとする民団の活動の費用は、民団費として税金のようなかたちで日本人居留民から徴収された。ただし、共同租界において日本人居留民は、他の外国人居留民と同様に工部局にも納税の義務を負っていたので、二重の負担を強いられることになった。そのため他の専管租界に比べ税率は低く抑えられ、例えば当初においては土地に税金をかけないなど可能な限り二重負担にならないような措置が取られ、税制についても数度にわたり税の専門家を招聘して改革が行われた[17]。ただし、「何でも彼でも費用が余計要る時には紡績に持込んで行った」

といわれるように、民団費の大半は紡績会社を中心とした企業や商店が負担し、個人負担の割合は全体の一八%でしかなかった[18]。それでも他国の居留民に比べてその負担が重かったことは事実であり、そのため日本人居留民は工部局の増税に対しても敏感で、常に反対の姿勢をとった。日本人居留民がおかれたこのような状況が、一九四一年一月の林雄吉の事件の一因ともなったのである（第7章第3節参照）。

日本人居留民社会のもう一つの統合組織が上海日本人各路連合会である。上海の日本人居留民は、比較的早い段階から居住する通りごとに町内会を結成していた。一九一五年の対華二一カ条要求をきっかけに中国ナショナリズムが昂揚すると、上海でもその攻撃の矛先が日本人に向けられ、日本人に対する暴力や反日ボイコットが広がった。一方、欧米人警官と中国人警官を中心とした工部局警察は、実際のパトロールにあたる警官が日本語を理解しなかったこともあり、日本人居留民の窮状をほぼ放置した。こうした状況下において、自衛目的でいくつもの町内会が虹口地区を中心に組織された。そしてそれらを統合する目的で結成されたのが日本人各路連合会であった（一九二五年までは町内会連合会と呼称）。最初は六つの町内会で結成されたが、一九一五年のあいだに四〇の町内会が参加した。そして一九二五年の五・三〇事件に際して、日本総領事は日本人居留民の住む全ての地域で町内会を組織することを指示し、連合会は一九三七年までに五六の町内会と二万五〇〇〇人の会員を有するまでに拡大した[19]。一九四二年には太平洋戦争の勃発に伴い、日本人居留民の統制の強化のために各路連合会は解体され、民団に統合されたが、その時点で一七五の町内会が参加、八万を超える居留民が組み込まれていた[20]。日本人居留民にとって、この日本人街を覆う町内会の網の目から逃れることは困難であり、統合以前から連合会は民団の下部組織として、草の根レベルでの居留民の組織化に積極的な役割を果たしていた。

居留民団と各路連合会は、自治組織としての機能とともに、日本政府や工部局に対する圧力団体としての機能も果たした。日本政府に対しては、例えば二度の上海事変による損害の補填や、学校運営の助成金を求めたりしている[21]。

工部局に対しても、上述の日本人学校への助成金の他、工部局警察への日本人警官の増員、工部局各部局への日本人の登用、さらには市参事会への日本人代表の増員などが要求された。欧米人社会とは距離をおいていたとはいえ、租界行政そのものに対しては非常に高い関心を持っていたことがうかがわれる（序章注26参照）。

居留民団と各路連合会の関係は常に良好だったわけではなかった。民団費の大半を紡績企業が負担していたことからもわかるように、民団の主導権はエリート層である「会社派」が握っていた。これに対し連合会を構成していた町内会では、小商店の店主などが顔役であり、「土着派」の利害を代弁する傾向が強かった。両者は日本人学校の立地や復興資金の配分など、民団活動のさまざまな領域で対立した[22]。特に一九二一～二二年にかけて、小学校の立地問題をめぐる対立があまりにも激化したため、居留民団における両者のバランスをとるために、この頃から居留民団の団長は土着派から選出することが慣例となった[23]。工部局に対する姿勢においても、「会社派」と民団が英米との関係を重視し、その方針に妥協的であったのに比べ、「土着派」と連合会はより好戦的であり、民団や領事館を通さず独自の要求を工部局に突き付けることもあった。

## 第2節　日本人居留民と租界行政

### (1)　工部局行政への日本人の参入

上海への比較的新しい参入者であった日本人居留民が、市参事会の参事や工部局の職員として租界行政に本格的に参加するようになったのは第一次大戦期であった。以下にみるように、その契機や過程については第一次大戦や日本の対中政策など当時の国際情勢が強く影響していたものの、時期としては日本人社会の確立期と一致している。その意味で、日本人の租界行政への参入は、「国際都市」の外国人居留民社会への日本人居留民の実質的な編入を象徴していたといえる。

一八七三年以来、一部の例外を除いて、市参事会はイギリス人、アメリカ人、ドイツ人で構成されていた（表7）。一九一五年、大戦の進展にともなって、上海の居留民社会でも英米人居留民を中心にドイツ人に対する感情が悪化し、「敵国人」を租界行政に関わらせることに対する批判が高まった。その結果、後述する市参事会選挙でイギリス人票を得られなかったドイツ人候補が落選し、市参事会からドイツ人が排除されることになったが、その代わりに市参事会の新たな構成員として選ばれたのが日本人であった(24)。当時、上海全体で一万人を超える人口を擁し、共同租界においてもその存在感を増してきていた日本人居留民に対し、イギリス人社会は彼らとの協力関係を確立する必要性を感じるようになっていた。そのために日本人社会との連絡役としてその代表を市参事会に迎え入れ、彼らの見解や要求を把握しようとしたのである。したがって、その後、日本人は毎年参事として選出されるようになったが、必ずしも他の英米人参事と同格に扱われたわけではなく、市参事会において十分にその影響力を行使したとはいえなかった(25)。一九二七年からは、中国人参事増員の問題と絡んで、日本人参事は毎年二名ずつ選ばれるようになった。しかしそれ以降は、二度の上海事変を経て日本人居留民の数が激増しても、市参事会における日本人代表の数が増えることはなかった。

工部局の職員についてみてみると、二〇世紀に入ってからの日本人社会の拡大にともない、行政上の必要性から外勤職を中心に日本人が雇用されていた。すでに一九一〇年頃には衛生局の検査員として日本人の名前が挙がっている(26)。工部局における日本人プレゼンスの画期となったのは、一九一六年の工部局警察日本隊（Japanese Branch）の創設である。この時、三〇名の日本人警官が東京警視庁から派遣された(27)。これは対華二一カ条要求をきっかけとした反日運動に悩まされていた日本人社会が、かねてより日本人が多く居住する地域の警察活動の強化のために日本人警官の採用を要請していたのに対し、工部局が応えたものであった。他方で第一次大戦に際し、多くのイギリス人警官が従軍するために辞職したことで不足した人員を日本人で補おうという工部局側の都合も存在した[28]。その後、日本人警官は、一九二〇～三〇年代を通じて当初の一〇倍の三〇〇人規模にまで拡大されたが、幹部職の数や待遇など、工部局警察内での彼らの地位は必ずしも欧米人警官のそれに準じるものではなかった。一九三〇年代には副総監や特別副総監といった地位にも日本人が任命されることになるが、こうした幹部職は日本人警官の監督や日本人社会への対応に特化されたもので、警察行政の中枢に関わることはできなかった。また日本人警官は、工部局に雇用されてはいたが、日本人警官を統括した幹部は日本の現職の外交官であったり、二度の上海事変では積極的に日本軍の指揮下に入って活動したりするなど、工部局と日本当局との間でアンビバレントな立場におかれた（第5章参照）。

警察官以外の職種についても、その権能は日本人居留民の対応に限定されたものであった。そもそも日本人職員の人数は非常に少なく、第二次上海事変後でも合計で三〇名余に過ぎなかった[29]。そのなかで最も高い地位は総務局次長で、工部局の「現地化」改革の一貫として中国人と日本人が一九三一年に前後してそのポストに就任した。しかし両者とも、参事と同様に工部局と中国人社会、日本人社会との連絡役を超える権限は与えられなかった。その他の日本人職員は財務局、衛生局、工務局を中心に雇用されていたが、監督職を除いて比較的下級の地位のものが大半で、監督職も各部局で日本人社会を担当するために採用されていたというのが実情であった。また日本人女性も工部局が運営する病院の看護婦などとして雇用されていた。給与などの待遇については、前章でみた工部局警察と同様に、日本人職員は欧米人職員と差がつけられていた。例えば、外国人職員に支給されていた結婚手当は、日本人職員には認められていなかった。しかし、外国人職員と比べて低額であったとしても、日本人居留民にとって工部局の待遇は破格であり、魅力的なものであった。

以上のように、工部局を中心とした共同租界の運営に関して、日本人居留民は周縁的な立場におかれていた。第3

章でみたように、租界行政はイギリス人居留民が実権を握っており、少なくとも彼らはそれを日本人と共有するつもりはなかった。あくまで工部局の日本人プレゼンスは、工部局を中心とした欧米人居留民社会が、新規参入者でありながら、その規模は群を抜く日本人社会とのコミュニケーションをとるための手段として、必要な部署に配置されただけのものに過ぎなかった。しかし、そうした日本人居留民に対するイギリス人居留民たちの姿勢を裏切る形で、租界の運営上、日本人社会の協力は徐々にその重要度を増していっていた。例えば、一九三〇年四月、一度否決された中国人参事を三名から五名に増やす決議案を通過させるために、特別納税者会議の開催がはかられたが、その開催のため定足数を満たし、決議を成立させるためには、六〇〇名の統制のとれた日本人納税者の出席と彼らの一致した投票は不可欠なものとなっていた。(30) しかしながら、日本人社会が、そうした租界における自らの重要性を自覚し、自分たちがおかれている立場に強い不満を感じるようになるのは、一九三二年の上海事変を経てからのこととなる。

## (2) 第一次上海事変と租界問題

租界行政において阻害されていた日本人居留民は、一九三〇年代に入ると居留民団や各路連合会を通じて、英米人居留民との相対的な関係において自らの地位向上を求めるようになっていった。そのような傾向を著しく強めたのが第一次上海事変による上海における日本の存在感の増大であった。

一九三二年一月末から三月にかけて、日中両軍が上海を舞台に市街戦を展開した第一次上海事変は、華界を中心に上海全体に甚大な被害を与えた。(31) 中国人労働者の八〇%が失業を余儀なくされ、主戦場となった閘北の被害総額は一五〇億元以上にのぼったといわれる。(32) しかしながら、両軍が租界を戦闘に巻き込むことを巧みに回避したため、共同租界にたいした影響が及ぶことはなかった。市参事会は連日特別会議を開いて対応に奔走したが、当時、取材で居合わせたエドガー・スノウが、「ただ外国人であるというだけで、これほど間近に、安全に戦争をみることができるとは」と述べているように、共同租界の外国人にとって第一次上海事変は「橋向こうの戦争」でしかなかった[34]。

イギリス人居留民社会の指導者たちは、むしろこの上海での軍事衝突と日本の勝利を、租界をめぐる中国との問題を自分たちに都合よく解決する好機と考えた。当時、工部局は越界路の管轄権や警察権をめぐって中国当局と対立していた。一八九九年の最後の租界拡張以降、実質的な租界の拡大の方策として、工部局は越界路をすさまじい勢いで建設してきていた。その結果、共同租界の北部と西部に広がった越界路地区は、この頃には共同租界の面積の一・五倍近い面積となっていた。そしてその越界路上と越界路に面する敷地――越界路区と呼ばれた――は、建設者の工部局に管轄権があると主張し、路上での警察活動や隣接する敷地に対する課税を行った。しかしこの越界路地区については土地章程に一切記述がなく、国民政府下の現地当局はこれを中国の主権の侵害であると工部局に抗議するとともに、工部局による越界路建設や道路の維持作業を妨害し、あるいは公安局の警官を越界路上に展開した。その結果、工部局警察、公安局双方の警官隊との間で、銃撃戦にまで発展するような衝突がしばしば越界路上で発生した[35]。また工部局から特許を受けて越界路地区で運営されていた電気や水道、電話などの各種の公共事業会社に対しても、中国当局はその業務執行に異議を申し立て、この地域に居住していた居留民は多大な不便を強いられることとなった[36]。越界路をめぐる問題は租界当局と中国当局との間の重要な懸案事項となっていたのである。

工部局は越界路区の支配権を恒久的なものにすることを望んでいたが、このような状況のなか、越界路区の警察権や公益事業に関して、中国当局との間でなんらかの協定を締結することが検討されるようになった。一九二九年から工部局と中国当局の間で共同警察による管理や、徴収した税金の分配などの提案を軸に交渉がはじまった。しかしながら、中国との関係改善を第一に考えていたイギリス政府の支援もなく、また特に北部越界路区に多数の居留民を抱える日本当局からの横やりによって、その交渉はなかなか進展しなかった[37]。

そうした状況下で発生した上海事変は、工部局やそれを支配するイギリス人たちにとって、「共同租界の地位を改善し、合理的に種々の問題に恒久的で満足のいく解決をもたらすまたとない機会」であった。上海のイギリス商業会議所と中国協会の合同委員会は、現在の工部局と中国当局間の問題の「合理的解決は……イギリスの支援を受けた日本による圧力の行使なしに望むべくもない」と主張した(38)。また市参事会議長E・B・マクノートン(E. B. Macnaghten)とN・レスリー(N. Leslie)は、イギリス政府はそれまでの「敗北主義」政策を放棄して、中国におけるイギリスの地位の再確立をはかるために積極的に日本と協力すべきであると総領事に求めた(39)。また参事の一人H・E・アーノルドも、以下のようにイギリス政府を批判し、日本を評価している。

一方、この状況は二五年以降の外国列強の弱腰外交の結果であり、日本は我々のために「火中の栗を拾っている」という見方を我々は変えていない。幾分粗野なやり方ではあるが、それは我々が何年もの間本国政府に求めてきたことであり、つい最近までは、なんら流血を伴わずとも、行うことができたことなのである(40)。

彼らにとって日本の行動は世界で非難されているような無法なものではなく、自分たちの政府に代わり、「なまいきな中国人に対するレッスン(41)」を施してくれているのであり、その強硬な姿勢を歓迎した。例えば、上記の合同委員会はロンドンの中国協会に対し、「日本軍が敗北しないように、より強力で積極的な、より現実的な政策を導き出すよう」、イギリス政府に働きかけることを訴えた(42)。

そして上海問題の解決方法として、関係列強と中国が参加する円卓会議を開催することを提言し、その会議で、「勝利者」である日本とその武力の威を借りて、中国に対して自分たちに有利な形で積年の問題に決着をつけようと目論んだ。彼らがこの円卓会議で実現を望んだのは「外国人、とりわけイギリス人が支配的なより大規模で、よりよい工部局」と、そうしたイギリス人に有利な点を保証する「上海のための新しい憲章」、すなわち土地章程の改訂であった[43]。日本政府も国際的な円卓会議の開催を支持し、工部局と中国当局の間での妥協的な協定締結というローカルな解決は根本的な問題解決につながらないという、上海のイギリス人たちに近い見解を示していたことも、彼らを勇気づける一因となっていた[44]。

これに対してイギリス政府は、「日本の武力侵攻を中国に条件を押付ける機会として利用することは問題とならない」という立場を堅持し、円卓会議の開催を支持しなかった[45]。租界における最終的な利害は「中国人のグッドウィル」にあると考え、中国との関係改善を最優先とするイギリス政府にとって、中国に対し威圧的な態度で臨む円卓会議は、再び英中間の関係を悪化させるだけのものでしかなかった。またあらゆる関係各国が参加した場合、それらの国の利害を満足させなければならず、結果としてイギリスの権益が削り取られるという懸念もあった。したがって、イギリス政府は、上海の問題は国際会議の俎上にのせるのではなく、工部局と現地中国当局の折衝によってローカルに解決することを望んだ。また実際上の問題として、国際会議としてその円卓会議が開催された場合、市参事会の代表がその会議に参加することは困難で、参加が許されたとしても国際的な構成の市参事会全体を誰がどのように代表するのかといった問題もあった。三月初旬に行われた在華イギリス公使、在上海イギリス総領事、イギリス人参事の話し合いのなかで、こうした問題をどのように解決するか、イギリス人参事たちはほとんど検討していないことが明らかになり、イギリスの当局者をあきれさせた[46]。それでもイギリス人居留民社会のリーダーたちは、円卓会議による上海問題の解決という計画に一九三六年まで期待をかけ続けた。

関係国のなかで円卓会議に最も前向きな姿勢をみせていたのは日本であった。イギリス外務省の強い圧力で、六月初旬に、越界路問題について、工部局が上海市政府との間で、当該地域の警察権を中国側に委ね、新たな警察組織を設置するといった内容の協定草案に調印すると、日本はそれに対し絶対反対の立場をとった[47]。日本としては、イギリス人が支配的な工部局が主体となった交渉では、日本の利害が十分に反映されないと考えていた。特に警察権の中国への移譲は、越界路地域に居留民が集中し、工部局に日本人警官の増員を訴え続けてきていた日本にとって受け入れがたいものであった。日本の強硬な反対の結果、この協定が本調印を迎えることはなかった。他方で円卓会議も開催されることはなく、「上海問題」も解決されないまま先送りされることになった。

上海事変やフィータム報告など、租界の将来についての議論が活発になるなかで、市参事会とは別に居留民の間からも共同租界の新たな体制についての計画の発案もなされた。英、仏、日、米、露、伊、独、ベルギー、チェコスロバキア、ポルトガルの各居留民社会の代表一七名が責任者として名を連ねるこの計画は、共同租界、フランス租界、中国管轄下の特別上海市を合わせて特別区として独立させ、その実権を外国人が握るという、イギリス総領事が一瞥して、「大上海を外国人支配の下におく、理想的ではあるが、実現性のない」と断じるようなものだった(48)。その後、この計画が顧みられることはなかったが、こうした動きは当時、上海や共同租界がなんらかの改革を必要としているという認識が、居留民の幅広い層において広まっていたことを示しているといえよう。

いずれにせよ、それまで既成事実の蓄積の結果として、自明のものとみなされてきていた租界の体制が、日本の軍事行動と租界における日本人居留民の台頭によって、この時期徐々に揺らぎはじめていたのである。

### (3) 租界行政をめぐる日本人居留民の要求の高まり

共同租界において日本の存在感がこの時期に急激に高まったことは間違いない。越界路協定が成立せず、円卓会議開催のめどがつかないなかで、業を煮やした日本が共同租界を離脱し、旧アメリカ租界の地域に自らの租界を設定するのではないかという不安が、英米人居留民の間で取り沙汰されたこともその現れの一つといえよう(49)。この件に関してアメリカ領事館員に問いただされたとき、在華日本公使重光葵は、イギリス人が現地の日本人居留民の要求にわずかな同情と妥協しか示していないこと、事変時において工部局が日本人居留民に適切な保護と支援を与えなかったことなどから、日本の権益を保護するというその当然の義務を果たす意思と能力について、日本人は工部局に対して信頼を失っていると指摘した。そのうえで将来的に租界の分離を検討するかもしれないと英米を牽制しながらも、「日本政府に現状においてその意図はない」とし、基本路線は共同租界における「より大きな発言力と租界行政への参加を獲得し、そのための要求を行うこと」であると返答している(50)。

一九三三年五月、それまで折をみて行われていた工部局やイギリス当局に対する要求を総括する形で、日本居留民団から工部局に対し覚書が送付された(51)。その覚書は居留民団総会において全会一致で通過した決議とされ、そのなかでいずれ近い将来に租界の回復を求める中国人による大衆運動が起こるであろうこと、そしてその際には特に租界に大きな権益を持ついくつかの列強――ここで明言はされていないが英、米、日であることは明らか――の協力が不可欠であることが、まず上海の現状認識として示された。そのうえで、日本人居留民は租界の繁栄と健全な発展を願っているが、それ故にイギリス人が権力の大半を握っている工部局の状況は、それが数十年にわたり確立されてきた「慣習や伝統」であるとしても「租界の繁栄を願っているもの」として看過することはできず、その「改革と調整」が必要であると強く訴えた。そして、多様な改善すべき問題点があるとしながらも、まずなされるべき「改革と調整」として、日本人副総監一名と日本人総監補二名を新たに任命することと、工部局警察において「里子（step-child）」のように扱われている日本人警官の待遇上の差別の撤廃を求めた(52)。さらに工部局の各部局の局長をはじめとする幹部職や警察の首脳部は「ある特定の一国」の人間に独占されるべきではなく、少なくとも共同租界におけるそれぞれの国の居留民の人口、あるいは納税者の人数を考慮して、各国居留民に配分すべきであるとして、将来的にそうした警察以外の部局の幹部職や一般職員としてより多くの日本人の雇用を要求することもほのめかした。他方で、覚書は日本人がイギリス人に取って代わろうというつもりはないこと、イギリス人に対し悪感情を持っていないこと、そして日本人社会は上海の将来に深く関与しており、「いかなる犠牲を払っても協力する」するつもりであることを繰り返し強調し、共同租界においてイギリス人をはじめとする欧米人居留民と対等の地位に立ちたいという、日本人居留民の切実な思いをにじませた。

イギリス人たちは、こうした日本人の要求にある程度柔軟に対応した。しかし日本人参事の増員や工部局のあらゆる部局の幹部に日本人を任命するといった、工部局における自らの権益を損ないかねない要求は断固として拒否した。日本人に対する共同租界における権限の過度の委譲を認められないとするイギリス人たちの議論をみていくと、二つの論点が読みとれる。(53) 一つは租界に対する貢献度を強調するもので、急激に増加し、イギリス人居留民の三倍を数える日本人居留民人口を背景に、人口規模を基準とした「民主制」を求める日本に対し、イギリスは投下資本の規模と工部局に対する納税額でそれに反論した。上海における日本の投下資本は二七〇〇万ポンド（四億三〇〇〇万円）であったのに対し、イギリスのそれは六倍近い一億五一〇〇万ポンドであった。(54) また工部局への納税額は、土地税と家屋税の納税総額のうち四〇・六％をイギリス人が支払っているのに対し、日本人は七・六％を負担するに過ぎなかった（中国人住民が四六％を負担）。(55) さらに日本人の税金滞納は当時、財政上重要な問題となっていた。納税額は有権者数にほぼ直結していたが、当時、有権者数全体が三五〇〇名で、そのうちイギリス人が一四〇〇名、日本人は九〇〇名弱であり、人口を考慮すると日本人有権者は極端に少なかった。このことについても日本人居留民の多くがより貧しい階層に属し、定められた財産規定を満たしていない、すなわち納税において貢献していないと主張された。

もう一つは工部局のシステムである。工部局、特に工部局警察はその誕生以来、「イギリス式」の組織構成や業務運営を行ってきた。そのため「工部局警察の発展のこれほど遅い段階」において、「日本人幹部を重要な地域に登用することで［警察業務の］効率が更に増すとは考えにくい」とされた。特にコミュニケーションに対する不安は強く、実務能力と英語能力の双方に長けた日本人は稀であることが繰り返し指摘されている。長年の慣習によって確立されたシステムの性格を変えることは、工部局警察の実務に障害を招きかねず、「共同租界の法と秩序を維持するための既存の機構の安全性に対する深刻な危機」となると主張された。また日本社会における、居留民団を通じての非常に強力な統制力を目の当たりにすることで、日本人警官が、本人の意志はともかくとして、そうした統制から距離をとり、現実的に「工部局の自由なエージェント」になり得るかどうかがきわめて強く疑問視され、その点からも日本人を幹部職に就けることには慎重にならなくてはならないとされた。しかし、こうした表面的な議論以上に重要だったのは、工部局、とりわけ工部局警察がイギリス帝国の情報ネットワークの一端を構成していたということであり、その組織に安易に日本人を組み込むことは帝国のセキュリティの観点からも認めがたかったのである。いずれにせよ、こうした議論は、日中戦争期において日本当局が工部局に直接的に要求を行うようになってからも、工部局における日本人の行政参加要求に対する否定的な根拠として繰り返し論じられることになる。

この時期、前述の日本公使の言葉とは裏腹に、日本人の工部局に対するはたらきかけにおいて日本当局はいまだ深く関わっておらず、それらは居留民のなかから自然発生的に現れたものであった。ただし、それらは全ての日本人居留民の見解を代表していたわけではなかった。日本総領事をはじめとする外交官や、上海において国際的な利害関係をもつ「会社派」居留民は、英米人居留民と対立することを得策とせず、租界における副次的地位を受け入れる傾向をみせていた。実際、こうした日本人居留民の要求に対し、円卓会議をめぐる議論を考慮して、工部局やイギリス人社会は一定の理解を示していた。例えば日本人警官の増員や日本人警察幹部の昇進などが実施され、日本人学校への交付金の増額など、日本人社会に対する工部局の行政サービスも大きく改善されてきていたのである[56]。

こうした行政上の改善にもかかわらず、租界における日本人居留民の立場に不満を募らせ、その地位向上を訴えたのは、上海に生活基盤をもち、治安維持や税金負担など工部局の行政がより生活に直結していた「土着派」居留民であった。上記の覚書もその骨子は「土着派」の代表組織である各路連合会が中心となってまとめたものである。こうした動きの背景には、第一次上海事変をきっかけとした「土着派」居留民のナショナリズムの高揚があった。彼らは欧米人に比べて低い扱いを受ける日本人の立場に忸怩たる思いを抱きつつ、またそうした立場を甘んじて受け入れる「会社派」の姿勢に不満を募らせていた。例えば、共同租界では、イギリス国王の即位記念日には租界を挙げて祝賀行事を行い、バンク・ホリデーとして銀行をはじめ主要な企業は休業し、他方で電車やバスは一晩中営業した。その際、日本の銀行も他国に倣って休業した。こうした慣習について『上海日報』は、「友邦の元首の慶祝日に心から祝意を表するのは国際都市上海では特に結構なことである」としつつ、翻って天長節においては、他国の銀行が休業したり電車やバスが深夜営業することがないだけでなく、日本の銀行も営業していたことは「果たして合理的かどうか」と問いかけ、「大国日本の第一線にある人々はもう少し気魄と見識を持って貰ひたいとの叫び」が「邦人社会の一角から強く起こってゐる」と述べている。『上海日報』は「土着派」の見解を代表する新聞として知られているが、この記事は当時の「土着派」居留民の欧米人に対する意識と「会社派」に対する不満を端的に示しているといえよう[57]。

その後も「土着派」は、居留民団や各路連合会を通じて工部局に対しさまざまな要求を行っていく。一九三四年には工部局の教育政策を強く批判し、各国居留民社会が共同して行う独立した教育行政組織の設立など、大幅な改革の実施を要求した[58]。また、このころから『上海日報』をはじめとする現地の日本語新聞を中心に、市参事会における日本人参事の増員や日本人市参事会議長を求める論調が活発化している[59]。工部局の中心である市参事会は、その外国人参事の構成――当時はイギリス人五名、アメリカ人二名、日本人二名――が共同租界における各国の勢力を反映していると考えられており、「土着派」にとっては、日本人参事増員が共同租界における日本人の地位向上のもっとも明示的な証だったのである。また工部局の人事権もイギリス人が過半数を占める市参事会が握っていたため、外からの圧力だけでは埒があかなかった。そこで日本人居留民が、自らの地位向上のひとつの手段として積極的に関与したのが、市参事会選挙であった。市参事会選挙をめぐる日本人とイギリス人の対立と妥協については、第6章と第7章でみていく。そのまえに次章では工部局に警察幹部として入った一人の日本人元外交官の経験を通じて、工部局において日本人がおかれた立場を検討する。

**注**

（1）長崎では「東京へは水杯で、上海へは浴衣がけで」という言い回しもあったという。NHK〝ドキュメント昭和〟取材班編『上海共同租界――事変前夜』角川書店、一九八六年、三七～三八頁。また一九三〇年代において、長崎―上海間は四日に一便の定期航路が敷かれ、所要時間は二七時間であった。大阪―上海間は週に二便、横浜―上海間は六日に一便であった。上海毎日新聞社編『上海観光便覧』。

（2）山村睦夫「第一次大戦期における上海日本人居留民社会の構成と「土着派」中堅層」（『和光経済』三〇―一、一九九七年九月）。また具体的な日本人居留民の生活については、陈祖恩『寻访东洋人――近代上海的日本居留民（一八六八‐一九四五）』上海社会科学院出版社、二〇〇七年が最も広範かつ詳細に扱っている。

（3）Frederic Wakeman, Jr., *The Shanghai Badlands: Wartime Terrorism and Urban Crime, 1937-1941*, Berkeley, 1996.

（4）Christian Henriot, 'Little Japan' in Shanghai: an Insulated Community, 1875-1945', Robert Bickers and Christian Henriot, ed, New Frontiers: Imperialism's *New Communities in East Asia, 1842-1953*, Manchester, 2000.

（5）高綱『「国際都市」上海のなかの日本人』も参照。

（6）佐藤貞之「上海在留日本人人口調査」（『支那研究』二〇、一九二九年七月）。

（7）高綱『「国際都市」上海のなかの日本人』、四一頁。

（8）こうした対立は上海に限ったことではなく、天津や漢口でも同様だったという。上海居留民団編『上海居留民団三十五周年記念誌』上海居留民団、一九四二年、一一〇一頁。

（9）NHK編『上海共同租界』、一八八～一九〇頁。

（10）日本人街らしくなったのは事変以降であったという。米澤秀夫『上海史話――附・上海文献解題』畝傍書房、一九四二年、二〇七頁。

（11）村松伸『上海・都市と建築』、三三六～三四三頁。

（12）居留民団の制度については以下を参照。林源三郎「上海居留民団」（『支那研究』一九、一九二九年五月）、中内二郎『居留民団の研究』三通書局、一九四一年。上海居留民団については、上海居留民団編『三十五周年記念誌』を参照。
(13) 上海居留民団編『三十五周年記念誌』、一〇八～一〇九頁。
(14) 同右、第7編「上海居留民団現況」参照。
(15) 同右、九四一～九四四頁。
(16) 橋本編『上海日本人各路連合会』、九九頁。
(17) 上海居留民団編『三十五周年記念誌』、一七二～一七八、九〇六～九一〇頁。
(18) 同右、九〇二、九〇六、一一〇二頁。
(19) 橋本編『上海日本人各路連合会』、六一～六六、七七頁。
(20) 上海居留民団編『三十五周年記念誌』、一〇六四～一〇六九頁。
(21) 一次事変時は保証金、二次事変時は借款という形で政府から復興資金を獲得している。上海居留民団編『三十五周年記念誌』、一〇三五～一〇四六ページ。
(22) 汪輝「上海居留民団における会社派と土着派の相克――中等教育機関の設置・運営をめぐって」(『日本の教育史学』四三、二〇〇〇年)。
(23) Fogel, "'Shanghai-Japan'", 上海居留民団編『三十五周年記念誌』、一一〇一～一一〇二頁。
(24) この時、選挙では日本人候補は落選したが、イギリス人参事が一人辞職し、代わりに日本人候補を市参事会に迎え入れた。*NCH*, 30 October 1915, 282.
(25) 日本人参事の参入当初から一九二〇年代において、市参事会の議事録で日本人参事の発言はほとんど確認できない。また重要事項を協議するために特別に開催された会議では、出席すらしていない場合もあった。SMC, Minute, 1916-1925.
(26) 「日本語通訳 (Japanese Interpreter)」として「H. Hori」という名前が挙がっている。SMC, *Annual Report*, 1910, p. 307.
(27) *NCH*, 25 November 1916, p. 424.
(28) このとき外国人警官(日本人、インド人は含まれず)は、定員二八四名に対し一八〇名しかいなかった。SMC, *Annual Report*, 1916, p. 23A.
(29) 当時の工部局日本人職員：
総務局(計五名)：総務局次長、次長室秘書、次長室参事、報道課、工場課監督

財政局（計五名）：収納課監督、収納課監督補（三名）、収納課主事
衛生局（計九名）：病理試験課医師、獣医課衛生監督、防疫部衛生監督（四名）、衛生巡視員（二名）、公設市場課衛生巡視員
工務局（計一一名）：道路課工務監督（三名）、工務監督補（三名）、衛生巡視員、建築検査員（二名）、公園主任（二名）
消防隊（計二名）：消防士補（二名）
その他、日本人看護婦数名が工部局病院で勤務していた。橋本編『上海日本人各路連合会』、九五～九七頁。

(30) 中国人参事増員の動議が否決された年次納税者会議に出席していた日本人納税者は六七名のみだった。FO371/14691 F2166/78/10, from Brenan to FO, 20 April 1930.

(31) 上海事変については、以下を参照。Donald A. Jordan, *China's Trial by Fire: The Shanghai War of 1932*, Ann Arbor, 2001; 上海居留民団編『上海事変誌』上海居留民団、一九三三年。

(32) 高橋、古厩編『上海史』、一三〇～一三一頁。

(33) Helen Foster Snow, *My China Years*, New York, 1984, p. 51.

(34) Sergeant, *Shanghai*, p. 179.

(35) Wakeman, Jr., *Policing Shanghai*, pp. 66-68.

(36) 植田『租界の研究』、四三八～四三九頁。

(37) 島田「上海越界道路問題」、外務省東亜局「租界関係諸問題　第一節第二、租界外道路協定問題ノ経緯」『支那関係諸問題摘要（政況、停戦協定、債務整理、租界、通信）』一九三五年（アジア歴史資料センター（JASCAR）：B02130158000）。

(38) SOAS, China Association General Committee Papers (hereafter CAGC Papers), Chas/MCP37, from Joint Committee, British Chamber of Commerce and China Association, at Shanghai, 11 March 1932.

(39) FO371/16196 F2316/65/10, from Lampson to FO, 8 March 1932.

(40) SOAS, CAGC Papers, Chas/MCP37, copy of letter from Mr. H.E. Arnhold to Mr. R.E. Wilson, 11 February 1932.

(41) Hallett Abend, My Life in China 1926-1941, New York, 1943, p. 190.

(42) SOAS, CAGC Papers, Chas/MCP37, copy of letter addressed to the Foreign Office, 14 March 1932.

(43) FO371/20230 F1497/35/10, from Brenan to Cadogan, 25 January 1936.

(44) FO371/16197 F6057/65/10, from Ingram to FO, 9 August 1932.

（45） FO371/16196 F3404/65/10, from Lampson to Simon, 23 March 1932.
（46） FO371/16196 F 3528/65/10, record of meeting with British Member of Municipal Council of International Settlement, 4 March 1932.
（47） FO371/16197 F5362/65/10, 'Extra Settlement Roads,' 3 June 1932; Wakeman, Jr., *Policing Shanghai*, pp. 217–219; 島田「上海越界道路問題」。実際の運用上では、上海市長が警察署長を任命し、工部局が副所長を任命するという共同警察的なものが想定された。また、日本の反対の理由の一つとして、北部越界路地区では日本陸戦隊によるパトロールが行われており、これが中国警察との間でなんらかの事態を起こす可能性が高かったことが挙げられる。
（48） FO371/16197 F3986/65/10, from Brenan to Lampson, 1 April 1932; 'A Plan for the Administration of the Shanghai Area.' 以下はこの計画の責任者のリスト。イギリス人代表には、三〇年の中国人参事増員決議を否決に追いやったマクドナルドも含まれている。

イギリス：E.F. Harris（カナダ・サン・ライフ保険会社（Sun Life Assurance Co. of Canada））、A. de C. Sowerby（『チャイナ・ジャーナル（*China Journal*）』編 集長）、Ranald G. Macdonald（弁護士）
フランス：D'Auxion de Ruffe（弁護士）、A. du Pac de Marsoulie（弁護士）、P. le Bris（商人）
日本：M・米里（日本商工会議所会長）、T・船津（在華日本綿糸工場所有者協会会長）
アメリカ：T.C. Britton（アジア不動産会社（Asia Reality Company））、C.S. Franklin（弁護士）、Major Bassett（英米タバコ社（British-American Tobacco Company）
ロシア：A.M. Kotenev（工部局事務員）
イタリア：V. Gironi（商人）
ベルギー：M.E. Jottrand（極東不動産銀行（Credit Foncier d'Extreme Orient））
チェコスロバキア：H. Sandor（アジア不動産会社）
ポルトガル：J.M. Tavares（法律家）
ドイツ：W. Vogel（ドイツ商工会議所事務局長）

（49） FO371/17110 F6159/432/10, 'Japanese and the Land Regulation' Confidential Memorandum from Secretary to Chairman of Council. 議論の発端は、日本の上海駐留艦隊の法律顧問を務めた信夫淳平の『上海戦と国際法』（丸善、一九三二年）の出版で

あった。この中で信夫は、条約列強はいつでも土地章程を破棄できるということを示唆した。

(50) FO371/17110 F6985/432/10, 'Highly Confidential Memorandum, 25 August 1933.

(51) FO371/18138 F1747/950/10, from the Secretary General, Japanese Residents Corporation, to the Chairman, Shanghai Municipal Council, May 26 1933.

(52) 日本人警官と欧米人警官の初任階級の違いの問題。第5章参照。

(53) その端的な事例として、上記日本居留民団の要求に対する外務省、上海総領事館、工部局警察総監の見解は以下の通信にみられる。FO371/18138 F1747/950/10, 'Memorandum regarding the Japanese Position in Shanghai' by Brenan, 29 January 1934; Commissioner of Police, Shanghai to Secretary, Shanghai Municipal Council, 6 June 1933.

(54) レーマー『列国の對支投資』。

(55) FO370/18138 F2334/950/10, from Jones (Secretary, SMC) to Brenan, 13 February 1934.

(56) 工部局警察の日本人幹部上原蕃は一九三四年に監察官から総監補に昇進している（第5章参照）。また一九三四年度の外国人学校への工部局の補助金総額は一五万三八五〇中国ドルであったが、そのうち日本人学校には一一万八〇〇〇中国ドル（七六・七%）が交付されていた。SMC, *Annual Report*, 1934, p. 316.

(57) 『上海日報』一九三五年五月八日、朝刊七頁。

(58) 'Education in Shanghai: Japanese Residents' Demands', *Oriental Affairs*, Vol. 2, November 1934, pp. 172-174.

(59) FO371/18138 F2184/950/10, from Brenan, 23 January 1934,『上海日報』一九三四年三月三一日夕刊、四頁、一九三五年二月一日夕刊、七頁、二月二日夕刊、七頁、二月二七日朝刊、七頁。

# 第5章　工部局と日本人

## 第1節　工部局警察の沿革

### (1)　工部局警察の創設

治安維持は租界建設と並んで租界行政の最重要部門であり、そのための機構である工部局警察は、工務局とともに予算や人員規模の面で工部局における最大の部局であった。しかしながら初期の工部局警察の活動については、ビッカーズの小論(1)を除いてまとまった研究がない。ここでは彼の研究と、工部局の年報などを頼りに創設時の工部局警察の実態をみてみたい。

一八四五年の最初の「土地章程」は、租界において外国人居留民が治安維持のために夜警（watchman）を雇用することを認めていたが、警察組織に関する言及はなかった。しかし一八五三年の小刀会の乱を経て、共同租界に中国人難民が流入すると、居留民の間で組織だった治安維持の必要性が感じられるようになった。当初は中国人を夜警として雇うことで対応しようとしたが失敗し、イギリス人を中心とした警察組織の形成が望まれた。そして一八五四年の章程改訂の際に、工部局が警察組織を保持することがようやく認められた。同年、当時の租界当局は、香港政庁警

出典：『上海案内』（表紙）.

図９　インド人警官の表象

察よりクリフトン（S. Clifton）警部と八名のイギリス人巡査を招聘し、同警部を警察部長として警察隊を組織したのが共同租界工部局警察の起源となる(2)。その後、随時警察官を追加していき、翌年の記録では一七名、さらにその翌年には二四名がパトロールを行ったとの記録が残っている。太平天国が問題となった一八六三年にはイギリス陸軍から一〇〇名近いリクルートを行い、三つの警察署で一五五名の警官が勤務していた。ただし当時の兵士や水夫あがりの警察官の質は低く、不祥事で解雇されるものが続出し、定着率は低かった。不慣れな気候の極東の地で、安価な給与で働き、場合によって軍事訓練も課されるイギリス人警官の待遇や環境は劣悪なものであった。また取締りの対象である中国人はまさに別世界の住人であり、外国人社会のなかでは中国人と接する職業として蔑まれるという社会的な地位は、二〇世紀に入っても変化することはなかった(3)。

一八六五年には中国人が、一八八四年にはインド人（シク人）が警官として雇用されるようになり、人種に沿った機能分担がはかられた。すなわち中国人がパトロールを行い、インド人が交通整理を担当し、両者をイギリス人など欧米人が監督するという役割をそれぞれが担ったのである。ただし外国人居留民を取り締まることができるのは欧米人警官に限られた。こうした役割分担は、二〇世紀の共同租界にも引継がれ、例えばターバンを巻いて交通整理をするインド人は上海を代表する情景のひとつとなった（図9）。このようなインド人の利用は、イギリス帝国の「象徴化され、可視化された帝国権力の顕示」という側面も有していた。一八八四年には、中国人やインド人を監督するために新たに幹部職が創設され、世紀転換期にかけて、徐々に近代的な警察組織としての外観を整えていった。一八六五年には外国人警官六二名、中国人警官四二名であったのが、一八九〇年には外国人六〇名、インド人四九名、中国人二八〇名の総計三八九名に、一九〇〇年には、外国人七五名、インド人一五九名、中国人五六一名の総計七九五名へとその規模も拡大していった[4]。

初期の工部局警察の活動は限定されており、例えば、日本から持ち込まれた人力車（黄包車）、もの乞い、路上生活者の取締りや、あるいは酔って暴れる外国人水夫などの迷惑行為の取締りが主な業務となっていた。殺人などの暴力的な事件は非常に少なく、犯罪捜査の必要性もほとんどなかった。彼らの仕事は中国的な規範に支配されていた「通り」を、西洋的な規範に沿うように強制し、共同租界を西洋的な空間として維持することであった。

### (2)　工部局警察の組織

一九三〇年代、工部局警察は創設時に比べ格段にその規模を拡大し、組織構成も複雑になっていた（表9、図10）。一九三〇年時点での人員は、外国人（含ロシア人）五一一名、日本人二〇〇名、インド人六九一名、中国人三四七七名、総計四八七九名であり、同様に一九四〇年時点では、外国人四三五名、日本人二七七名、インド人五〇九名、中国人三六三九名、合計四八五九名であった[5]。以上に加えて、一九四〇年には約一〇〇〇名の事務員が警官の活動を支えていた。人員の構成から一九三〇年代の変化をみてみると、人的規模の変化はほとんどないものの、顕著なのは幹部職、特に外国人以外の幹部職の増加である。一九三〇年では、警視以上の地位のほとんどを外国人、すなわちイギリス人が独占していたが、一九四〇年では日本人と中国人幹部の数が倍以上に増えており、警視以下の地位についても大きく数を増やしている。これは前章でみたように、工部局の現地化改革の結果であった。また日本人警官の数も大幅に増加していることにも注意が必要である。表のうえでは一九四〇年時点では二七八名となっているが、実際の定数は三〇〇名であり、この一〇年間に日本人警官の数は一・五倍となっている。これは工部局およびイギリス人

### 表9　上海共同租界工部局警察人員表

| | 1930年12月 | | | | | 1940年12月 | | | | |
|---|---|---|---|---|---|---|---|---|---|---|
| | 外国人 | 日本人 | インド人 | 中国人 | 計 | 外国人 | 日本人 | インド人 | 中国人 | 計 |
| 警視総監<br>Commissioner of Police | 2 | | | | 2 | 1 | | | | 1 |
| 特別副総監<br>Special Deputy Commissioner | | | | | | | 1 | | | 1 |
| 副総監<br>Deputy Commissioner | 3 | | | | 3 | 4 | 1 | | 1 | 6 |
| 総監補<br>Assistant Commissioner | 9 | 1 | | 1 | 11 | 6 | 1 | | 1 | 8 |
| 監察官<br>Superintendent | 15 | 1 | | 3 | 19 | 11 | 3 | | 6 | 20 |
| 警視<br>Chief Inspector | 10 | 1 | | 3 | 14 | 10 | 3 | | 8 | 21 |
| 警部<br>Inspector | 43 | 3 | 2 | 11 | 59 | 44 | 7 | 4 | 22 | 77 |
| 警部補<br>Sub-Inspector | 80 | 7 | 4 | 57 | 148 | 102 | 12 | 4 | 60 | 178 |
| 巡査部長<br>Sergeant | 117 | 35 | 89 | 239 | 480 | 180 | 61 | 84 | 392 | 717 |
| 巡査部長見習<br>Probationary Sergeant | 232 | | | | 232 | 77 | 188 | 22 | | 287 |
| 巡査<br>Constable | | 152 | 596 | 3,163 | 3,911 | | | 395 | 3,149 | 3,544 |
| 合計 | 511 | 200 | 691 | 3,477 | 4,879 | 435 | 277 | 509 | 3,639 | 4,859 |

注：総監補以上がCommissioned Officer，監察官以下がNon-Commissioned Officer．特別副総監職は1938年に設置．巡査部長見習職はイギリス人警官の初任職であり，日・印・中人警官との差別化のために設置．後に日本人警官も同様の扱いとなる．

社会と、日本人社会との租界行政をめぐる対立のなかで交わされた妥協の一貫であった（第6章、第7章参照）。

工部局警察はイギリス人を中心とした欧米人と、中国人、インド人、日本人で構成された。イギリス人警官が他の人種を管理するという、前世紀以来の人種的構図は一九三〇年代においても変わってはいなかった。工部局の他の部局同様、工部局警察もイギリス人によって排他的に運営されていた。その幹部はほとんどがイギリス帝国内から招聘された植民地警察の警官や軍人であった。幹部以外の外国人警官の大半は、工部局が職員の斡旋を委託していたロンドンの代理店[6]を通じてリクルートされた、イギリス人の若者であった[7]。彼らの多くは特に警官の経験があったわけではなく、「生計を立てるため」の方法を上海に求めた、定住者に分類される人々であった[8]。彼らは帝国各地に派遣された文官たちと同じく、最初の三年間は結婚をしないなどの条件のついた、数年間単位の契約を工部局と結んだ[9]。

インド人警官は、基本的にインド北西部パンジャブ地方出身のシク人で、当時二〇〇〇人前後で構成されていた上海のインド人社会においては最大のグループを形成していた。彼らは、イギリスによって軍人として重用されてきたという歴史的背景や、忠誠心に厚いという評判から、まず香港警察で一八六〇年代から警官として雇用されはじめ、その後、上海や天津でも利用されるようになった。多くはインド政庁を通じてリクルートされたが、上海のインド人が増加すると現地での採用も行われた[10]。

前章でみたように、工部局警察に日本人が導入されたのは一九一六年である。その後、日本人警官は四〇回近く募集・採用が行われ、日本の府県警からの出向や東京での採用も数度あったが、ほとんどの場合、領事館を通じて現地で募集が行われ、日本人居留民のなかから選ばれた[11]。工部局警察の警官は、日本人が就いていた他の職業に比べ給与の点で恵まれていたこともあって、人気を集め、例えば一九三九年に三〇名の日本人警官が募集された際には二〇〇〇件を超える応募があったという[12]。

外国人の新人警官は、一九〇七年に開設されたゴードン路の訓練所で六～八週間の訓練を受けた後、それぞれの署に配属された。訓練内容は共同租界の一般知識についての座学の他、中国の地理や算数、射撃などで、特に中国語の習得は必須であった。日本人も同様の訓練を受けたが、上記の訓練に加えて英語の習得が求められた[13]。一九三〇年には一一五名の外国人警官、四八名の日本人、九九名のインド人が訓練を受けて配属されている[14]。

工部局警察の実際の業務の大半は、中国人警官が担っていた。他の警官たちがそれぞれの属する国家ないし地域の当局を通じてリクルートされ、比較的厳密な選抜がなされたのに対し、大量の人員が必要とされた中国人警官は、しごく大ざっぱに採用された。毎週土曜日に、多い時には一〇〇〇名にのぼる志願者が警察署に集められ、健康体であ

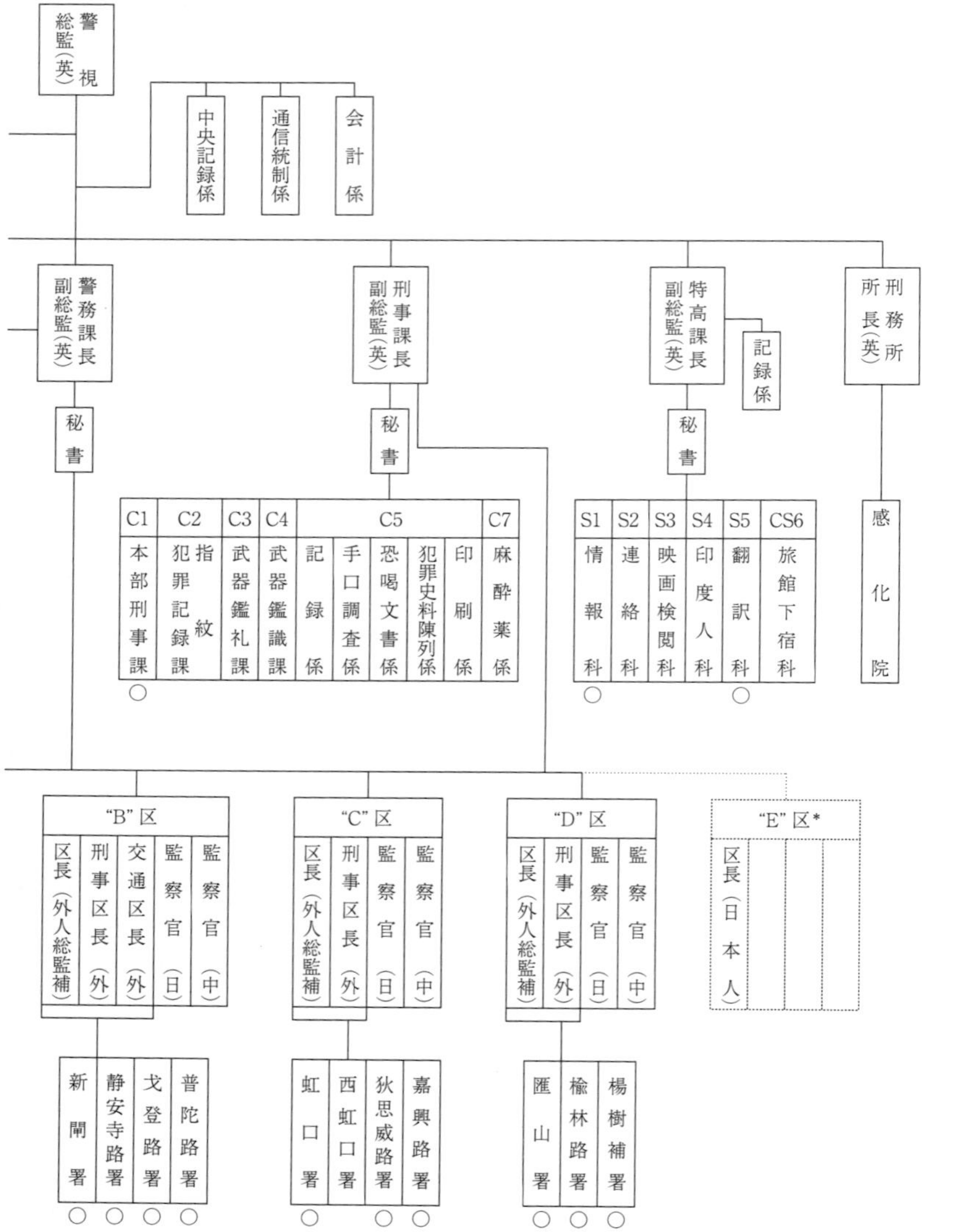


人が多く暮らす共同租界北部と北部越界路に設定されることが合意されたが，実現しなかった（第7章第1節

警察組織図（1940年）

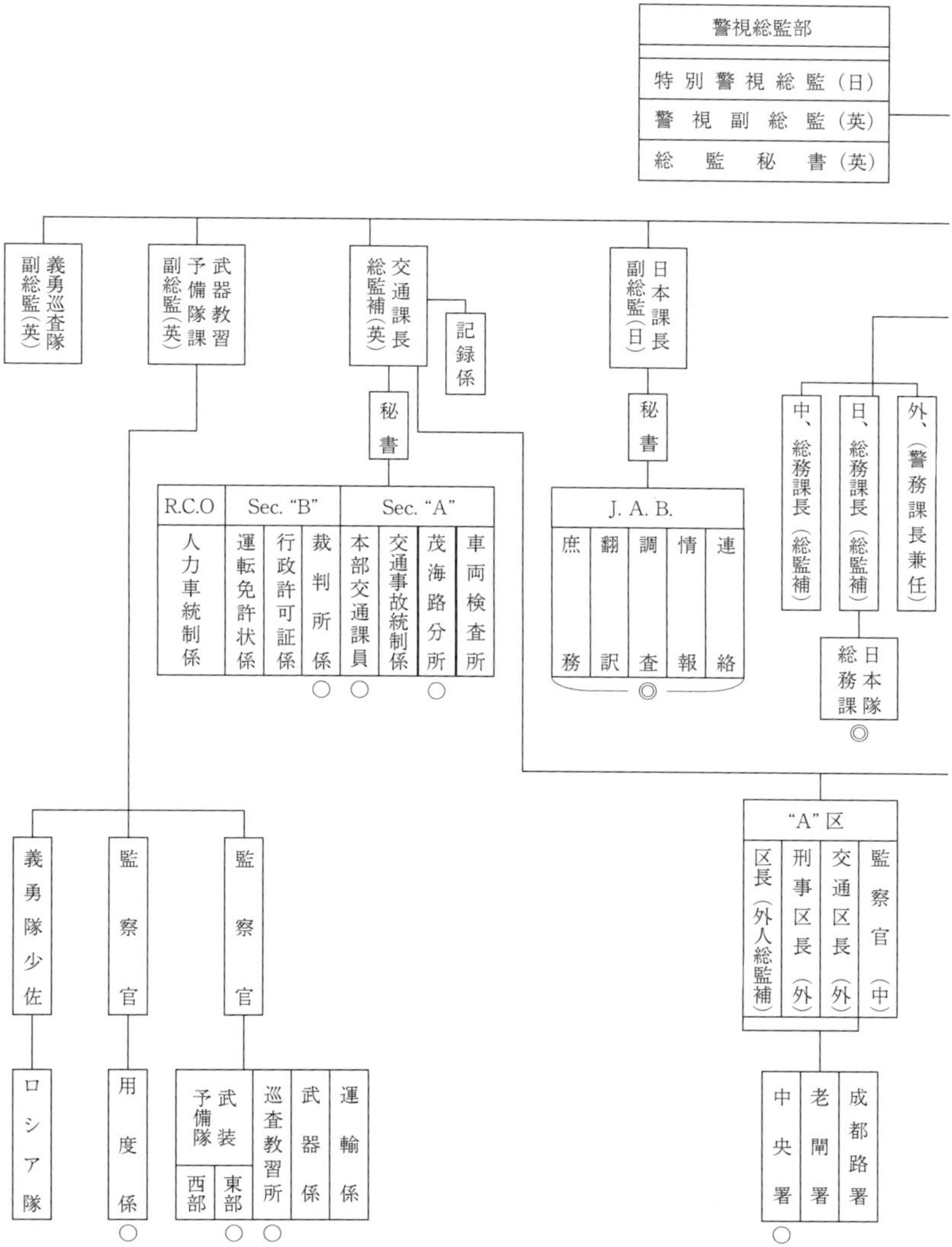


注：○は日本隊員が所属していた部署．◎は日本隊員のみで構成された部署．
　*"E" 区は，1940 年に工部局と日本当局との協定で合意された新しい警察区で，日本人を区長として，日本
　参照）．
出典：上原著『上海協同租界誌』から作成．

図 10　上海協同租界工部局

ること、身長五フィート五インチ以上であること、ある程度の読み書き能力を有すること、保証人がいることといった条件を満たせば採用されたのである。彼らは英語で命令を受ける訓練などを中心に、外国人警官とは全く異なる訓練を経て配属された。中国人警官は人数も多かったが入れ替えも激しく、一九三〇年度では八二五名が新たに採用されている。[15] 反面、やめていくものも多く、それも辞任や解雇、逃亡といった理由が大半で、任期を満了するものはごくわずかであった。

図10は一九四〇年当時の組織図であるが、一九三〇年代を通じて大きな変化はない。この頃の工部局警察は、共同租界を「A区」から「D区」の四つの警察区に分割し、それぞれに三つから四つの警察署が設置され、警察活動の拠点となっていた。工部局警察の主な業務は、パトロール、交通整理、そして犯罪捜査で、それぞれを警務課、交通課、刑事課が担当していた。防犯を目的としたパトロール活動には、人員の大半が割り当てられていた。原則として一人の外国人警官に複数の中国人警官が従い、非常に細かい巡回シフトが組まれていた。交通課は、上海の代表的な運搬手段である人力車や、特に一九二〇年代以降に増加をはじめる自動車の免許の管理を行い、また新旧の交通手段が入り乱れる上海の主要道路の交通整理を行った。[16] 実際に路上に立ったのはインド人の交通巡査である。刑事課には私服警官が配置されたが、その数は決して多くはなく、警官全体の一割程度が犯罪捜査に割り当てられた。[17] しかし扱う事件の件数は膨大で、一九三〇年の記録では報告された犯罪件数は誤報を除いて、一万四五七五件となっている。この内、何らかの形で検挙に至ったのは七六四八件で、検挙率は五二・四七%であった。大半がひったくりや窃盗、スリといった軽犯罪であったが、殺人、強盗、強姦といった凶悪な事件もあとをたたなかった。[18]

これら通常の警察業務とは別に、工部局警察には特高課(Special Branch)が存在した。これはいわゆる公安組織であり、この時期においては共産主義者の動向を中心に情報の収集や、雑誌、新聞の検閲などを行っていたが、通常の公安と異なるのはイギリス本国の情報部の末端組織としての機能も果たしていたことである。それを象徴するのが一九二七年に特高課内に設置されたインド人科であり、本国やインド政庁と協力してインド人ナショナリストの監視を行った。中国に駐留するイギリス軍にはインド人兵士が多く含まれ、当局は反イギリスを旗印としたインド・ナショナリズムと、中国ナショナリズムの融合を恐れたのである。[19]もちろん上海のインド人社会、さらにはインド人警官もその監視の対象となっていた。このインド・ナショナリズムについては、三〇年代に入ると日本との接近が問題視されるようになる。また共産主義者の調査や監視においても、上海や中国国内にとどまらず、イギリス本国と連携したイギリス帝国における諜報ネットワークの一部として機能していた。[20]工部局警察は単にイギリス人によって運営されていたというだけでなく、イギリス帝国の一出先機関としての側面も持っていたのである。

## 第2節　工部局警察の日本人

### (1)　上原蕃の着任

第一次大戦を契機に日本人の共同租界行政への本格的な参画ははじまったが、一九二〇年代も後半に入ると、日本人居留民の間でさらなる行政参加への要求が高まり、居留民団や各路連合会を中心として工部局に圧力がかけられるようになった。その結果、一九二七年にはそれまで一名であった日本人参事が二名に増員され、工部局の日本人職員も増やされるなど、工部局における日本人プレゼンスの拡大が実現した。工部局警察においても同様の要求がなされ、一九二七年半ば、居留民団の要請を受けた日本人参事が、工部局警察に日本人幹部を任命するように市参事会で提案した。その際理由として掲げられたのは、「将来におけるボルシェヴィキ活動の潜在的な危険」に対する「日英両警察間の緊密な協力」関係をつくりあげる必要性であった。[21]いまだ五・三〇事件の衝撃が冷めず、工部局警察における

出典：橋本五郎次編『上海日本人各路連合会の沿革と事蹟』

図11　上原蕃（下段中央左の人物）

日本人幹部導入は、中国ナショナリズムに対する英日間の共同戦線という形をとっており、いまだ日本人は共同租界に対する敵対的存在としては立ち現れていない。

日本人として初めて工部局警察幹部に選出されたのは田島旭である。田島は上海の東亜同文書院を卒業後、外務省に入り、工部局警察への任命当時は南京総領事館で領事として勤務していた人物である。この人選は日本人居留民の希望を、日本総領事が工部局に伝えた結果であった(22)。田島は国内的には領事という肩書きを持ったまま、一九二八年七月に工部局警察総監補として着任した。翌年には三四名の日本人警官が日本国内で選抜され工部局警察に加わったが、工部局におけるより多くの日本人プレゼンスを求める日本人居留民の要求は続行した(23)。

田島の着任から二年後、二人目の日本人幹部として工部局警察に着任したのが上原蕃である（図11）。彼は一八九二年四月に岡山で生まれている。一九一六年に慶応大学理財学部（現経済学部）を卒業後、保険会社勤務を経て、外務省に入省、シンガポール（一九一七～一九）、ケープタウン（一九一九～二二）、ロンドン（一九二二～三〇）の各領事館で商務官として勤務した。ロンドン在勤中にロンドン大学経済学研究所（the London School of Economics）の夜間講義に出席、一九二三年に理学修士号を取得している。また修士号取得の翌年にはイギリス人女性と結婚しており、親英的な人物としても知られていた(24)。以下では、彼を中心に工部局警察における日本人の立場をみていく(25)。

彼が工部局警察に就職することになった経緯は、中国の一都市でありながらイギリスの非公式帝国の一部として認知されていた、共同租界の特殊な性質を示唆している。田島の場合、現地居留民に推されたという面があったにしても、中国に関する専門家養成機関である東亜同文書院を卒業した人物であり、恐らくは当初任地が中国内ということで選出されたものと考えられる。しかしながら、すでにみたように工部局警察は実質的にイギリスの警察であり、英語が不得意な田島には工部局警察における日本の立場を主張することは困難であり、彼を補佐する英語が堪能な人間が必要とされたのである。

そこで白羽の矢が立ったのが上原であった。イギリスでの勤務経験があり、夫人もイギリス人であった上原は英語によるコミュニケーション能力に秀でていた。さらに、シンガポール、ケープタウン、ロンドンと、イギリス帝国各地での勤務経験を持つ外交官としての経歴から、イギリスおよびイギリス帝国の事情に精通し、イギリス人の性質に対する理解も深いと評価された。上原を推薦したのは、当時の在英大使松平恒雄と上海総領事重光葵だったようである。ロンドンで工部局警察への転勤を打診された上原はこれを受諾し、一九三〇年初頭、手続きのために日本に帰国した(26)。

しかしながら、上原の工部局への異動は円滑には進まなかった。当初、上原は副領事に昇進のうえ、現職のまま工部局へ転勤することになっていた。これは先任の田島も同様で、領事の官位を保持したまま工部局警察総監補として勤務していた。通常の工部局警察の日本人警官も、日本国内での地位を保持したまま、各警察からの出向という形をとっていた。この上原の出向に待ったをかけたのが外相幣原喜重郎であった。彼は「英国の勢力下に在る上海共同租界の幹部職に現職のまゝの外務省吏員を送るがごときは英国になき腹をさぐられることゝなり、政策上面白からず」と難色を示したのである(27)。上原はこの幣原の姿勢に対し「氏の英米中心の外交政策は対支外交に於ても英米の鼻息を窺ひ、兎角消極的に堕すとの非難が多かった」と述べている(28)。この曲折はいわゆる「幣原外交」の影響によるものであったが、当時の日本が共同租界および工部局を、外相が直接乗り出すほど重要視していたことを示すとともに、中国における治外法権廃止を一方的に進めようとしていたイギリスと、それに難色を示す日本の微妙な外交関係を示すエピソードといえる(29)。

植民地警察としての特徴も備える工部局警察は、イギリス人幹部の大半は元軍人であったが、対する日本人幹部には外交官が送り込まれ、その任命にも細心の注意が払われた。イギリスにとって共同租界は「非公式帝国」であり、実質的に自らの帝国の一部であった。他方、日本でも、共同租界はイギリスの領土とする認識が一般的であり、「共同」租界という名称にもかかわらず、日本にとって共同租界での行政活動への関与は、外交活動の一環だったのである。事実、上原以降も、工部局警察幹部として送り込まれた日本人は全て現職の外交官として赴任している。上原もまた警察官僚としてよりも、外交官としての活動が期待されたのである。

一三年間、日本を離れて在外勤務をしていた上原には、本省に味方となってくれるものもおらず、副領事に昇進してそのまま日本国内に留まるか、一旦外務省を退職し、一民間人の立場で工部局に就職するかの二者択一を迫られることとなった。英国人の妻との生活の安定を優先し、上原は後者を選択した。一九三〇年三月、彼は副領事に任官したうえで上海在勤を命じられ、四月上海に向け日本を発った(30)。これは外務省から発せられた、工部局に正式に転勤するまでの形式的辞令であり、転勤決定とともに提出されるべき、日付なしの外務省からの退職願も携行しての異動であった。

### (2) 日本人警官の待遇と工部局警察内の地位

一九三〇年四月一六日、上原は正式に工部局警察に任官した。外務省をその前日に退職し、一民間人としての就職となった。当初、上原は工部局について知識をほとんど有しておらず、工部局警察監察官就任後、そこが排他的に

「英国式」に運営されている実態を目の当たりにし、強い反感を抱いている。その「英国」性の事例として、公用語が英語であること、服務規程がイギリス本国の警察のものを改訂したものであること、警官に配布される『警察の手引きと規則（*Police Guide and Regulation*）』の冒頭で工部局警察が「英国警察（His Majesty King's Police）」と称せられていることなどを挙げている。また警察官の制服が全てイギリス陸軍のそれを模したものであり、階級章も陸軍のものをそのまま流用していることや、工部局警察のイギリス人幹部が全て退役陸軍将校であることから、工部局警察とイギリス陸軍との関係にも言及している。そして工部局警察におけるイギリス人の専横振りについて、「英人数名の幹部が総監を取り巻き、総監を援助し、その手足となるは勿論、英国の秘密機関としての職能を遺憾なく発揮し、英人以外の幹部にその本体に触れしざるやう組織上萬全の措置を講せられあるには且つ驚ろき且つ憤慨せざるを得なかった」と述べている。(31) このようなイギリス人への権力集中は工部局警察に限ったことではなく、工部局全体についてもいえることであった。

工部局警察の実権を掌握するイギリス人幹部たちに対する、上原の評価には大きな幅があった。当時の警視総監はフレデリック・ジェラードという退役軍人で、二〇年以上にわたりインド警察やイラク警察に勤務し、植民地警察の運営に精通した人物であった。イギリス政府の推薦で工部局警察改革のために招聘され、前総監の辞任を受けてそのまま総監に就任していた。(32) 上原は著作のなかで、このジェラードの工部局警察改革の目的を「日支人警官の活動を封じ凡ゆる要職を英人を以て固め秘密主義を以て英国の利益促進機関たらしむる」ことであると強い調子で非難している。(33) しかしながら回想録においては、ジェラードは「根からの軍人なるに拘らず、言語動作何等衒ふところなく」、その「主義方針は大体に於て穏健であり、国際都市上海の治安維持の重責を負ふ地位に在るものとしては当時の情勢下に於ては先づ無類の人物」であって、「終始好感を寄せた」とも述べており、その人間性には信頼をおいていたようである。他方で、上原の就任当時、副総監であったR・M・マーチン（R.M. Martin）は「極めて頑迷粗野なる植民地型の英人」、後にジェラードを継いで総監に就任したK・M・ボーン（K. M. Bourne）は「反日と言ふよりは、極めて悪質の成り上がり植民地式英人」であり、「極端に英国の利益のみを主張し、極めて政策的に動く男」であると辛辣な評価を下している。[34]

上原は当初「監察官」として着任した。工部局警察はその階級制度においてもイギリス陸軍を踏襲しており、総監補以上がいわゆる「将校（Commissioned Officer）」級であった。監察官は最上級とはいえ「下士官（Non-Commissioned Officer）」であり、監察官は日本では准尉にあたる階級であった。将校階級は招聘された軍人や、事前に「候補生」として採用されたものしか任命されることはなかったが、監察官にはその功績によっては巡査からの叩き上げの警官でも任命されることがあった。[35] 後日、こうした事情を知った上原は、「帝国政府の高等官」である自分が准尉級の職に就いたことに、「内心甚だ穏やかならざるものがあった」と述べている。

しかしながら、監察官の待遇は必ずしも悲観しなければならないようなものではなかった。日本人警官の給与は現地通貨で支払われたが、上原の初年度の年俸は三〇〇両（銀両、tael）であり、これは当時の日本の上海総領事の給与よりも高額であったという。翌年には四五〇両、一九三四年に総監補に昇進した際には六〇〇両へと増俸されている。[36] さらに各種の手当てがこれに加えられたので、まだ幣制改革による物価の高騰を経験しておらず、「驚くべき低物価の時代」[37]であった上海においては十分すぎる金額であった。しかしイギリス人幹部の給与はさらに高額であり、警視総監は二三〇〇両、副総監は一二〇〇両の年俸を受けていた。同時期に副総監に昇進していた田島の年俸は九〇〇両に過ぎず、概して給与に関しては日本人より欧米人の警官や職員の方が厚遇されていた。これは銀貨が下落するなかで、彼等の給与がポンド建てで計算されていたことが大きな要因であった。

当時の上海では、この給与によってかなり裕福といえる生活を送ることができた。上原は上海における最初の住居を虹口地区の狄思威路（Dixwell Road）の借家に求めている。後年、日本人街として知られる虹口地区だが、日本人居留民が増加し、日本人街を形成するに至るのは第二次上海事変以降のことである[38]。一九三〇年代初頭においては「外人も相当数居住せるも大多数は中流以上の日本人に依り占められた高級住宅地」[39]であった。上原はここに庭付き三階建ての住宅を借りている。この住宅は水洗便所やガス式の西洋式浴室を備えた欧米人向けの住宅で、以前は工部局土木課のイギリス人職員が使用していたものであった。上原は通勤用に自動車を購入し、ボーイ、女中、運転手など、家族より多い四名の使用人を雇い、子供は居留民団が運営する日本人学校ではなく、工部局が運営するイギリス式のカリキュラムで教育を行う学校に通わせていた。また一九三六年には、上原は「一流外人住宅地区」といわれた西区の愚園路に転居している。理由としては、第一次上海事変後、虹口地区に「邦人密集し、二流三流の住宅地に転落した」ことや、夫人の欧米人の友人の多くがこの地区に居住していることを挙げているが、とりわけ、いずれ起こるであろう第二次上海事変において虹口地区が戦場となることは確実と見越しての転居であった。ここでの住宅も庭付きの三階建てで「部屋数の非常に多い家」であったようである[40]。

工部局の外国人雇用者には年に一か月間の短期休暇、五年毎に半年間の長期休暇が認められていた。欧米人の場合は本人のみならず家族の分まで本国への旅費が支給され、休暇手当も受け取ることができた[41]。工部局の日本人職員についてもこの規定は適用された。上原も、短期休暇の際には日本に帰国し、また一九三五年に長期休暇を得たときは、家族共々逗子に長期滞在している。

これらの厚待遇は監察官という幹部職に限られたものではなく、一般の日本人警官の待遇も決して悪いものではなかった。残念ながら現在のところ彼等の具体的な生活をうかがうことのできる史料はない。しかしながら、年俸をみれば、最下級の巡査でも、手当等を含めれば上原の三分の一程度はあり、召使いを雇う生活が十分可能であった[42]。もちろん前記の休暇も同様に与えられた。ただし、イギリス人警官は、初任時の階級が巡査部長見習いであったので、彼等の給与は日本人警官のおよそ一・五倍程度はあった[43]。また一九三〇年に上原は、こうした日本国内では考えられない待遇を実現する欧米の植民地政策と日本のそれを比較して、「遺憾ながら月とすっぽんのやう」であるという感慨を抱いている。(44)

待遇においては、上記の初任時の階級などを除いて、日本人警官は欧米人警官に比べ顕著な差別を受けることはなかった。しかし工部局警察は、組織においてイギリス人に権限が集中するよう編成されており、権能上、日本人警官は周縁的立場を強制されていた。上原の就任当時、日本人幹部は監察官である彼と総監補を務めていた田島の二人だけであった。田島が行使できた権限は日本人警官の人事権程度で、英語能力の低い田島では他のイギリス人幹部と折衝することもかなわなかった。田島と上原は一九三四年に昇進し、それぞれ副総監、総監補となる。しかしながら、上原は「依然として旧の如く、米英人に対し従属的立場に在り、補助的諮問的地位より脱し得なかった」とし、このような扱いについて、「名を与えて実を取らしめざる英国植民地政策の薬籠中に陥れられたも全然であった」という。(45)また後述するように、田島が日本海軍当局の不興を買い離職した後、上原は副総監に就任するが、やはり権限は日本隊の指揮および人事に限定され、工部局警察全体の運営方針の決定に参画することはできなかった。先にあげた組織図（図10）においても、日本隊が中心的な指揮系統から外れ、組織内で孤立していることが読みとれる。また、この上原の昇進や後述する日本人特別副総監の設置された際、それと同時に、それまでにない数のイギリス人の昇進やさらには中国人警官の幹部職任命が行われ、相対的に日本人幹部の影響力は抑えられた。(46)

さらに日本人警官は組織運営上において阻害されていただけでなく、欧米人警官との具体的な人間関係においても、必ずしも対等と呼べる関係にはなかった。上原の述懐によれば、日本人警官は勿論のこと、中国人警官でも少なくとも「自分の制服に対し」敬礼するが、欧米人警官、特にイギリス人は最下級の巡査部長見習であっても、見て見ぬふりをする、あるいは故意に無視するという行動をとったという。上原はこのようなイギリス人の振る舞いについて、彼等の「脳裏に工部局警察は絶対に彼等のものなりとの観念と共に警察行政の実権を有せざりし自分らを軽視する」ことが原因であると考えている[47]。

日本人警官に対するイギリス人警官のそうした姿勢には、さらに根深い人種主義という要因もあった。当時の上海における欧米人の社会認識の枠組みは、外国人（Foreigner）／中国人（Chinese）という二項対立的なものであった。当然、これは人種を基準とした区分である。日本人は少なくとも法的地位は外国人であり、中国における治外法権などの特権も享受していた。また前節でみたように、工部局においても欧米人と同様に外国人としての待遇を受けていた。こうしたいわば公的世界においては、日本人は前者に属していたといえる。しかしながら、現実に人と人とが接する領域においては、日本人は間違いなく後者に配置されていた。

## 第3節　上海情勢と日本人警官

### (1)　中山水兵事件

上原や工部局の日本人警官がおかれた境遇を端的に示すのが、一九三五年に発生した中山水兵事件である[48]。一一月九日、日本海軍上海特別陸戦隊の隊員中山秀雄一等水兵が、越界路であるダラッチ（Darroch）路上で射殺された。第一次上海事変以降、日本人が襲われる事件は上海において茶飯事となっていた[49]。しかしこの事件の直前、一一月三日に国民政府が幣制改革を行った。そのため満州および中国北部に独自の経済圏を築き上げようとしていた日本との関係が極度に緊張し、事件は「重大化」され、共同租界内外の注目を集めることとなる[50]。日本海軍は戒厳状態をとり、閘北では中国人の避難もはじまった[51]。当時、越界路の警察権を含めた行政権については、工部局と中国当局の間で見解が対立しており、捜査は難航が予想された。一方でそれまで越界路の行政権や警察権を主張し、なかば強引にそれを行使してきた工部局に対しては、隊員が被害者となった日本海軍から工部局警察による「完璧な捜査」を求める強い圧力が加えられた[52]。

工部局警察も、日本との関係に与える影響を考慮してこの事件を重くみた。通常の捜査態勢ではなく、イギリス人監察官を特別政治課長（Special Political Officer）に任命し、この事件の捜査の指揮を執らせた[53]。一方、当時すでに総監補となっていた上原は彼の顧問に任命された。この配置について上原は、「英人以外のものをして直接警察行政に参劃せしめざる工部局の深謀」であるとし、自身を顧問としたのも「日本人幹部をも本事件の調査に任せしめ居るやの体裁を装ひ、犯人捜査の不成功に陥る場合の責任を自分に帰せしめんとする魂膽」があったからだと推測している[54]。工部局警察上層部にそうした意図があったかどうかは不明であるが、上原にすれば、この配置は明らかに自分たち日本人が排斥されていることに起因するものと感じられ、彼は英米の傀儡機関たる工部局警察は、こうした排日運動やその結果としての殺人事件の解決にはほとんど無関心であると考えていた。事実、イギリス人監察官指揮下での捜査は進まず、殺人の動機は隊員同士のいさかいや痴情のもつれであるといった憶測のみが飛び交ったという[55]。

上層部に対する不信感から、麾下の日本人刑事のみを使って、上原は独自の捜査を開始した。捜査内容は上層部には一切伝えなかったという。他方、工部局警察の内部事情を知らない居留民たちからは、犯人検挙を求める圧力がかけられた。上原は自ら「五里霧中」と評する状況のなか半年近く捜査を続け、翌年春に容疑者の検挙に成功する。しかしながら、上原はこの事件の捜査を通じて、日本人として工部局のなかで活動する困難さを痛感する結果となった。

また中山事件の捜査のなかで、上原および工部局警察日本隊の立場に微妙な変化が起こる。この事件の捜査の基本は中国人からの情報収集であり、その報酬など多額の資金が必要となった。しかし上層部には極秘で捜査を続けたために捜査費を正式に請求できず、捜査の初段階においては、その資金は上原のポケットマネーで賄われたが、それにも限りがあった。この資金を提供したのが上海に駐留する日本海軍であった。また捜査については、当時の総領事石射猪太郎や領事館警察からの全面的な協力があったという。上原は工部局警察上層部には捜査状況を極秘としたが、日本海軍や総領事館とは「緊密な連絡」を保った。工部局職員として、それまでは日本の出先機関に対してある程度の距離を保っていた上原は、この事件を契機としてそれらと急速に接近していくことになる[56]。換言すれば、工部局の日本人職員に対する日本当局の影響力が強まったといえる。その結果、例えば、事件の困難さから上原に捜査を一任し、事件に対して無関心を通した副総監田島は、事件後そうした態度が海軍の不興を買って辞任に追い込まれた[57]。

すでにみたように、工部局警察における日本人警官は日本人居留民の要求により導入され、共同租界という多国籍な社会における、日本人居留民の安全性や利便性を向上することがその導入の目的であった。しかしこの時期には、日本人警官は、単に工部局警察における日本人のまつわる事件の担当者というだけでなく、イギリスの影響下にある工部局警察において日本の利害を追求するエージェントとしての性質も強めていくことになった。幹部職に現職外交官が任命されていたのにはそうした役割が期待されていたからであるが、それまで工部局警察が特高課を中心にイギリス情報部や軍当局と連携していたように、日本隊もまた領事官や海軍出先機関等と連携し、しばしば工部局警察上層部や工部局の方針と対立していくこととなるのである。

## (2)　二度の上海事変と日本人警官

一九三二年と一九三七年の二度の上海事変は、一九三〇年代の共同租界の歴史において重要な画期となり、それぞれ上海における日本の影響力を大幅に拡大した。こうした共同租界の勢力図の変化に従って、両事変における上原や日本人警官の振る舞いにも大きな違いがあらわれている。さらに第二次上海事変後、日本の要求によって工部局警察の体制にも少なからぬ変化がもたらされた。

「橋向こうの戦争[58]」と呼ばれた第一次上海事変においては工部局警察の活動は限られていた。工部局は共同租界の中立を主張していたため、積極的にこの紛争に関与することはなかった。戦闘地域が租界の境界外に限られたこともあって、日本隊の活動も主に租界住民の避難保護や日本軍歩哨のための通訳など、工部局警察の業務の範囲を超えるものではなかった[59]。上原の上司であった田島は居留民団によって設置された時局委員会の委員を務めたが、直接軍部と関わることはなかった[60]。日本隊といえども、中立を謳う工部局警察の一部である以上、日本の軍事行動に参加することはできなかったのである。

しかしながら、日本人居留民の間では工部局は親中・反日的であると非難の声があがっていた。上原も当時の工部局警察は「米英の機関と堕し、日本の不利なるは米英の利なりと心得、排日暴徒取締りも極めて緩慢」であると評し、中立を装いながら、その背後で排日行為を助長しているのではないかと疑っていた[61]。それでも工部局の職員としてその方針に従わなくてはならなかった上原をはじめとする日本人職員や警官は、そのために日本人居留民から批判され、「極めて難渋な窮地」におかれたという[62]。事変後居留民団によって編纂された『上海事変誌』は、工部局警察日本隊の事変中の活動を「比較的地味」であったとし、その役割の本質は工部局と日本軍当局との間の「バッファー」に過ぎなかったと述べている[63]。第一次上海事変における上原らの存在は、上原自身が例えているように「まさに米英の利益を代表し、裏面支那側を支援する工部局と日本側との間に挟まれたるサンドウイチの肉の如く又蹴球のボールの如きもの」だったのである[64]。

中山事件が発生したのは第一次上海事変の三年後である。この事件の捜査のなかで日本隊と日本軍、とりわけ海軍との関係が強まったことはすでに述べた。この軍当局との接近を経て、第二次上海事変において、工部局警察日本隊は積極的に日本軍に協力することになる。

一九三七年八月に始まった第二次上海事変では、戦闘が始まると早々に、当時の警視総監代理ボーンが戦闘地域となっていた虹口や楊樹補地区からの工部局警察の撤退を指示した。その結果、土着派を中心とした日本人居留民の大半が居住していたこの地域は無警察状態に陥った(65)。当時日本隊の指揮を執っていた上原は、直ちに日本隊警官を虹口署に招集し、工部局警察の命令系統から外れた形で、独自に同地域の警察活動を開始した。さらに、前回事変時のような工部局当局と日本軍当局の緩衝といった消極的な役割だけでなく、事変の発展に伴い無警察状態となっていた東区の警察業務の他、日本軍の手足として活動し、道案内や偵察などをこなしたという(66)。

他方で上原は、租界内にまで戦闘が拡大したことで、工部局の行動は「反日色彩が濃厚」となり、「その機能を日本軍作戦妨害と支那支援に集中」しているとみていた(67)。その事例として、二四階建てブロードウェー・マンションに展望所を設置し、イギリス人警官が中国軍のために日本軍陣地までの着弾距離を計測したり、中国軍に電話で戦況を伝えていることや、貯蔵されていた物資を中国軍に提供しているといったことが挙げられている。こうした傾向をみせる工部局の命令を受諾すれば「祖国に弓引く」ことになるが、一職員としてはその命令に反することもできないとして、上原は再び工部局職員としての立場と日本人としての立場との間での「筆舌に絶する苦境」におかれた。しかし戦闘の激化にともない、工部局の「利敵行為」が明白なものとなると、前回事変と異なり、上原は日本隊を日本軍の指揮下におくことは拒否したものの、「日本軍のために総ゆる努力を傾倒し」、積極的にその軍事行動に協力したのである(68)。

第二次上海事変以降、工部局警察が撤退した虹口や楊樹補といった蘇州江以北の地域は日本軍の占領下におかれ、工部局の権威が全く及ばなくなるなど、共同租界における日本の影響力は格段に拡大した。この情勢の変化にともない、工部局における日本のプレゼンス拡大を求める圧力が強められた。以前より、日本人職員増員の要求は居留民から出され、一定の成果を挙げていた。上原の就任や日本人警官の増員がその一例である(69)。しかし一九三八年初頭の要求は、岡本季正在上海総領事や派遣軍司令官代理らが直接工部局庁舎に乗り込んで行われ、その要求内容も強硬なものであった(70)。租界の周囲のみならず、租界北部を日本に占領されている状況下で、工部局もこれらの要求を無碍に拒否することはできず、その後の交渉のなかで反日テロの検挙者の日本当局への引渡しなどの譲歩を行うとともに、工部局警察における日本人プレゼンスを漸次拡大していくことを約束した（第7章参照）[71]。具体策として新たに特別副総監という職位をつくり、日本人を充てることを決定した。日本総領事によって新たにこの特別副総監に推薦されたのは上海領事館警察の経験もあり、共同租界の欧米人にもよく知られていた赤木親之である。また日本人の感情を慰撫するために、上原や日本人警官に第二次上海事変中の功績を称えるメダルを贈るなどした[72]。さらに一九三九年には特別政治課を発展的に解消し、工部局警察と日本当局との連携を担う日本課（Japanese Affairs Branch）が設置された[73]。

共同租界の欧米人社会は、こうした日本の影響力拡大と工部局との妥協的姿勢を共同租界にとっての「大きな危機」ととらえ、危機感を募らせていた。特に赤木が一九三八年五月の特別副総監就任前、『朝日新聞』に工部局警察の公用語を日本語にすべきであると語ったことに対し強い懸念を示し、『NCDN』はこの発言を「これ以上あからさまに無分別な言動はあり得ない」と警戒を呼びかけている[74]。欧米人社会が日本に対する不安を強める一方、工部局は自らの実権を減ずることなく、日本の要求に対し妥協を図るという方針を採っていた。これは工部局の伝統ともいえるもので、一九二〇年代後半の中国ナショナリズムに対する方針と軌を一にしたものであった（第3章第2節参照）。それは工部局警察に関する日本人の要求への工部局の対応にも示されている。指揮権が日本側に移りかねない、外国隊（Foreign Branch）と日本隊の合併の要求は拒否する一方で、さらなる日本人警官の増員の他、その初任階級をイギリス人と同じ巡査部長見習いにすることや、日本人警官が日本の利害に関与した全ての事件の捜査に関わることなどは、イギリス人の権益を最小限にしか脅かさないとして受け入れたのである。

したがって、特別副総監への赤木任命も、「上海における〝日本人〟の一歩前進[75]」という日本側の認識とは裏腹に、それによって必ずしも工部局警察における日本人の実権が増進したわけではなかった。このことは上原の見解とも一致する。特別副総監は総監部に所属し、これによって初めて日本人が工部局警察の中枢に参画することになったのであるが、上原の評価は否定的なものであった。彼は、自らの保身と疑われるとしてこの人事への反対を強く行うことはなかったが、赤木の採用はあくまで「事変に興奮せる日本側」を懐柔するためのものでしかなく、特別副総監は総監に次ぐ地位にあるとはいえ、それは「名のみにして実を伴わざる……床間飾物」に過ぎないと考え、むしろ総監と同等の権限を持つ、かつて設定されたことのある共同総監（Co-Commissioner）あるいは特別総監（Extra-Commissioner）という職位への日本人の任命を主張していた[76]。赤木がどの程度総監部の意志決定に関与したかは不明であるが、特別副総監が指揮系統から外れた諮問的存在に過ぎなかったことを考慮すれば、上原の評価はあながち突然現れた日本人上司への反発からだけのものではなかったといえよう。

工部局警察に関しては、この後も工部局と日本軍の警察活動に関する協定（一九三九年三月）、虹口地区を中心に設定され、日本人警官を区長とする新たな警察区を創設することや、「バッドランド」に変貌していた滬西地区に、工部局と日本の傀儡政権下の上海特別市政府が合同で新たな警察組織を設置することが決定されるなど、上海における警察の体制にも少なくない変更が行われた[77]。そこでも日本人に与えられる権限は可能な限り抑えられた（第7章第1節参照）。現地の邦語新聞もこうした工部局の姿勢を批判するとともに、日本人警察幹部に対しては「反省」を求めている。日本人警官にとって、工部局と日本人社会の板挟みとなり、常に両者から圧力がかけられるという状況は変わることはなかったのである[78]。最終的に共同租界が日本軍に占領されるまで、工部局および工部局警察はイギリス人の排他的支配下におかれ、さらに占領後も、しばらくはイギリス人職員がそのまま留まるなど、「イギリス的」な行政組織であり続けた[79]。

上原は太平洋戦争が始まる前年の一九四〇年五月に工部局警察を辞し、一〇年間の上海生活に終止符を打った。辞任の理由として、上原は工部局警察におけるイギリス人中心の体制が根本的に改革されないこと、赤木の就任以降、国内省庁とのつながりを維持していた他の日本人幹部から、業務上においても排斥されるようになったことなどを挙げている(80)。

以上、上原の経験を中心に工部局警察における日本人の有り様をみてきた。工部局において日本人職員の待遇は、同じ「外国人」として欧米人と代わるものではなく、むしろ国内では考えられないほどの好待遇といえた。しかし人間関係の側面では、人種に基づく差別が欧米人との間に存在した。欧米人にとって、日本人は中国人に準ずる存在であり、工部局局内にかぎらず、上海の日本人は共同租界において、ある種アンビバレントな地位におかれたのである。それは共同租界という国際社会において日本人居留民に劣等感を惹起するものであり、彼らは不満を募らせるとともに、その反動としてローカルなナショナリズムを尖鋭化していった。二度の上海事変における日本人居留民の振る舞いの背後には、こうした「国際的」な劣等感やナショナリズムの発露が存在したと考えられるのである。

すでにみたように、日本人がその不満を声高に表明し、共同租界において存在感を示すのは満州事変以降のことであり、より広い日本人の共同租界行政への参加が求められていくことになる。行政各部局や警察におけるプレゼンスの増大を求める日本人に対し、イギリス人は名目的な登用や昇進などを行う一方、可能な限り実権を与えることを回避した。これによって日本人は、工部局警察において周縁的な存在であり続けることを強いられたのである。これは共同租界行政のあらゆる側面において共通している。イギリス人は行政構造におけるイギリス性を確保することで、日本人の挑戦、あるいはそれ以前の中国人の挑戦を巧みに無効化していった。必要とあれば「政治的支配権」を明け渡しても、「行政的支配権」をイギリス人が確保する、すなわちイギリス人職員を根幹となる部署に維持することで、彼らは共同租界行政における実質的な権力の保持を追求したのである（第7章第2節も参照）。

個人としての上原は、このような工部局の姿勢と、共同租界における従属的地位から脱することを願う日本人居留民社会との間に挟まれ、職業倫理とナショナリズムとの間で煩悶することになる。これは他の日本人警官や職員も同様であったであろう。やがて情勢の進展とともに上原は日本軍当局に接近し、工部局との対立傾向を強める。工部局が代表する共同租界のコスモポリタニズム――その内実はイギリス人による排他的支配であったが――に従うよりも、日本のエージェントとして国家的権益を優先するようになっていったのである。

上原や日本人居留民が工部局に求めていたのは、必ずしも全面的な工部局の支配権ではなかった。彼らの要求は、少なくとも工部局に対するものにおいては、共同租界における自らの人口規模に相当する代表権や行政権を認められていないという不満から発したものであった。この点に関してはイギリス人たちも、「同情の余地はある」と認めている[81]。しかしながらそれらの要求を全面的に受け入れることは、増加を続ける日本人居留民に比べ圧倒的に数の少ないイギリス人居留民が、そのヘゲモニーを保持するうえで致命的であり、受諾不可能のものであった。ましてや租界の廃止・回収を求める中国の人々にとってはさらに受け入れがたいものであり、結果的に反日・抗日運動を激化させる一因ともなった。

最後に付言しておきたいのが、上原の回想録における中国人の不在である。上海のイギリス人警官の半生を丹念に追ったビッカーズは、その警官の書き残したもののなかで中国人が言及されることはほとんどなかったため、「中国人は彼の世界の一部ではなかった」と述べている[82]。全く同じことが上原にもいえるのである。彼の回想録には中国人についての記述はほとんど登場せず、唯一名前が挙げられるのは中山事件の犯人だけである。反面、ここまで見てきたように工部局や欧米人については多くの紙幅が費やされている。この傾向は上原に限ったことではない。例えば序章で挙げた「各路連合会の事績」は、多くの項目を工部局に関連するものに設定している。無論、だからといって当時の日本人居留民が中国人の存在を等閑視していたわけではない。しかしながら、特に一九三〇年代に入って以降、アジアの盟主を目指した日本人にとって、すでにそこに確立された帝国主義的ヒエラルキーの頂点に位置する欧米人の存在は、少なくとも中国人にも勝るとも劣らない関心の対象であったのである。

## 注

(1) Bickers, 'Ordering Shanghai'.
(2) 『上海租界志』、二一一頁。
(3) Bickers, *Empire Made Me*, pp. 103-104.
(4) SMC, *Annual Report*, 1890, 1900.
(5) 工部局は統計を作成する場合、欧米人をまとめて外国人として分類し、その他国籍上はイギリス人であるインド人、そして日本人、中国人という4つのカテゴリー分けを行っている。第2章も参照。
(6) プーク社（Messrs John Pook and Co.）というロンドンの会社が工部局の代理人として警官や職員を募集した。
(7) 一九三〇年の新人外国人警官六四名中四八名がイングランドで採用された。他方で、この年採用された日本人警官三九名は、全て現地上海で採用された。SMC, *Annual Report*, 1930, p. 86.
(8) Bickers, 'Shanghailanders'.
(9) Bickers, *Empire Made Me*, p. 31.
(10) Markovits, 'Indian Communities in China'.
(11) 五嶋茂『上海の夜明け――消えた共同租界』元上海工部局互助会出版部、一九八一年、三六三～三六九頁。
(12) 『大陸新報』一九三九年三月一一日朝刊、七頁。
(13) Bickers, *Empire Made Me*, pp. 70-82.
(14) SMC, *Annual Report*, 1930, p. 86.
(15) *Ibid*., p. 101.
(16) 馬場鍬太郎「上海の交通」（『支那研究』一八、一九三〇年二月）。
(17) 一九三〇年時点で、外国人警官五一一名中一一名、日本人警官二〇〇名中一五名、インド人警官六九一名中三名、中国人警官三四七七名中三二一名が刑事であった。一九三〇年年次報告一〇一。SMC, *Annual Report*, 1930, p. 101. 人種による割合のばらつきは、それぞれの人種に対するイギリス人の認識を示す一例といえよう。
(18) *Ibid*., pp. 103-107.
(19) Markovits, 'Indian Communities in China'.

(20) Best, Antony, *British Intelligence and the Japanese Challenge in Asia, 1914-41*, New York, 2002, p. 14; Wakeman, Jr., *Policing Shanghai*, pp. 142-145.
(21) SMC, Minute, 8 June 1927.
(22) SMC, Minute, 1 February 1928; 外務省亜細亜局「第九、外人傭聘問題（一）田島領事上海共同租界工部局警視総監補 就任並日本人警察隊拡張問題」、『最近支那関係諸問題摘要（第五十六議会用）第二巻ノ二／（山東、武器、其他諸問題）』、一九二八年（JACAR：B02130083300）。
(23) *NCH*, 22 December 1928, p. 485; SMC, *Minute*, 17 October 1928.
(24) 上原の経歴については『三田評論』（六七五号、一九六八年）および遺族の情報提供による。
(25) 具体的な史料として本章では上原が遺した『回想録』を使用する。この回想録は家族のために書き残されたもので、今回使用する彼の工部局時代についての記述は戦時中の一九四四年七月九日から同年八月二三日にかけて行われたものである。したがって、その時点での上原は敗戦という断絶を経験していない。その意味で、当時の上海居住日本人の感覚をより正確に伝えるものであると考えられる。上原蕃『回想録』、遺族所蔵。
(26) 上原『回想録』、六四七～六五二頁（以下、原稿に打たれた通し番号を便宜上頁番号として表記する）。
(27) ちょうどこの年、市参事会選挙へのアメリカ総領事館付き商務官の立候補がアメリカ政府の指示で取り下げさせられている（第6章参照）。
(28) 上原『回想録』、六八一頁。
(29) 当時の治外法権廃止問題については、Fung, *The Diplomacy of Imperial Retreat* を参照。
(30) 上原『回想録』、六八二～六八三頁。
(31) 同右、六九六～六九七頁。
(32) *NCH*, 12 October 1929, p. 52.
(33) 上原『上海共同租界誌』、一一六～一一七頁。
(34) 上原『回想録』、六九二、八一八～八二一頁。
(35) Bickers, *Empire Made Me*, pp. 69-70.
(36) 外務省亜細亜局「上海共同租界工部局傭聘本邦人人名録」、『中華民国傭聘外国人人名録 昭和五年十二月末現在／亜細亜局調書第三輯ノ六』、一九三〇年（JACAR：B02130076400）；東亜局「上海共同租界工部局傭聘欧米人人名録」、『中華民国傭聘外国人人名録 昭和九年十二月末現在』一九三四年（JACAR：B02130152100）。

（37）上原『回想録』、七〇四頁。

（38）NHK『上海共同租界』、一八八頁。

（39）上原『回想録』、七〇一～七〇二頁。

（40）同右、八〇六～八〇九頁。

（41）Bickers, *Empire Made Me*, pp. 133-134.

（42）「上海共同租界工部局傭聘本邦人人名録」。

（43）ロンドンで工部局警察にリクルートされたイギリス人の場合、一九一九年当時の契約では初任給が年俸八五両であった。Bickers, *Empire Made Me*, pp. 31-32. 欧米人警官だけが初任給が巡査部長見習いであった理由は、「外国人隊のメンバーは、シク人と中国人に関して一般監督職として雇用されるからであり、日本隊のメンバーはそのようには雇用されない」からであったという。FO371/18138 F1747/950/10, Commissioner of Police, Shanghai to Secretary, Shanghai Municipal Council, 6 June 1933.

（44）上原『回想録』、七五四頁。

（45）同右、七四九頁。

（46）*NCH*, 31 January 1934, p. 173; 21 July 1937, p. 109; 15 June 1938, p. 455.

（47）上原『回想録』、六九九頁。

（48）中山事件のあらましと日本海軍との関係については、樋口秀美『日本海軍から見た日中関係史研究』芙蓉書房出版、二〇〇二年、第6章参照。

（49）'A Shanghai Tragedy: Murder of A Japanese Blue Jacket', *Oriental Affairs*, Vol. 4, December 1935, p. 265-266.

（50）一九三五年の幣制改革については、野沢豊編『中国の幣制改革と国際関係』東京大学出版会、一九八一年。

（51）FO371/19314 F7069/553/10, from Brenan to Commander-in-Chief, 11 October 1935.

（52）*NCH*, 13 November 1935, p. 265, 275.

（53）上原『上海共同租界誌』、一二七～一二八頁。

（54）上原『回想録』、七八三頁。

(55) 同右、七八六頁。
(56) 同右、七八八～七九〇頁。
(57) *NCH*, 16 June 1937, p. 464.
(58) Sergeant, *Shanghai*, p. 179.
(59) 上海居留民団編『上海事変誌』、五〇六～五〇七頁。
(60) 上海居留民団編『三十五周年記念誌』、五五三頁。
(61) 上原『回想録』、七一九頁。
(62) 工部局の日本人警官は「日本隊員は毛唐の走狗だ！」とののしられたという。五嶋『上海の夜明け』、一五一頁。
(63) 上海居留民団『上海事変誌』、五〇六頁。
(64) 上原『回想録』、七二〇頁。
(65) *NCH*, 18 August 1937, p. 277.
(66) 上原『上海共同租界誌』、一六二～一七二頁。
(67) 上原『回想録』、八一七頁。
(68) 同右、八一八頁。
(69) 橋本編『上海日本人各路連合会』、九二～九七頁。
(70) 主な要求は、工部局警察における日本人警官の増員と昇進、工部局全部局における日本人幹部の採用などであった。*NCH*, 12 January 1938, p. 49.
(71) *NCH*, 30 March 1938, p. 506.
(72) SMC, Minute, 22 June 1938; *NCH*, 16 March 1938, p. 424.
(73) 興亜院華中連絡部『上海租界の敵性調査――第一部共同租界工部局警察』、一九四〇年、二七～二八頁。
(74) 『朝日新聞』一九三八年四月九日朝刊一一頁、NCH, 13 April 1938, p. 51.
(75) 『読売新聞』一九三八年四月九日朝刊。
(76) 上原『回想録』八三二頁。
(77) *NCH*, 8 March 1939, p. 401, 6 March 1940, p. 367. 滬西地区についてはFrederic Wakeman Jr., *The Shanghai Badlands:*

*Wartime Terrorism and Urban Crime, 1937–1941*, Berkeley, 1996を参照。

（78）『大陸新報』一九三九年二月三日、朝刊二頁。

（79）FO371 F 13613/130/10 'Foreign Office Minute（Mr. Scott）'.

（80）上原『回想録』、八三五～八三六頁。

（81）例えば*NCH*, 1 April 1936, p. 5.

（82）Bickers, *Empire Made Me*, p. 84.

# 第6章　工部局市参事会選挙

## 第1節　市参事会選挙とその諸問題

### (1)　制度と傾向

市参事会は、その英語名「Shanghai Municipal Council」が同時に工部局全体も示したことからもわかるように、工部局の中心的存在であり、ひいては共同租界行政の中心でもあった（図12）。そして外国人居留民九名からなる市参事会のメンバー構成は、その時点での共同租界における各国の権益や勢力を反映していると一般に認識されており、共同租界の現状を象徴するものでもあった(1)。この外国人参事を選ぶのが市参事会選挙であり、その制度や選出の過程、有権者の投票行動からは、いくつもの共同租界の政治的側面の特徴を読みとることができる。

市参事会選挙は年に一回、三月～四月に開催された。選挙の方法については土地章程の第一八条で詳細に規定されている。主な流れは以下の通りである。参事に立候補するものは、参政権をもつ外国人居留民二名の推薦を必要とし、投票日の七日前までに工部局に届けを提出する。その後、候補者が主要な新聞紙や『工部局公報』で公表され、一週間の選挙運動期間を挟んで、投票にかけられる。投票日は二日間で、両日ともに午前一〇時から午後三時までとされ、二日目の投票が終了後、直ちに開票し、当選者九名の氏名が公表されるのである。他方、投票する側の有権者についても、毎年、前年度の納税実績が反映された有権者リストが『工部局公報』に掲載された。そして選挙前にそのリストに従って投票券が郵送され、投票日当日、それと引き換えに投票を行うのである。

投票は連記制という方式がとられた。この方式では、一人の有権者が一人の候補者に一票を投じるという現在の選挙で一般的なものとは異なり、参事の定数である九名まで同時に投票することができた。具体的には、一枚の投票用紙に候補者全員の名前が印刷されており、投票者は票を入れたい候補者の名前に印をつけるのであるが、その印は定員である九名までつけることができたのである。また定数以下の一〜八個の印だけをつけて投票することも認められ、当選を阻みたい特定の候補にのみ印をつけないことで、実質的なマイナス票とすることも可能であった。また秘密投票ではなく、投票用紙に自署を必要とする記名投票でもあった。

候補者が九名かそれ以下の場合、信任投票などは行われず、自動的に候補者がその年度の参事に任命された。候補者が五名以下の場合は、なんらかの手段で五名以上になるような措置をとらなければならなかったが、そうした事態は記録には残っていない(2)。

選挙権、被選挙権は次の第一九条で規定されている。選挙権、被選挙権を得る条件は一定額以上の財産を有していることであり、具体的には選挙権は、租界に居住する外国人で、時価五〇〇両以上の土地を所有し、土地税と家屋税の合計を年額一〇両以上納めているもの、あるいは年額五〇〇両以上の家賃を支払っているものに与えられた。被選挙権の条件はさらに厳しく、有権者資格を満たす五倍の額である年額五〇両以上の土地税と家屋税を納めているものか、年額一二〇〇両以上の家賃を支払っているものだけが選挙に立候補することができた。また商社など、法人として租界に土地を所有している場合も、その代表者に選挙権が与えられた。この財産規定は、一般の居留民にとっては容易に満たすことのできるものではなく、有権者の数は非常に限られていた。またこの土地章程の規定は一九世紀以

出典：Greg Leck, Captives of Empire.

図12　工部局市参事会（1930年）

来、変更されることはなかったが、両という通貨単位は銀の重量を基準とした商用の単位であり、相対的な価値の変化が少なく、二〇世紀に入ってからもこの財産規定の厳しさが変わることはなかった(3)。また投票に際しては、代理人による投票が認められていたために、実質的に一人で複数の票を投じることも可能であり、この条項は後述する一九四〇年の選挙で大きな意味をもつこととなった。

選出された参事の顔ぶれをみていくと、企業経営者や実業家、商社の支社長といった実業界の顔役や、社会的な信用のある弁護士などの専門職の人間といった、租界における経済利害を独占している人々がほとんどであった。例えば、実質的に最後の市参事会となった一九四〇年度の参事候補者の職業は、ジャーディン・マセソン商会やバタフィールド・スワイア社といった東アジアを代表するイギリス系商社の社長や、インペリアル・ケミカル・インダストリーズ社やスタンダード石油など世界規模で活動する企業の支社長、また日本人では三井物産の支店長などの肩書きが並んでいる(4)。他方、実業界や専門職以外の人間が参事に選出されることは稀であり、ビジネスマン主体の外国人社会においてしばしば疎まれる立場にあった伝道団関係者が唯一参事に選出されたのは、一九四一年の臨時市参事会に領事団によって任命されたアメリカ人宗教家であった(5)。またほ

結果（1930～40 年）

| 1932 | 得票数 | 1933 | 得票数 | 1934 | 得票数 |
|---|---|---|---|---|---|
| 福島喜三次（日） | 1,218 | 船津辰一郎（日） | 1,352 | 船津辰一郎（日） | 1,558 |
| 岡本乙一（日） | 1,210 | 岡本乙一（日） | 1,334 | 岡本乙一（日） | 1,547 |
| H. E. Arnhold（英） | 1,162 | E. B. Macnaghten（英） | 1,030 | E. B. Macnaghten（英） | 1,519 |
| A. D. Bell（英） | 986 | F. J. Raven（米） | 1,028 | J. H. Liddell（英） | 1,421 |
| N. Leslie（英） | 895 | H. E. Arnhold（英） | 1,014 | E. F. Harris（英） | 1,420 |
| F. J. Raven（米） | 882 | A. D. Bell（英） | 1,003 | P. W. Massey（英） | 1,386 |
| P. W. Massey（英） | 846 | C. S. Franklin（米） | 959 | C. S. Franklin（米） | 1,372 |
| J. J. Bahnson（デンマーク） | 843 | E. F. Harris（英） | 759 | H. E. Arnhold（英） | 1,362 |
| B. D. F. Beith（英） | 840 | P. W. Massey（英） | 758 | J. W. Carney（米） | 1,350 |
| J. W. Carney（米） | 734 | W. P. Lambe（英） | 750 | A. W. Beaumont（ベルギー） | 338 |
| A. J. Hughes（英） | 589 | Roderick G. MacDonald（英） | 735 | | |
| A. de C. Sowerby（英） | 418 | F. N. Matthews（英） | 550 | | |
| A. M. Cannan（英） | 390 | N. S. Brown（英） | 409 | | |
| G. E. Marden（英） | 334 | | | | |
| H. M. Cumine（英） | 244 | | | | |
| 1,472／38 | | 1,654／22 | | 1,787／19 | |

| 1937（選挙なし） | 1938（選挙なし） | 1939（選挙なし） |
|---|---|---|
| C. S. Franklin（米） | C. S. Franklin（米） | A. C. Cornish（米） |
| V. st. J. Killery（英） | W. J. Keswick（英） | C. S. Franklin（米） |
| W. S. King（英） | Roderick G. MacDonald（英） | G. A. Haley（英） |
| Roderick. G. MacDonald（英） | Brig.-Gen. E. B. Macnaghten（英） | W. J. Keswick（英） |
| F. N. Matthews（英） | F. N. Matthews（英） | Roderick G. MacDonald（英） |
| W. H. Plant（米） | G. E. Mitchell（英） | G. E. Mitchell（英） |
| H. Poter（英） | 岡本乙一（日） | 岡本乙一（日） |
| 卜部卓江（日） | W. H. Plant（米） | 杉坂富之助（日） |
| 山本武夫（日） | 杉坂富之助（日） | |

とんどの参事が複数年にわたって参事を勤めている。

さらに国籍別でみていくと、市参事会はイギリス人に極端に偏った構成となっているのがわかる。一八七三年から一九四〇年まで、イギリス人参事が市参事会の過半数を下回ることは一度もなく、常に五～八名が選出されていた（表6、表10）。その他の国籍では、上海におけるイギリスのジュニア・パートナーであったアメリカ人が数年間を除いて常に参加している。その人数はおおむね一人だけであったが、一九二〇年前後から二名に増えているのは、この頃、中国ナショナリズムが台頭するなかで、イギリス人社会がアメリカ人社会との協力関係を密にする必要を感じたからであり、同じことは一九二七年以降、二名に増えた日本人についてもいえる。またドイツ人も一人を市参事会に送り込んでいたが、第一次

## 表10　市参事会選挙

| 選挙年 | 1930 | 得票数 | 1931 | 得票数 |
|---|---|---|---|---|
| 当選者（括弧内は国籍） | 福島喜三次（日） | 1,078 | 福島喜三次（日） | 1,086 |
| | 斉藤武夫（日） | 1,060 | 岡本乙一（日） | 1,086 |
| | E. B. Macnaghten（英） | 926 | E. B. Macnaghten（英） | 965 |
| | A. D. Bell（英） | 865 | G. W. Sheppard（英） | 904 |
| | J. W. Carney（米） | 845 | J. W. Carney（米） | 884 |
| | A. J. Hughes（英） | 789 | A. J. Hughes（英） | 872 |
| | N. Leslie（英） | 757 | N. S. Brown（英） | 860 |
| | G. W. Sheppard（英） | 740 | A. D. Bell（英） | 855 |
| | N. S. Brown（英） | 735 | F. J. Raven（米） | 795 |
| 落選者 | H. E. Arnhold（英） | 715 | C. H. Arnhold（英） | 506 |
| | C. E. Patton（米） | 665 | | |
| | P. W. Massey（英） | 591 | | |
| | G. E. Tucker（米） | 360 | | |
| 総投票数／無効票 | 1,377／27 | | 1,247／18 | |

| 選挙年 | 1935 | 得票数 | 1936 | 得票数 |
|---|---|---|---|---|
| 当選者（括弧内は国籍） | 山本武夫（日） | 1,324 | E. B. Macnaghten（英） | 2,012 |
| | 卜部卓江（日） | 1,308 | W. J. Keswick（英） | 1,988 |
| | J. H. Liddell（英） | 1,073 | G. E. Mitchel（英） | 1,988 |
| | C. S. Franklin（米） | 1,050 | H. Porter（英） | 1,949 |
| | J. W. Carney（米） | 1,044 | A. D. Calhoun（米） | 1,902 |
| | H. Porter（英） | 1,024 | C. S. Franklin（米） | 1,896 |
| | V. St. J. Killery（英） | 909 | H. E. Arnhold（英） | 1,893 |
| | W. P. Lambe（英） | 828 | 郷敏（日） | 880 |
| | H. E. Arnhold（英） | 749 | 山本武夫（日） | 875 |
| 落選者 | A. J. Hughes（英） | 598 | 卜部卓江（日） | 874 |
| | L. R. Hossenlopp（仏） | 568 | | |
| 総投票数／無効票 | 1,587／30 | | 2,799／19 | |

| 選挙年 | 1940 | 得票数 |
|---|---|---|
| 当選者（括弧内は国籍） | N. F. Allman（米） | 8,000 |
| | W. J. Carney（米） | 7,998 |
| | W. J. Keswick（英） | 7,883 |
| | G. A. Haley（英） | 7,869 |
| | T. S. Powell（英） | 7,860 |
| | Roderick G. MacDonald（英） | 7,831 |
| | G. S. Mitchell（英） | 7,830 |
| | 塙雄太郎（日） | 5,211 |
| | 田誠（日） | 5,205 |
| 落選者 | 岡本一策（日） | 5,203 |
| | 黒田慶太郎（日） | 5,188 |
| | 岡本乙一（日） | 5,187 |
| | Ranald G. McDonald（英） | 325 |
| 総投票数／無効票 | 13,098／98 | |

注：参事会選挙では投票用紙一枚につき9名まで投票が可能．総投票数は投票された用紙の枚数である．
出典：*North China Herald* 他より作成．

大戦を機に選出されなくなり、代わりに日本人が参事として選出されるようになったことは既にみたとおりである。

全体的にみると、この選挙における顕著な特徴は、毎年上記のような手続のもとに選挙が行われていたにもかかわらず、若干の変化はあるものの、その国籍別の構成がほとんど変わらないことである。特に一九〇〇年から一九一五年までその構成は全く同一であり、一九一六年以降も、おおむねまるでそれが「定数」であるかのように同じ構成が続いている。事実、それは「定数」であった。市参事会の国籍別の構成は事前に居留民社会間で話し合われ、その時々の力関係により「定数」が決められ、各国居留民社会はその「定数」を尊重することが求められた。一九二七年以降においては、市参事会の構成はイギリス人五名、アメリカ人二名、日本人二名に固定化されるが、この構成はこれら三つの居留民社会のあいだで非公式に結ばれた「紳士協定」であると考えられた。(6)

## (2) 選挙におけるイギリス人のアドバンテージ

イギリスに偏重した市参事会の「定数」の継続的は維持を可能とした要因は二つあった。一つは市参事会選挙の制度が多くの問題をはらみ、民主的なシステムとして機能していなかったことである。まず選挙権が財産規定によって厳しく制限されていたことと、その財産規定が土地に基づいていたことが挙げられる。共同租界の土地の大半は、中国人便宜的所有者に対する名義を貸していたものも含めて、イギリス人が所有していた。例えば一九二七年時点の共同租界の土地の総価値は三億三六七一万二四九四両（五六二一万一三二七ポンド）であったが、その内イギリス人名義の土地の価値は二億八二三九万四四〇八両（四四二〇万九二八三ポンド）で全体の約八四%を占めていた。これに対し、欧米人ではイギリス人に次ぐ勢力であったアメリカ人の名義の土地は二〇四二万四九二七両（三一九万一三九五ポンド）で全体の約六%に過ぎず、人口では当時イギリス人の三倍近かった日本人の名義となっていた土地も、アメリカ人よりは若干多いものの二五四一万七六五二両（三九七万一五〇八ポンド）で全体の八%足らずであり、イギリス人名義の土地の一〇分の一の価値も持たなかった。(7) このイギリス人名義の土地の内、約三分の一の土地については、実質的な所有者は中国人であり、制度上、土地を所有できないこうした中国人にイギリス人が単に名義を貸しているだけであった(8)。しかしこうした中国人に名義を貸しているだけの人物も、選挙権を行使することが可能であった。したがって選挙権を有する居留民は圧倒的にイギリス人に多く、人口でははるかに勝る日本人有権者を大きく上回っていたことになる。もちろん、それぞれの所有する土地の価値が票数に直結するわけではなく、登録された土地区画一つにつき一票であり、また一個人の名義で複数の土地が登録されていても、原則として——他の有権者の代理人とならない限り——一人一票しか持つことができなかった。共同租界の有権者は工部局において国籍別に登録されていなかったので、有権者リストの名前から容易に判別できる日本人を除いて、それぞれの国籍ごとの厳密な人数は不明であった(9)。しかし家賃の規定を利用した、部屋を又貸しすることで家賃を支払う人間の数を増やすという手法によって、日本人がかなり票を増やしていることが問題視され、調査が行われた一九三四年時点でも、全有権者約三五〇〇名のうち、イギリス人が約一四〇〇名、アメリカ人が二三〇名、日本人が八七三名、その他居留民が約一〇〇〇名であったことを考えると、一九二〇年代までは、恐らく有権者のうちイギリス人がかなりの割合を占めていたと考えてよいだろう(10)。そして投票の形式が上述の連記制であったため、仮にイギリス人が有権者の過半数を占めていたとすると、投票結果はまさにイギリス人の意のままにすることが可能であったのである。さらに記名投票であったために、一致した行動が必要となった場合、それに反した投票は社会的な遺恨を残すことになりかねず、自らの属するコミュニティの意向を汲みとった慎重な投票行動が期待された。

もう一つは、共同租界におけるイギリス人の利害関係が他の居留民と一致し、イギリス人による租界統治に強い不満が出なかったことである。例えば、一九三四年に在上海イギリス総領事が作成した覚書では、「長年にわたり第二位にあるアメリカ人はこの［工部局がイギリス人によって排他的に支配されている——筆者］状況に黙従しているが、それは工部局が提供するものが彼らの求めるものと一致し、その必要性を満たしているからである」と、租界行政に対するアメリカ人居留民の姿勢を分析している。[11] 工部局が提供するものとは、端的にいえば中国人や中国当局に対して外国人居留民の立場を守ることであり、その他の欧米人居留民社会もアメリカ人と同様の姿勢であったことは疑いない。他国籍の居留民にはあえてイギリス人に逆らう理由はなかったのである。

実際、各居留民社会も「定数」の維持に尽力した。アメリカ人社会はアメリカン・クラブを中心に、日本人社会は居留民団において、それぞれ候補者を事前に二名に絞っていた。それは票が割れることを回避するという意図もあったが、「定数」通りの候補者を立てることで、市参事会の既存体制を認める意志を示すことでもあった。逆にイギリス側も、「誤って」定数以上のイギリス人が当選してしまった場合は、参事の席を定数に満たなかった国の候補に譲り、「定数」を維持した。[12] また保守系のイギリス紙『ＮＣＤＮ』は社説や記事のなかで、有権者に対してどのようにして「うまく（do well）」投票すべきかのガイダンスを掲載した。[13] イギリス人にとっても、例えば中国ナショナリズムと対立するなかで、外国人居留民全体の便宜を図り、各国居留民のあいだに対立のない、調和のとれた租界体制こそが必要であり、その維持を望んでいたのである。こうしたことから、市参事会選挙には、共同租界におけるイギリス人の支配権を容認し、イギリス人を盟主とする「既存体制」の維持に対する他の外国人居留民社会の同意を確認する、ある種の儀式的な要素も多分に含まれていたといえよう。

しかしながら、実際の政治活動としての選挙の実態をみると、このような性質をもつ市参事会選挙は、民主的な政治制度としては形骸化が進んでいた。争点のない選挙に対する居留民の関心は高まりようがなく、全体の投票率は非常に低い値に留まり、一九三〇年代前半までは平均して二〇～三〇％であった。そもそも参事の被選挙権をもつような階層の人間は、企業活動や日々の業務で多忙であり、無給の名誉職でありながら各部局・委員会の報告書を読み、二週間に一度の会議に出席しなくてはならない参事という仕事を積極的に引き受けようというものは少なく、必要な数の候補者をみつけることすら困難なことも少なくなかった。[14] その結果、事前調整で候補者が絞られることもあって、投票自体が行われないことが多く、一九〇〇年から一九四〇年までの四一回の市参事会選挙のうち実際に投票が行われたのは半数の二一回に過ぎなかった。『NCDN』は選挙が近づくたびに居留民の選挙に対する無関心を嘆き、一九三〇年に定数を超える一四名が立候補した時には、それを「きわめて健全」であると称えるほどであった(15)。しかし一九三〇年代に入り日本人居留民がこうした「既存体制」に不満を抱きはじめ、それを打ち崩す手段として市参事会選挙が注目されると、市参事会選挙を取り巻く状況は大きく変化することになる。

### (3)　一九三〇年代前半の市参事会選挙

市参事会選挙を通じて、実際に日本人が「既存体制」に挑戦するのは一九三六年の選挙になるが、その前に一九三〇年――この年、中国人参事が五名となり、市参事会の最終的な構成が固まった――から一九三五年までの選挙の状況をみておこう（表10）。この時期においても、市参事会のイギリス人五名、アメリカ人二名、日本人二名という外国人参事の構成を実現する「紳士協定」の維持が追求された。他方で、一九三〇年から一九三六年の期間は無投票での参事の選出がなくなり、七年連続で投票が実施されている。これは共同租界史上はじめてのことであった。そうした投票という不確定な要素を含んでいたにもかかわらず、一九三〇年や一九三二年など、一部例外があるものの、おおむね「紳士協定」が安定して維持されていたのである。

では、この時期、どのようにして「紳士協定」は維持されたのだろうか。まず注目すべきは、アメリカ人と日本人が、一九三〇年を除いて両者の「定数」である二名ずつしか立候補していないことである。これはアメリカ人社会と日本人社会が、候補者を事前に絞った結果であった。そして有権者の投票についても、それまでと同様『NCDN』などに、どのように投票すべきかのガイダンスが掲載された。以下の一九三三年の詳細なガイダンスは、「紳士協定」を維持するために期待された、具体的な有権者の投票行動が非常によくわかる。

選挙に際しては、まずアメリカ人と日本人の候補者四名に投票しなければならない。一三名の候補者リストをみて、投票者はまず岡本氏、船津氏、ラヴェン氏、フランクリン氏にその票を投じるという簡単な仕事をこなす。この義務を果たした後、残りの九名［のイギリス人候補――筆者］の中から五名を選ぶのである。(16)

このように適切な数の非イギリス人候補に投票してから、残りをイギリス人候補のなかから選ぶという方法は、ドイツ人を排除して日本人を加入させた一九一六年の選挙を契機にはじまり、以後慣例となっていた。(17)こうした手法は連記制という市参事会の選挙の投票方式があって初めて意味を持ったといえる。

第一次上海事変が勃発した一九三二年の選挙では、また別の配慮が必要となった。この直前まで続いていた日中両軍の戦闘について、外国人のあいだでも意見がさまざまにわかれており、特に日本人に対する反感をもつ有権者が、例年通りの投票を行わないのではないかという懸念が、イギリス人社会の指導者層にひろがっていた。いまだ停戦協定の結ばれていない三月に開催された上海のイギリス商工会議所と中国協会の合同委員会で、市参事会選挙について次のような提案がなされた。

バーキル氏は、この現状で市参事会選挙を行うことに疑問を呈し、選挙を行わない方がよいのではないかと述べた。そして現職の九名の参事をそのまま立候補させ、それ以上の立候補を受付けないようにすれば、市参事会は選挙なしで再選されるだろうと主張した。選挙を行うことで、日本人参事が選出されないという最悪の事態に陥ることを彼は恐れた。(18)

結果的に、選挙までに上海での戦闘が収まったために、この案は採用されることはなかったが、おおよそ極端に変則的手段を使用してでも「紳士協定」を継続したいというイギリス人リーダーたちの執着がみてとれる。第4章で検討したように、この頃からイギリス人たちは日本人を、租界を運営していくうえで不可欠なジュニア・パートナーと位置づけていた。また上海における日本の武力行使を目の当たりにし、日本を既存体制の外に追いやれば、日本は独自の租界の設定し、共同租界に対し日本が敵対的な姿勢をとるかもしれないという懸念もあった[19]。租界行政におけるイギリスの優越した地位はすでに絶対的なものではなくなっており、イギリス、アメリカ、日本の三大勢力のバランスのうえにかろうじて成り立っていたのである。彼らのこうした「紳士協定」への執着は、自身のおかれた状況に彼らが自覚的であったからに他ならず、これ以降も繰り返し現れることになる。

「紳士協定」がうまく機能しなかった事例もみてみよう。イギリス人五名、アメリカ人二名、日本人二名のバランスが崩れているのは、アメリカ人が一名しか当選しなかった一九三〇年とアメリカ人の代わりにデンマーク人が選出された一九三二年である。

一九三〇年の選挙でアメリカ人社会が二名の代表を選出できなかった理由は、「定数」の二名を超える三名のアメリカ人が立候補したことによる票の割れが原因であった。アメリカ人社会はこうした事態を恐れて、事前にアメリカン・クラブにおいて予備選挙を行っており、公認の候補者としてJ・W・カーニーとC・E・パットンが選ばれていた。しかしこの予備選挙の結果によって公認されなかった、「古いタイプの真のダイハード」と評されるG・E・タッカーがこれを不服として、そうしたアメリカ人社会の意向を無視して本選挙にも立候補してしまった。その結果、パットンとタッカーが票を分け合う形となり、両者共に落選してしまったのである[20]。アメリカの領事館付き商務官の立候補が、アメリカ政府の指示で立候補を取り下げさせられたのもこの年である（第3章第2節）。選挙後、イギリス人社会のあいだでは、イギリス人参事の席を一つアメリカ人に譲るという提案もなされたが、これはアメリカ側が拒否した。この選挙の失敗を教訓に、アメリカ人社会はこれ以降、より厳密に予備選挙とその遵守を求め、選挙に向けた体制を整備していった。

アメリカ人は、一九三二年に再び参事の席を一つ失う。この時、アメリカ人の代わりに参事に選出されたのがデンマーク人のJ・J・バーンソンであった。この選挙でも『NCDN』は日本人二名とアメリカ人二名の当選は当然であるとして、有権者に対し「決してその権利の使い方を誤ってはならない」と例年通り、「紳士協定」に則った投票を求め、バーンソンについては完全に無視していた。[21] そのため彼の当選は予想外のことであった。この人物は元々北欧からきた居留民に人気があり、参事会に代表を送っていた英米日以外の有権者が多く彼に票を投じた。また政策として租界拡張を唱えていたために、英米人のなかでも「ダイハード」な姿勢をとる人びとの票も集めたと考えられた。

一方、このバーンソンと対照的なのが、一九三四年のベルギー人候補A・W・ボーモントである。バーンソンの経験もあり、『NCDN』は立候補の時点から彼を「気まぐれ候補」と呼び、有権者に対して彼への投票を控えるよううながす一連の論説を掲載した。[22] 実際、「きわめて下品な傾向のある」雑誌の編集長であった彼は、工部局警察の調査によると、上海にやってきた典型的な山師で、立候補時点でも数々のスキャンダルと訴訟を抱えており、そのうえボーモントという名前も本名ではなかった。[23] ボーモントは日本人社会を含む各居留民社会の新聞に全面広告（図13）を出すなど、通常ありえないような積極的な選挙活動を行ったが、『NCDN』のプロパガンダや、そもそもあからさまに怪しい人物であったため、極端に少ない票しか得ることができなかった。

これらの「紳士協定」の失敗の事例から、この協定に基づく英米日の参事の数のバランスの実現には、それぞれの居留民社会での候補者に関する周到な調整と合意、そしてある程度意識的な規律だった有権者の投票行動が必要であり、そしてそれが必ずしも容易なことではなかったことがうかがえる。アメリカ人社会は一九三〇年の失敗以降、事前にアメリカ人社会のなかで候補者を選ぶ予備選挙を行い、厳格に候補者を二名に制限するようになった。日本も候補者を民団内部で予め選出していた。一方でイギリス人社会は、市参事会選挙の民主的な外観を損なうものであるとして、こうした事前の調整を自らの社会で行うことには否定的で、イギリス人の立候補を制限するようなことはなかった。(24) またボーモントの事例にみられるように、租界行政を害しかねない人物については、欧米人、日本人を問わず、一致した拒絶の姿勢が示された。そもそも土地を基準とした財産規定を満たす居留民は、相対的に大きな利害関係を租界に有していた。投票率は低かったとしても、それは逆にいえばそれだけ租界行政に対し関心の高かった人間だけが投票を行っていたのであって、「紳士協定」の必要性についてもある程度認識し、求められる投票行動についても自覚的であったと考えられる。

しかし、すでにこの時期において、選挙における候補者の当落、そして「紳士協定」の維持に決定的な影響力をもったのは日本人居留民の票となっていた。次節では、市参事会選挙に対する日本人の立場を概観する。

出典：『上海日報』(1934 年 3 月 25 日朝刊，8 頁).

図 13　A. W. ボーモントの選挙広告

## 第2節　市参事会選挙と日本人

### (1)　選挙における日本人の存在感

市参事会選挙において日本人居留民がその存在感を示し始めたのは、一九三〇年頃からである。この時期の選挙結果のもう一つの顕著な傾向として、常に日本人候補が得票数の第一位と第二位を占めていることが指摘できる。前節でみたように、有権者たちにはイギリス人以外の候補者に必ず票を投じることが期待されたため、アメリカ人候補と日本人候補が比較的高い得票数を獲得することは決して不思議なことではない。しかし必ず日本人がトップで当選している背景には、日本人社会に固有の要因があった。それは他の居留民社会にはない、居留民団を通じた高い組織力に基づく、欧米人に比べて著しく高い八〇～九〇％という日本人有権者の投票率とその組織的な投票行動であった。一九三二年から三六年まで在上海日本総領事を務めた石射猪太郎は次のように回想している。

イギリス人側からはいつも定員以上の立候補があって、自国人の投票を食いあった。であるからイギリス人候補者たちは、日本人の同情票を獲得しなければ、当選確実とはならない。つまり日本人側は、イギリス人候補者の当選に対して、カステング・ボートを握るわけで、このカステング・ボートを巧みに使いこなして、日本人候補者二人に日本、イギリス、アメリカの投票を集中させて最高点を取る一方、イギリス、アメリカ人候補に対しては、日本人の投票を適当に分散させてその中の一人を落選させる、その操作にあたる日本人側の選挙運動者の手ぎわは、なれきったものであった。(25)

ここで石射は、英米側は日本人の票を獲得するために日本人候補者に票を投じたと解釈しているが、実際はそれだけでなく、英米人の間に日本人候補者を落選させてはならないという意識が強く働いていたことはすでにみたとおりである。いずれにせよ日本側がその組織力によって、ある程度日本人以外の候補者の当落を操作できたのは事実であった。日本人候補が初めて第一位で当選したのは一九二二年の選挙であり、その後も高い順位を維持していた(26)。日本人参事が二名になった後の一九二九年には、日本人候補が圧倒的な大差で一位と二位で当選したが、現地の英米プレスはほとんど興味を示さなかった(27)。

ようやく英米人居留民がこのことを問題視しはじめたのは翌年の一九三〇年であった。そのきっかけとなったのは、この年の選挙で前年度の市参事会議長を務めたアーノルドが落選したことであった。例えば、彼の落選について『NCDN』は「アーノルド氏に関しては電話会社との癒着が噂され、その結果、日本人の票を失った」ために落選したと分析している(28)。アーノルド自身も、自分の落選は日本人警官の増員を拒否したり、電話会社の買収に関して日本人社会に不利な決定をして、日本人の不興をかってしまったためであると、選挙後にイギリス総領事に弁明している(29)。

さらにアーノルドは、日本人参事であった船津振一郎から聞き出したという日本人の投票の方法について報告している。それによると日本人有権者は居留民団の選挙本部によっていくつかのグループに分けられ、それぞれのグループは誰に投票するかを指示されるという。一九三〇年選挙の場合、イギリス人候補者八名にそれぞれ五〇〇票から二〇〇票までが割り振られた(30)。実際、最大の五〇〇票を割り振られたマクノートンはイギリス人のなかでは首位で当選し、最小の二〇〇票しか割り振られなかったアーノルドとマッセイが落選していた。こうした数字を挙げながら、日本人たちは自分たちの代表を確実に選出するだけでなく、こうした組織的な投票によって、日本人以外の候補の当落もある程度左右できる力をもっているとアーノルドは主張し、日本人の票が共同租界の行政にとって場合によっては非常に危険なものになると警鐘を鳴らした。しかしこの時点では、イギリス公使ランプソンはこのアーノルドの主張を一笑に付し、彼の落選の理由は、第3章第3節で触れた治外法権問題に関する彼の行動が、有権者たちの反発を招いたことにあると本省に報告した。(31) いずれにせよ、一九三〇年は中国人参事の問題の方がはるかに重要であり、アーノルドの落選や日本人有権者の潜在力はそれほど注目を集めなかったのである。

少し後の一九三四年には、選挙の直後に『NCDN』が日本人社会の投票行動について報じた。(32) 基本的にアーノルドの主張を繰り返すものであったが、この記事ではより詳細な票の操作方法が紹介された。このときの選挙では約八〇〇名の日本人有権者が七つのグループに分けられ、それぞれに異なる候補者の組み合わせで投票するように割り振られたという。それらを整理すると、七つのグループのうち、四つがアーノルドに、三つがマッセイ、カーニー、ハリスに、二つがフランクリン、リデル、マクノートンにそれぞれ票を「入れない」ように指示され、他方で、全てのグループに対し日本人候補には必ず投票し、ボーモントには投票しないように指示されたのだという。もしこの通りに投票が行われれば日本人票は、日本人候補二名には約八〇〇票、フランクリン、リデル、マクノートンの三名には約五七〇票、マッセイ、カーニー、ハリスには約四六〇票、アーノルドには約三四〇票が投じられたことになる。そして実際の選挙結果においても、日本人候補がトップであるほか、それぞれの当選した候補の順位は上記の日本人票をある程度反映しており、こうした日本の投票行動を必ずしも否定できるものではなかった。

もちろん、日本側はこうした組織だった票の操作を決して認めなかったし、直接そうした行為を裏付ける史料も存在しない。しかし前述の石射総領事の回想録の記述や、例えば『上海日報』といった現地の邦語新聞に、日本人有権者に対して投票前に必ず居留民団の選挙事務所に立ち寄るように促す記事が掲載されていた事実などを考えると、こうした操作が行われていたことはほぼ間違いないだろう。(33)

## (2)　日本人社会の参事増員要求

では、上海事変以降、工部局行政における発言力の拡大を求めていた日本人社会が、選挙においてこのようなきわめて高い影響力をもちながら、「紳士協定」を唯々諾々と遵守していたのはなぜだったのだろうか。

日本人の候補者は居留民団の参事会で決定されていた。当然、日本人にとっても選挙規定は同じであったので、彼らは被選挙権の財産規定を満たす必要があった。さらに市参事会の場において日本人社会の要望を適切に伝えるために、欧米人とのコミュニケーション能力、即ち英語を中心とした語学力も必要とされたため、結果として選出される候補者は国際的な利害関係を持つ企業経営者や、それに準じる「会社派」の人びとに限られた。また英米人と同じ理由から喜んで参事に立候補する人間は少なく、関心も低かった。こうした人々は候補に選出されても、選挙期間中に上海にいないこともしばしばで、当落の結果を日本で知らされても、どちらかというと他人事という候補者も少なくなかった。初めて日本側が三名の候補者を立てた一九三六年の選挙では、立候補した「三氏ともいやがるのを引受けさせられた」(34)のであり、その後の再選挙ではその三名のなかから二名を選ばなくてはならなくなったが、お互いに参事の席を押し付けあって、なかなか二名に絞ることができなかったという(35)。

むしろ、市参事会選挙に並々ならぬ関心をもっていたのは「土着派」の人びとであった。上海事変以降、日本人社会の内部では「土着派」のナショナリズムが高まったことはすでに述べたが、工部局に提出された覚書にみられたように、日本人参事の増員は彼らの主要な要望の一つとなっていた。そしてその手段として、英米側との折衝ではなく、市参事会選挙において正面から対決すべしとの意見が「土着派」のあいだで台頭しはじめた。前述のように、「紳士協定」維持のために英米が払っている注意を、日本側では総領事でさえ十分に理解していなかったわけだが、なおさらそれを関知できる立場にない「土着派」は、常に日本人候補者がトップ当選している現状をみて、単純に三名以上の候補者を立てても当選できるという自信を持っていた。そして彼らは、市参事会の参事のバランスは、イギリス人の伝統的な立場を尊重したとしても、英米日がそれぞれ三名ずつか、英四名、米二名、日三名が妥当であるとして、日本人候補を三名擁立することを主張した。そして一九三二年以降、各路連合会で三名擁立を決議し、居留民団に対し圧力をかけるようになった。

他方、「会社派」が大勢を占める居留民団はこの動きを抑え込もうとした。候補者の人選と候補者数の決定については総領事の意見が尊重されたが、上海事変から日中戦争の時期に上海総領事を務めたのは前述の石射猪太郎であり、上海において英米との関係を良好に保つことに尽力した人物であった。彼は日本人参事を増やすにしても、それは英米の了解をとりつけたうえで平和裡に実現すべきであると考えており、「土着派」のそうした要望を「虹口サイドにたてこもって、イギリス、アメリカ居留民などと毫も交渉をもたない者の、偏狭な国家主義の発露」(36)であると断じ、彼らの要望を簡単には受け入れなかった。また「会社派」の代表者たちもそうした総領事の姿勢に同調した。

しかし『上海日報』や『上海毎日新聞』といった現地新聞は欧米人有権者の投票率の低さを非難し、そうした行政に関心の薄い人びとではなく、高い政治意識をもった日本人居留民こそが租界の行政を担うべきだという主張を繰り返し行い、日本人参事の増員を求める声は高まっていった(37)。

### (3) 一九三五年の市参事会選挙

日本側の組織投票の実態について、アーノルドの主張や『NCDN』の記事を英米人居留民がどの程度信用したのかは明確ではない。しかし、少なくとも日本人有権者の高い投票率と、それとは対照的な欧米人有権者の低い投票率は徐々に欧米人居留民の注意を引きはじめた。すでに『NCDN』はアーノルドの落選を受けて、一九三〇年の段階で、「これからの選挙においては、日本人の勢力を考慮に入れなくてはならない」と注意を促していた(38)。そしてその後も選挙のたびに欧米人有権者の選挙に対する無関心を嘆き、「どの候補者が当選するかを決定するのを日本人に任せる事に皆満足している人たち」に投票へ行くことを繰り返し求めた(39)。それでも欧米人の投票率は低い状態で推移し、大きく変化することはなかった。一九三二年の日本人の投票率は八六％（六八二票）であったのに対し、日本人以外の投票率は二九・四％（七九〇票）であり、一九三三年は同様に九二％（七八三票）と二九・七％（八七一票）、一九三四年は八三％（七七一票）と三五％（一〇三五票）といった調子であった(40)。

欧米人有権者のこの状況をみて、一九三五年の選挙で日本人社会では、各路連合会の常任委員会が三名の候補者擁立を議決するなど、「土着派」を中心に三名の候補者を立てるという意見が一層強まった。また「紳士協定」については、そうしたものは関知しないという立場をとった(41)。

選挙直前にこの動きを察知したイギリス側は、イギリス商業会議所、中国協会、イギリス人居留民協会（ＢＲＡ）の代表からなる「合同委員会」を通じて、日本側と協議を行った。そのなかで、日本人参事を三名ないしそれ以上に増やしたいとする日本側に対し、合同委員会はイギリス人参事五名、日本人参事二名という既定の配分を相互に保証しあうことで合意に漕ぎ着けた(42)。この取引を意味のあるものとするには、日本側にとって現状維持こそ得策であるということを次の選挙で示す必要があった。すなわちイギリス人自身が今回の選挙において日本に匹敵する高い投票率を達成し、現状維持を日本側が拒否するのであれば、現在割り当てられている二つの参事の席すら確保することが不可能になるのだということを、日本側に納得させせなければならなくなったのである。それは同時に、イギリス人は租界行政に対し関心が薄いという非難を否定することにもつながった。この選挙の意義について『ＮＣＤＮ』は「彼ら［日本人居留民］にとって、今回の選挙はイギリス人の誠実さと租界行政に対する関心を試すテストである」と述べ、後述する「「公認候補」への断固たる投票だけが、租界におけるイギリス人の利害が薄い、あるいは選挙においてイギリス人の票は無視できるといった主張を覆すことができる」のであり、「次の月曜日と火曜日の選挙で、イギリス人の投票率を印象的な値にまで押し上げるために投票するということによってしか、それをなすことはできない」と主張した。[43]

したがって、この選挙ではイギリス人候補が最多得票をとることが至上命題となったが、そのためには「定数」以上の候補のあいだで票が割れる事態を避けなくてはならなかった。合同委員会はこのために「公認候補」の設定という思い切った手段をとった。すなわち特定の候補者をイギリス人社会を代表する三団体――イギリス商業会議所、中国協会上海支部、BRA――の代表が公認し、イギリス人有権者に対してこの「公認候補」への排他的な投票を求めたのである。[44]イギリス人社会が、アメリカや日本人社会のような候補者の事前調整に否定的であったことはすでにみた。しかし、かつてのアメリカ人社会の二度にわたる「定数」維持の失敗が、イギリス人社会にも選挙に対する考え方を変えるきっかけを与えていたのである。それまで候補者の絞り込みに否定的な論調を維持していた『NCDN』も、今回はその必要性を認め、五名のイギリス人候補と日本とアメリカの候補者を二名ずつを「公認候補」として繰り返しアナウンスした。「イギリス人参事の席を確保するという明確な意図をもって……イギリス人有権者は、現職のアーノルド氏、ラム氏、リデル氏、新人のキルリー氏、ポーター氏に投票しなくてはならない。他のものへの投票はイギリス票を棄てることである。もちろんアメリカ人と日本人二名ずつを無視してはいけない。信頼にたり、選ばれるべきは上記五名である」とし、「公認」されなかったイギリス人候補A・J・ヒューズとフランス人候補L・R・オセンロップへの投票を控えるように呼びかけた。[45]

しかしながら、選挙と日本人社会をめぐる問題に対するこうした懸念は、一般のイギリス人有権者やその他の欧米人有権者に共有されなかった。「公認」された候補たちは全員が当選したが、当選順位はそれまでと同じく日本人候補者二人が上位を占めた。さらに日本人以外の投票率は前年を下まわる結果となってしまったのである。この年の投票率は日本人が八六％（七七五票）と依然と高い値なのに対して、それ以外の有権者の投票率は二八％（八一二票）

と、前回よりも大きく落ち込んだ。(46) イギリス外務省極東部のジョン・プラット（John Pratt）は、こうした状況を、「公認候補」システムを導入することで日本人の票も彼らに集まり、イギリスの「定数」は確実に確保されるとイギリス人有権者が安心したために、かえって彼らの無関心が拡大してしまったのではないかと分析している。(47)

また合同委員会がとった「公認候補」という措置についても、合同委員会を構成する商業会議所、中国協会、ＢＲＡが時間的な制約から、こうした手段を取ることについてそれぞれの会員に了承を得ることなく、それぞれの執行委員会の独断で決めてしまったことがイギリス人の反感を招いていた。そのため『ＮＣＤＮ』自身は非常事態であったことを強調し、「公認候補」という方法を高く評価したが、(48) その恣意的な候補者の選択を非民主的な手法であると考えたり、あるいはビジネス団体からの「指図」だと感じた人びとから批判の投書が同紙に殺到するなど、必ずしもイギリス人社会全体に受け入れられたわけではなかった。(49) しかしイギリス総領事によると、こうした批判者の多くは日本との関係をめぐる今回の選挙についての状況を認識していないだけで、逆に「ダイハード」と呼ばれる特に保守的なイギリス居留民のなかには、日本に対する不安を共有することで、今回の対応を支持するものも少なくなかったという。(50) 例えば、「ダイハード」居留民の代表格の一人と目されていた『オリエンタル・アフェアーズ（Oriental Affairs）』誌編集長Ｈ・Ｇ・Ｗ・ウッドヘッド（H. G. W. Woodhead）は、同誌の記事のなかで、「公認候補」が民主的な制度に反するという批判に対し、イギリスの共同租界における歴史的な貢献や利権、そして日本の政治的な要求を一通り紹介した後、現行の土地章程のもとでそうしたイギリスの利害や日本人の要望を適切に代表させるには、「紳士協定」という取り決めは不可欠であり、その維持のためには、「公認候補」のような「ナショナル・グルーピング」は避けられないものだったと擁護した。しかし、その一方で「ナショナル・グルーピング」は、これまで各居留民社会観の友好的理解に依存してきた「紳士協定」のあり方に、敵意に満ちた党派的対立関係を持ち込みかねないものであると警告し、将来的に選挙以外の手段によって日本側との調整が必要であると結論づけた。(51)

いずれにせよ、今回は「日本人の自制」によって「定数」は維持されたのだという認識が共有され、この選挙の結果を受けて、次年度において日本側が三名以上の候補者を立ててくることはほぼ確実であると考えられた。日本人の参事増員の要求にどのように応えるのか、批判にさらされた「公認候補」あるいは「ナショナル・グルーピング」という手法を継続するのか、さらには選挙自体、これまでどおり行うべきなのかといった問題は次回の選挙に持ち越されることになった。

## 第3節　一九三六年の市参事会選挙における日本の挑戦

### (1)　日本の工部局批判の拡大

ところで、一九三五年の段階に至っても、上海のイギリス人たちは土地章程の修正を行うための円卓会議（第4章第2節参照）をあきらめておらず、夏以降、その実施に向けて各方面へのはたらきかけを強めていた。例えば八月後半に工部局総務局総長フィリップスは、「現状において中国人は、かつてないほど圧力に対し屈しやすくなっている。土地章程修正のための円卓会議を開催する機会を逃すべきではない[52]」とイギリス人社会の指導者層に提案しているし、その直後、それを支援するかのように『NCDN』は「現在的な要請に対応できない時代錯誤な土地章程の障害によって何年も共同租界は苦しんできた[53]」と、土地章程修正のための関係列強と中国の協議の必要性を訴えている。そして選挙での多少の摩擦はあるものの、少なくとも円卓会議で扱う租界問題に関しては、日本と協調することができると信じていた[54]。

ところがこの年の九月、突然『上海日報』、『上海毎日新聞』、『上海日日新聞』といった現地の日本語新聞が一斉に激烈なイギリス人と工部局批判を開始した[55]。それは、それまでの日本人の行政参加拡大の要求などの論調とは一線を画した、工部局のイギリス人支配に対する直接的な攻撃であった。例えば、『上海毎日新聞』は「この租界はその名称においてのみ国際的であり、工部局の行政方針と活動はイギリスの権益に主眼をおいて策定、計画されており、他国の居留民はイギリス人のおこぼれで満足してこなければならなかった」と論じ、これまで行われてきた日本人の行政参加についても、「参事や工部局職員として租界行政に参加する日本人もいる。しかしながら……これは上海が「イギリス領」であるという疑いに反論するためのうわべだけのジェスチャー」に過ぎないとして、本質的に工部局はイギリス帝国の東アジアにおける活動の拠点であるとみなす議論を展開した。そしてこのようなイギリス人支配を許す前提となっている、また時代や現在の環境と矛盾をきたしている土地章程の改訂に向けての方策を、工部局は直ちに講じるべきだと主張した。

この工部局批判にともなう日本人社会の租界行政に関する政治的要求は、(1)市参事会における日本人代表の増員、(2)工部局における日本人職員、特に幹部職の増員、(3)行政上の経費節約（工部局交響楽団の廃止、義勇隊の経費削減、幹部職の給与減額など）、(4)工部局の教育補助金の割り当ての増額、(5)より民主的な原則にもとづく選挙権への見直しの五つに大きく分けることができる[56]。(1)～(4)については、大戦期以降から繰り返し行われてきたものであり、例えば一九二七年の参事増員も含めて、これまでに工部局もそれらを「合理的」要求として、妥当と考えられる範囲で応えてきた。問題は(5)の選挙権の見直しで、一九三五年選挙での敗北を受けて日本側が要求しはじめたものであった。すなわち日本人はその人口に比べてあまりに有権者数が少なく、租界行政において十分に代表されていない。前世紀の古くさい財産規定ではなく、ある程度人口や租界に対する貢献度――すなわち納税額――を反映した有権者資格へと改正すべきであるというのが、日本側の主張であった。そして土地章程に規定される選挙権を改正するために、円卓会議の開催を求めたのである。

この日本人社会の動きは、円卓会議さえ実現されれば、中国との摩擦も近年の日本の租界行政をめぐる要求もなんとか処理できるのではないかと漠然と考えていた、イギリス人社会内部の「円卓の騎士」たちを「ある種のパニックに陥れ」た。(57)

すでに前年の「アジア・モンロー主義」の表明といわれる天羽声明や、夏以降の露骨な日本の華北分離工作の進展は、上海のイギリス人たちの間で懸念の対象となっていた。(58)そのため日本人社会が主張するこの選挙権規定の見直しも、「上海の行政機構全ての完全な支配を目指すものであり、伝統的にイギリスの勢力圏である揚子江貿易の支配権を獲得しようとするキャンペーンの一貫である」(59)と考えられた。もし選挙権規定の見直しが実現されれば、現状においては財産規定によってかなり抑えられている、選挙における日本人社会の潜在力を大幅に強化してしまう可能性があった。もちろん見直しの方向性によっては日本人有権者がただちに英米人有権者を圧倒するとは限らなかったが、増加の一途をたどる日本人により低い基準で選挙権を与えることは、いずれ「合法的」に工部局の実権を日本人に渡してしまう結果につながると予想されたのである。

イギリス人社会のなかで日本の動きに対して、「なんらかの対策を講じなければ、遠くない将来、日本人が全て奪っていくだろう」(60)という認識がひろがった。英字プレスでは日本人の見直し要求に対しては、再び納税額の比較――イギリス人は日本人の四倍の税金を支払っている――などから、現状のバランスが妥当であるという反論が繰り返された。(61)また最も露骨な議論として、前回の選挙で「公認候補」を積極的に支持したウッドヘッドは、「より民主的な選挙権が望ましい、あるいは社会の最善の利益となるということは決してない。外国の権益が卓越している限り、租界行政は真に民主的ではないし、またなりえないのである」(62)と主張し、共同租界において民主的な制度を求めること自体を否定した。こうした議論のなかで、英米人を中心に検討された一つの解決策が、土地章程を改正して市参事会を拡大するということであった。(63)すなわち参事の定員そのものを増やし、まず日本人参事の増員を認めて日本人社会の不満をひとまず収め、同時にイギリス人参事とアメリカ人参事の数も増やして、日本に対する英米側の相対的な優位を維持しようというのであった。この参事会拡大はフィータム報告に基づく発想であり、この時点では実現されることはなかったが、結果として一九四一年の臨時市参事会の布石となる（第7章参照）。

日本人が求める有権者資格の改正であれ、英米人が考えた参事会の拡大であれ、これらを実行に移すには前提として土地章程の改正が不可欠であり、結果として土地章程改正について議論するための円卓会議を求める動きが再び強まった。しかしイギリス人が円卓会議に求める目的は、当初のものからズレをみせはじめていた。上海事変直後において円卓会議に期待されたのは、日本の強硬な姿勢を背景に中国側に妥協を強制し、越界路問題をはじめとする「租界問題」を外国人居留民にとって有利な形で解決することであった（第4章第2節参照）。それがこの時期においては、日本人居留民の不満と要求に対して、なんとか自らの地位を維持しようという消極的なものへと変化したのである。これは租界行政をめぐる問題の焦点が、中国人との関係から日本人居留民との関係へと移りつつあったことを反映していたといえよう。同時にイギリス人たちにとっての日本や日本人居留民の位置づけも、かつての中国における自らの権益を中国ナショナリズムや本国の「弱腰外交」から保護するためのジュニア・パートナーから、中国のイギリス権益を脅かすライバルとしての帝国とその「橋頭堡」へと変わりはじめたのである。

しかしながら、土地章程の修正は、当の土地章程自体に全ての条約国と中国の同意が必要と規定されており、短期間に事態が進展する可能性は限りなく低かった。イギリス政府の姿勢も円卓会議開催は「問題外」であるという点で一貫しており、この問題にとりあわなかった。例えば、外務省極東部のプラットは、上海の状況を伝える報告に以下のようにコメントしている。

最も重要なポイントは、土地章程の修正のための交渉を開始するように求める全ての圧力に、我々は抵抗しなくてはならないことである。この圧力は、一部は上海のイギリス人社会のより愚かで無責任な人々によって、一部はこの方法によって市参事会への代表と投票力を増加させたいと考える日本人によってかけられる……［土地章程の――筆者］修正は日本による脅迫に近い圧力によってのみ可能であり、予想される結果はイギリス人が現状よりも悪い立場におかれてしまうというものである。(64)

またイギリス総領事J・F・ブレナン（J.F. Brenan）は、工部局を攻撃した各日本語新聞はいわゆる「イエロー・ジャーナル（yellow journal）」であり、日本人社会の責任ある人びとの考えとは無関係であるという認識をもっていた。(65)

それでも工部局やイギリス人リーダーたちは、当局に対して繰り返し円卓会議の開催の支援を要請した。ブレナンは、工部局総務局総長フィリップスを一月後半に呼び出し、円卓会議開催の考えを放棄するよう求めたが、その際「一〇年後に租界を返還するという約束でもしない限り、中国人がその提案を受け入れることはない」と、その非現実性を説くのに苦労したと報告している。(66) その代わりに総領事が提案したのが、日本人が多く住む北部および北部越界路地区を専門に扱う部局を工部局内に新設し、それを日本人に任せるというものだった。(67) 結果としてこの案も実行に移されることはなかったが、この方針は当時のイギリス外務省極東部も賛意を示した。この他、職員の増員や補助金増額など、必ずしも非合理的ではない日本の要求に積極的に応えることで妥協をはかるべきというのが、イギリス当局の立場であった。いずれにせよ、円卓会議の開催はもとより、工部局の再編にしても直ちに実現できるものではなく、イギリス人社会の当面の課題は、日本側が必ず三名以上の候補者を立てて来るであろう一九三六年の選挙を乗り切ることとなった。

### (2) 英日の選挙対策

一九三五年一〇月半ば、二度にわたりイギリス商業会議所、中国協会、BRAから現役のイギリス人参事も含む合計三〇名余の代表が集まり、次年度の市参事会選挙に向けた対策が協議された(68)。まず次回の選挙で三名以上の日本人が立候補する可能性がきわめて高いこと、そしてこれまでの傾向から、イギリス人の投票率が劇的に変化しない限り、イギリス人はその「無関心」によって敗北するであろうことが改めて確認された。そのうえで、あくまで「自己防衛」のためにイギリスも日本やアメリカに倣って有権者を組織化し、イギリス人候補者を事前に五名に絞り込むことが方針として決められた。具体的な手段として、三つの協会の代表者二名ずつ、計六名で構成される選挙委員会を設置し、選挙に関する全ての権限を委ねること、同委員会はその指示で活動する選挙エージェントを任命し、イギリス人有権者の組織化のために望ましい方策を講じさせること、エージェントの人件費は参加したイギリス企業が拠出することなどが全会一致で決定された。この会議の席上ではブレナン総領事が演説し、こうした対策の必要性を訴えるとともに領事館の協力を約束した。またこれらの対策は「純粋に防衛的」なものであり、日本人に対する悪意から発するものではないことが、総領事や市参事会議長によって繰り返し強調された。

一一月に入ると選挙委員会が招集され、選挙エージェントを任命するとともに選挙運動の詳細が決められていった(69)。その内容は、領事団や工部局からリストを入手し、イギリス人有権者の人数や住所を確認することから、イギリス系企業への選挙運動のためのボランティアの要請、有権者を投票所まで運ぶ自動車の手配など多岐にわたった。なかでも、最も重視されたのが、いかにイギリス人有権者の関心をかき立てるかであり、そのために一〇月の会議でのイギリス総領事の演説を下敷きとするパンフレットが作成された。そこでは英・米・日のそれぞれの上海に対する投資額や、工部局の土地税、家屋税の負担においてイギリス人が圧倒的な割合を占めていることを示すとともに、前年度の日本人、イギリス人、アメリカ人およびその他欧米人の投票率を比較することで、租界行政におけるイギリス人の地位が危機的状況にあることを強調し、現状を維持するために、イギリス人有権者に投票に行くことをうながした（図14）。このパンフレットは一五〇〇部作成され、各イギリス人有権者に送付された。

こうした選挙対策の背後には、日本人社会に比べイギリス人社会の組織化が大きく遅れていることに対する危機感があった。選挙に対し関心が高く、組織的な投票が期待できる商業会議所に加入する企業の社員の票が、想定していたよりはるかに少なく、約三五〇票に過ぎなかったことも、一般のイギリス人有権者の掘り起こしと彼らに対するアピールの必要性を強く感じさせることになった(70)。

年が明けると、日本側でも市参事会選挙を意識した論説が現地日本語新聞上に現れはじめた。『上海毎日新聞』は、今まで日本は割り当てられた二つの席に甘んじてきたが、ついに日本が三名の候補者を立てるときがきたとし、イギリス側に「より公平な参事の席の実現」に努力し、参事の席をめぐる「乱戦」にならないように配慮するよう圧力をかけた(71)。同時にこれらの記事は、英米人との対立を避けようとする「会社派」に向けたものでもあった。一月半ば、こうした「土着派」の動きを受けて、日本総領事石射がイギリス総領事ブレナンを訪問した。そして今回の選挙は、実施されればイギリス人社会と日本人社会の間にわだかまりを残しかねず、可能であれば選挙を避けたいという意向を伝え、そのうえでイギリス人社会に参事の席を一つ日本人に譲るつもりがあるかどうかを問うた。ブレナンは、イギリス人社会は自発的にそうするつもりはないが、選挙の結果、参事の席を失うことになっても感情を害することなくそれを受け入れるつもりであるし、結果が例年通りであれば、イギリス人社会は日本の政治的要求に応えるために最善の努力を払うだろうと返答した。また石射は三名の候補者擁立をめぐって日本人社会はいまだ分裂していることを伝えた(72)。

日本側の方針が不明ななかでイギリス側の準備は進んだ。前年度の選挙後、「公認候補」について批判を浴びた合同委員会は、次回の選挙までに万人を納得させるシステムの構築を約束していたが、結果として選択されたのはアメリカや日本が以前から採用していた、居留民社会内での事前の「予備選挙（Straw Vote）」であり、「ナショナル・グルーピング」をより確固とするものとなった。[73] 二月後半に締め切られた立候補には一〇名のイギリス人が応じ、同月末に投開票が行われた。この予備選挙における投票権は、市参事会選挙における有権者に認められ、イギリス人社会の市参事会選挙に対する一般的な意識の程度もはかられた。二月の末に行われた実際の投票では一〇〇〇票以上が投じられ、投票率は七八%に至り、かつてないイギリス人居留民の関心の高さをうかがわせるものとなった。[74] この予備選挙の結果、イギリス側の五名の公認候補者が決定した。なおアメリカ人社会もこれまでどおり二名の候補者を選出した。

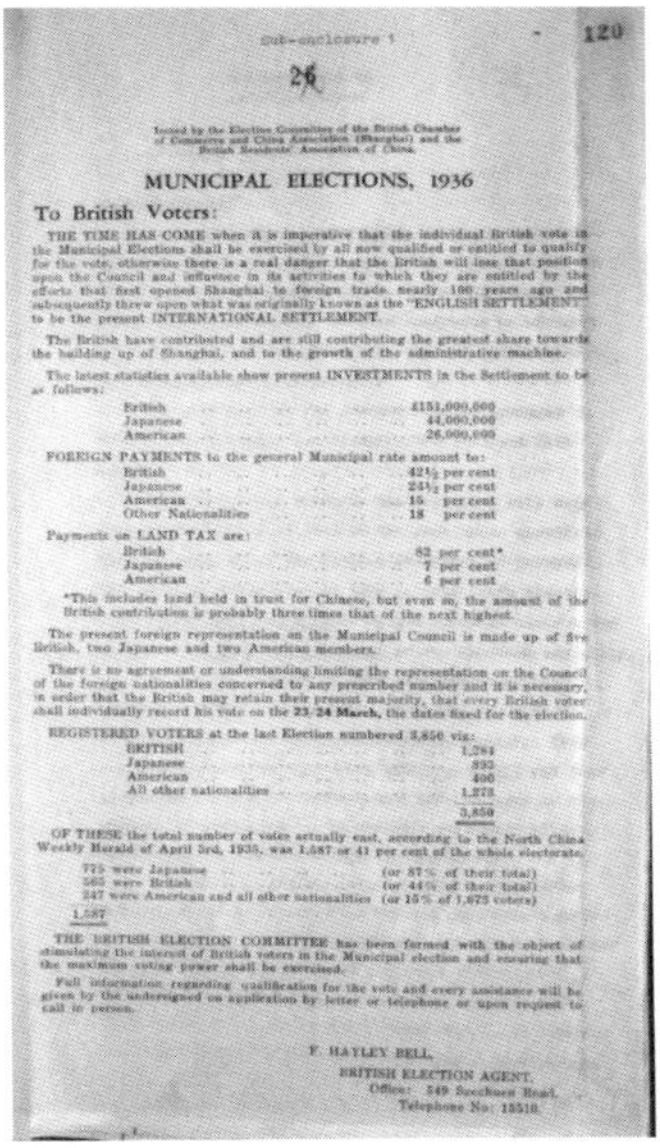
Sub-enclosure 1　120

26

Issued by the Election Committee of the British Chamber of Commerce and China Association (Shanghai) and the British Residents' Association of China.

MUNICIPAL ELECTIONS, 1936

To British Voters:

THE TIME HAS COME when it is imperative that the individual British vote in the Municipal Elections shall be exercised by all now qualified or entitled to qualify for the vote, otherwise there is a real danger that the British will lose that position upon the Council and influence in its activities to which they are entitled by the efforts that first opened Shanghai to foreign trade nearly 100 years ago and subsequently threw open what was originally known as the "ENGLISH SETTLEMENT" to be the present INTERNATIONAL SETTLEMENT.

The British have contributed and are still contributing the greatest share towards the building up of Shanghai, and to the growth of the administrative machine.

The latest statistics available show present INVESTMENTS in the Settlement to be as follows:

| | |
|---|---|
| British | £151,000,000 |
| Japanese | 44,000,000 |
| American | 26,000,000 |

FOREIGN PAYMENTS to the general Municipal rate amount to:

| | |
|---|---|
| British | 42½ per cent |
| Japanese | 24½ per cent |
| American | 15 per cent |
| Other Nationalities | 18 per cent |

Payments on LAND TAX are:

| | |
|---|---|
| British | 82 per cent* |
| Japanese | 7 per cent |
| American | 6 per cent |

*This includes land held in trust for Chinese, but even so, the amount of the British contribution is probably three times that of the next highest.

The present foreign representation on the Municipal Council is made up of five British, two Japanese and two American members.

There is no agreement or understanding limiting the representation on the Council of the foreign nationalities concerned to any prescribed number and it is necessary, in order that the British may retain their present majority, that every British voter shall individually record his vote on the **23/24 March**, the dates fixed for the election.

REGISTERED VOTERS at the last Election numbered 3,850 viz:

| | |
|---|---|
| BRITISH | 1,284 |
| Japanese | 893 |
| American | 400 |
| All other nationalities | 1,273 |
| | 3,850 |

OF THESE the total number of votes actually cast, according to the North China Weekly Herald of April 3rd, 1935, was 1,587 or 41 per cent of the whole electorate.

| | |
|---|---|
| 775 were Japanese | (or 87% of their total) |
| 565 were British | (or 44% of their total) |
| 247 were American and all other nationalities | (or 15% of 1,673 voters) |
| 1,587 | |

THE BRITISH ELECTION COMMITTEE has been formed with the object of stimulating the interest of British voters in the Municipal election and ensuring that the maximum voting power shall be exercised.

Full information regarding qualification for the vote and every assistance will be given by the undersigned on application by letter or telephone or upon request to call in person.

F. HAYLEY BELL,
BRITISH ELECTION AGENT.
Office: 549 Szechuen Road.
Telephone No: 15518.

図14　1936年度市参事会選挙におけるイギリス選挙委員会作成のパンフレット

イギリス側の候補者決定を受けて、三月初め日本側も総領事を中心に候補者数についての協議が行われ、イギリス人社会の投票率の高さは彼らには意外であったが、「構はず三人立候補」に決定した。[75] ただし後に石射総領事は以下のように述懐している。

私は考えた。日本側で三人候補者を立てても、二人は当選するであろうから、一人落選してももともとである。この際、三人の立候補者を承認して、失敗の苦渋をなめさせるのは、土着居留民のためにも好いレッスンとなるに相違ない。そう思いながら土着側、商社側の主なる顔ぶれを会同して意見を徴した。土着側はむろん三人説、大勢を知る商社側はこれを危ぶんだが、二人さえ当選すればもともとだとの打算から、三人説に合流したので、私は三人説に同意を与えた。[76]

一方「土着派」は、いまや日本に好意を持つイタリア人やドイツ人票も期待できるとして、日本人候補三名の当選に強い自信を示していたという。[77]

### (3) 一九三六年の市参事会選挙

一九三六年三月、三名の日本人を含む一〇名の候補者が出揃い、上海は「選挙フィーバー」[78]の様相を呈した（図15）。例年、選挙に関心を示さない各新聞、雑誌もこぞって選挙を特集した。日本語新聞は共通して日本人参事三名の妥当性を訴えたが、[79]主要なイギリス系プレスも既存体制の現状維持を訴えつつ、決して日本人の今回の行動を正面から否定することはなかった。例えば『オリエンタル・アフェアーズ』誌は、「代表を増やしたいという日本人社会の切望は完全に合法的である」と述べ、彼らの租界行政に対して示してきた関心の高さが三番目の候補者を正当化しうると認めた。しかし、そのうえで常に主張される共同租界における投資額や納税額の問題もあるが、英米人社会が「市参事会の構成の「現状維持」を求める主要な要因は、中国における日本の政策と他の列強の政策の間に今現在存在している敵意に他ならない」として、彼らの日本人候補に対する否定的な姿勢を租界の外の国際関係に求めた。[80]それは現地の日本人社会を過度に刺激しないようにとの配慮でもあったといえよう。

今回の選挙に対するイギリス人有権者の関心の高さは「予備選挙」である程度証明されていた。次の問題はそうしたイギリス人有権者を本選で確実に投票させることと、市参事会選挙に比較的利害関係の薄い、すなわち参事を代表として送り出していないが、規模として決して少なくない数の外国人有権者にどのように投票所にまで足を運ばせ、

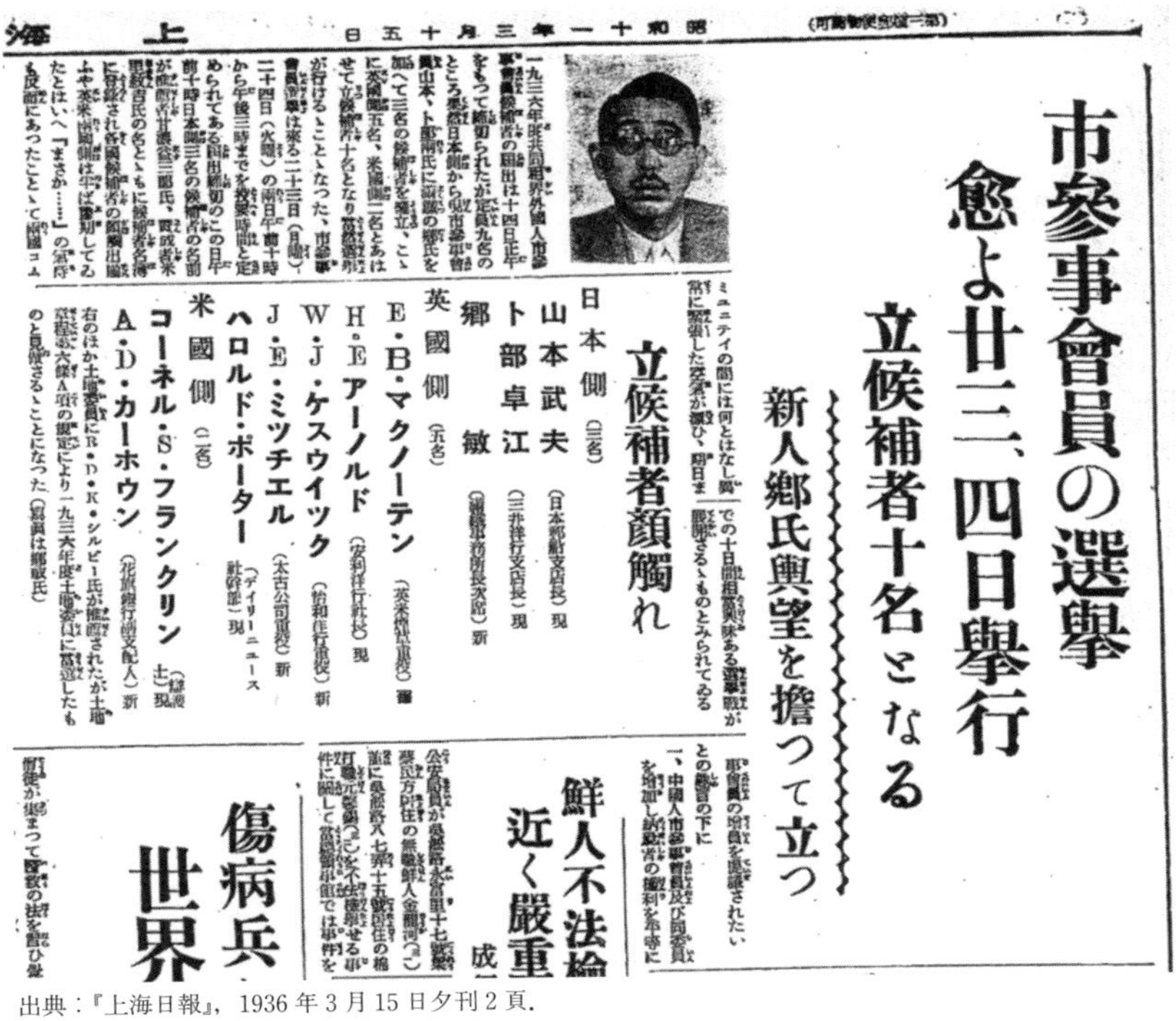

昭和十一年三月十五日　上海

# 市參事會員の選擧 愈よ廿三、四日擧行

## 立候補者十名となる

## 新人郷氏輿望を擔つて立つ

一九三六年度共同租界外國人市參事會議員候補者の屆出は十四日正午をもつて締切られたが定員九名のところ我が日本側から現市參事會員山本、卜部兩氏に新顏の郷氏を加へて三名の候補者を擁立、これに英國側五名、米國側二名とあはせて立候補者十名となり選擧戰が行はれることゝなつた、市參事會員選擧は來る二十三日（月曜）二十四日（火曜）の兩日午前十時から午後三時までを投票時間と定められてある［illegible］

……ミュニティの間には何とはなし異常に緊張した空氣が漲ひ、廿日までの十日間相當興味ある選擧戰が展開さるゝものとみられてゐる

### 立候補者顏觸れ

日本側（三名）
山本武夫（日本郵船支店長）現
卜部卓江（三井洋行支店長）現
郷敏（［illegible］）新

英國側（五名）
E・B・マクノーテン（英米煙草重役）［illegible］
H・E・アーノルド（安利洋行社長）現
W・J・ケスウイック（怡和洋行重役）新
J・E・ミツチエル（太古公司重役）新
ハロルド・ポーター（デイリーニユース社幹部）現

米國側（二名）
コーネル・S・フランクリン（辯護士）現
A・D・カーホウン（花旗銀行副支配人）新

右のほか土地委員にR・D・K・シルビー氏が推薦されたが土地章程第六條A項の規定により一九三六年度土地委員に當選したものと見做さるゝことになつた（寫眞は郷敏氏）

……市參事會員の増員を提議されたいとの勸告の下に
一、中國人市參事會員及び同委員を増加し納税者の權利を平等に

### 鮮人不法［illegible］ 近く嚴重

### 傷病兵 世界

出典：『上海日報』，1936年3月15日夕刊2頁．

図15　1936年の選挙を伝える邦字新聞

そして英米に有利な投票をうながすかであった。

　そこで選択された手法は、露骨な人種主義的なアピールであった。例えば『NCDN』は、三月半ばに日本人の三名の立候補が明らかになると、それを伝える記事のなかで、現状の市参事会はイギリス人五名とアメリカ人二名、日本人二名と中国人五名で構成され、「非アジア人」と「アジア人」は同数でバランスがとれていることを強調した。つまり、選挙の結果、日本人参事が三名に増えて反対に英米人参事が六名に減少すると、現状では同数である西洋人と東洋人のバランスが東洋人に傾き、やがて共同租界は東洋人に支配されてしまうかもしれないという可能性を示唆したのである(81)。

　これは欧米人居留民が不可避的に持っていた東洋人に対する偏見を煽ることで、英米人以外の西洋人有権者の関心を惹起し、動員しようという試みだった。

『ＮＣＤＮ』投票についてのガイダンスは、この選挙の争点が、西洋対東洋という人種主義的構図を基調とした、各国国民社会を主体とする「国際」的なものとなったことを示している。

この状況下では候補者の個人的資質や政治的声明は選挙の要素たりえない。上海の歴史で初めて、全ての候補者がそれぞれの属する社会の承認を得ている。それ故、唯一の問題は参事会の構成が、以前と同様二名のアメリカ人、五名のイギリス人、二名の日本人（そして五名の中国人）となるか、日本人代表が三名となるかのどちらかである……現状の維持を望むのであれば、七名だけを投じ、三名の日本人の名前を削除しなくてはならない……共同租界にとっての最大の利害を考慮して、本紙は読者にアーノルド氏、カルホーン氏、フランクリン氏、ケズィック氏、マクナートン氏、ミッチェル氏、ポーター氏に例外なく投票し、それ以外を排除することを勧める(82)。

日本人社会はこのようなイギリス側のプロパガンダに強い反感をみせた。『上海日報』は社説で、「アジアティック・ブロック」を強調する英米側の論調は「頗る心外」であり、日本人社会は「共同租界の問題をレーシアル・ラインで決せんとした事などは未だ嘗て無く、将来に対してもそんな考へは毫ももっておらぬ」とし、それをあくまで欧米人の結束を強め、英米人の過半数を維持するためのプロパガンダであると批判した(83)。また英米人との関係をとりわけ重視していた石射総領事さえも、英字紙――おそらく『ＮＣＤＮ』――の人種主義的論調に「憤慨して」抗議の投書を行い、イギリス人の唱える「現状維持とは、アングロアメリカンの絶対多数維持を意味するから不愉快千万」であると不快感を示している(84)。

しかしながら、結果として、この西洋対東洋の論理が欧米人有権者に非常に強くアピールした。それはこの年の選挙結果からも明らかである。前年度まで最多得票を得ていた日本人候補はいずれも大幅に票を減らし、全ての英米人候補者に一〇〇〇票以上の差をつけられ、三名のうち最も得票の少なかった日本人候補者が落選した(85)。総投票数は二七九九票（日本人八一四票、非日本人一九八五票）で、前年度の約五割増となった。全体の投票率は七八％で、例年の五〇％前後に比べ飛躍的に上昇した。日本人の投票率も九六％以上という非常に高いものであったが、それまで二〇～三〇％だったイギリス人の投票率は八七～九〇％と推測され、イギリス人以外の欧米人の投票率も大きく上昇した。英米人候補の得票は二〇一二～一八九三票、日本人は八八〇～八七四票であり、日本人に投票した非日本人有権者は六〇名程度であると想定され、実際の投票もほぼ全ての欧米人有権者がガイダンス通りに行われたことがわかる(86)。

しかしながら、この選挙は無効となる。日本人票を中心に数百票にのぼる票の数え忘れが発覚したのである。選挙戦を主導した「土着派」の領袖林雄吉が「責任痛感」と血書するなど、非常な落胆をみせていた日本側は即座に再選挙を要求し、英米側もこれを素直に受け入れた(87)。ただし、表11や上述の選挙結果――これらはこのミスを訂正したあとのものである――からも明らかなように、日本人候補は大差をつけられており、再び投票を行っても結果に変化はないと考えられた。そのため石射総領事は、再選挙に関しては候補者を二名とすることで「土着派」を説得し、英米人候補も同一であったので、無投票での選出となった。結果としてこの年も、イギリス人五名、アメリカ人二名、日本人二名という市参事会のバランスは維持されることとなり、英米人が求めた「現状維持」が達成された。

**注**

（1）石射猪太郎『外交官の一生――対中国外交の回想』太平出版社、一九七二年、一九七頁。
（2）『上海租界志』、一八四～一八六頁。

（3）当時の通貨については、久重福三郎「上海に於ける金融事情」（『支那研究』一八、一九三〇年二月）、潘连贵『上海貨幣史』上海人民出版社、二〇〇四年参照。

（4）一九四〇年度市参事会候補者の職業は以下の通り。G.A. Haley（英：Imperial Chemical Industry Ltd. 社社長）、W.J. Keswick（英：Jadine Matheson & Co. 社社長）、Roderick G. MacDonald（英：Dedwell & Co. 社社長）、Ranald G. McDonald（英：弁護士）、G.S. Mitchell（英：Batterfield & Swire 社社長）、T.S. Powell（英：Asiatic Petroleum Co. 社社長）、N.F. Allman（米：Allman, Davis & Co. 社顧問弁護士）、W.J. Carney（米：Standard Vacuum Oil Co. 社副総支配人）、田誠（日：中支鉄道会社副総裁）、黒田慶太郎（日：上海綿布会社理事長）、塙雄太郎（日本：三井物産上海支店長）、岡本一策（日：元シンガポール総領事、華紡績経営者協会会長）、岡本乙一（日：弁護士）

（5）ただし一九三〇年の選挙に立候補したC・E・パットン（C.E. Patton）は宣教師であった。

（6）例えば、*NCH*, 27 March 1935, p. 485.

（7）Clifford, *Spoilt Children of Empire*, Chap. 3 note 14.

（8）南満州鉄道編『フィータム報告（中編）』、一一九頁。

（9）イギリス総領事館も有権者の正確な数を把握していなかった。FO371/18138 F1747/950/10, 'Memorandum regarding the Japanese Position in Shanghai, 29 January 1934.

（10）*Ibid.*

（11）*Ibid.*

（12）例えば一九二〇年。この年、前年に引き続きアメリカ人二名が当選することが期待されたが、投票の結果、アメリカ人は一名しか当選しなかった。しかし、その後すぐにイギリス人参事が一人辞任し、後継者にアメリカ人を指名した。SMC, *Municipal Gazette*, 3 June 1920, p. 220. また同年一月、日本人参事が任期中に死亡した際も、日本人が後継者とされた。*Ibid.*, p. 22.

（13）『NCDN』は選挙前、「納税者は、六名のイギリス人、一名のアメリカ人、一名の日本人をうまく選択することで、九名の参事について慎重な姿勢を示すことが求められている」と社説で述べ、その翌日、二人目のアメリカ人の立候補が明らかになると、「イギリス側から、二人目のアメリカ人も市参事会のテーブルに着くべきだという提案がなされた……」とアナウンスした。*NCH*, 15 February 1919, 379-381.

（14）例えば一九〇四年、『NCDN』は、定員である九名の候補者を見つけるも「きわめて困難（considerable difficulty）」であると述べている。*NCH*, 15 January 1904, p. 95.

(15) *NCH*, 25 February 1930, p. 295.

(16) *NCH*, 29 March 1933, p. 486.

(17) この年、『ＮＣＤＮ』はドイツ人候補を「もはや信頼できない」として有権者に対し、投票しないように呼びかけ、代わりに日本人候補への投票をうながした。結果、ドイツ人候補は一一四六票中一三一票しか獲得できず、日本人候補は一〇一六票という最多得票を得た。つまり、ほとんどの有権者が日本人に投票し、ドイツ人を削除したうえで、他の候補者を選んだということになる。*NCH*, 22 January 1916, p. 157, 29 January 1916, p. 283.

(18) SOAS, CAGC Papers, Chas/MCP37, circulated to all Members of the General Committee of China Association, 5 April 1932.

(19) 工部局総務局総長フェッセンデンは、日本が独立した租界を志向している状況証拠として、以下のことを挙げている。

(1)居留民団法として知られる日本の法律に基づいて形成された居留民団によって、租界内外の日本人は実質的に自治を獲得しているという事実。

(2)日本人居留民の見解を市参事会に伝えるための特別委員会が民団内に設置。

(3)市参事会議長宛の覚書に示された租界行政の根本的な租界行政の変革要求。

(4)共同租界において、工部局警察を介さずに日本人居留民を直接扱う、日本の領事館警察の大規模な編成。

(5)日本総領事館発行のライセンスはもつが、工部局のライセンスをもたない日本人経営のキャバレー、レストラン、バーの増加。

(6)日本人居留民からの税金とライセンス（鑑札）料の徴収の困難さ。

(7)日本人社会一般に広まる租界行政に対する不満。

FO371/17110 F6159/432/10, 'Japanese and the Land Regulation' Confidential Memorandum from Secretary to Chairman of Council.

(20) FO371/14690 F2827/78/10, from Brenan to Lampson, 3 March 1930.

(21) *NCH*, 22 March 1932, p. 440.

(22) *NCH*, 21 March 1934, p. 441, 28 March 1934, p. 490, 30 March 1934, p. 533.

(23) FO371/18128 F3564/950/10, 'Memorandum on A.W. Beaumont', copy of Shanghai Municipal Police Report of 30. 6. 33, 21

April 1934.

(24)「5―2―2のバランスは崩すべきではない。これが充分に理解されれば、この金曜にアメリカン・クラブで行われた「予備選挙」は必要ないはず」だとし、さらに「タッカー氏は古い住人で、社会について熱心な興味を持ち、彼の仕事の性質は上海の利害についての見解の独立性に要求される全ての必要性を満たしている」と、アメリカ人社会の候補者の選択にも不満を述べている。*NCH*, 4 March 1930, pp. 339-40.

(25) 石射『外交官の一生』一九七頁。

(26) *NCH*, 11 Mar 1922, p. 823, 12 Mar 1926, p. 488.

(27) *NCH*, 9 Mar 1929, p. 397.

(28) *NCH*, 11 March 1930, p. 381. アーノルドは選挙の直前に、同じイギリス人参事A・D・ベル（A.D. Bell）の『NCH』への投書を通じて電話会社との癒着を暴露されていた。*NCH*, 4 March 1930, p. 358.

(29) *NCH*, 11 March 1930, p. 400.

(30) アーノルドによると、民団内に設置された日本の選挙委員会は日本人票を多い順に、マクノートンに五〇〇票、ブラウンに四五〇票、レスリーに四〇〇票、ベルに四〇〇票、シェパードに三〇〇票、ヒューズに三〇〇票、アーノルドに二〇〇票、マッセイに二〇〇票と割り振ったという。FO371/146901 F2827/78/10, from Arnhold to Brenan, 5 March 1930.

(31) FO371/14691 F2140/78/10, from Lampson to Victor Wellesley, 20 March 1930.

(32) *NCH*, 30 Mrach 1934, p. 525.

(33) 例えば『上海日報』一九三四年三月二六日朝刊、七頁。

(34) 石射『外交官の一生』二〇〇頁。

(35) 石射猪太郎（伊藤隆・劉傑編）『石射猪太郎日記』中央公論社、一九九三年、四三頁。

(36) 石射『外交官の一生』一九八頁。

(37) *NCH*, 6 March 1935, p. 374.

(38) *NCH*, 11 March 1930, p. 381.

(39) *NCH*, 29 March 1932, p. 473.

(40) *NCH*, 29 March 1932, p. 480, 5 April 1933, p. 16, 18 February 1935, p. 255.

(41) *NCH*, 3 April 1935, p. 21;『上海日報』一九三五年三月七日朝刊、七頁。
(42) *NCH*, 27 March 1935, p. 485-486.
(43) *Ibid*.
(44) SOAS, CAGC Papers, Chas/MCP40, 'China Association, Shanghai Annual General Meeting, 16 April 1935.
(45) *NCH*, 20 March 1935, p. 445.
(46) FO371/19330 F3134/4062/10, from Brenan to Cadogan, 28 March 1935.
(47) *Ibid*., insertion by Pratt.
(48) *NCH*, 3 April 1935, p. 8.
(49) 一九三五年三月最終週の『ＮＣＨ』の投書の半数は「ナショナル・グルーピング」をめぐるものだった。*NCH*, 27 March 1935, pp. 506-507. また選挙後の五月には、「市参事会メンバーを選出する目的のために上海におけるナショナル・グループの拡大に伴う危険性」についての会議が上海ロータリー・クラブで開かれた。'Shanghai Municipal Election: Question of National Groupings', *Oriental Affairs*, Vol. 4, July 1935, pp. 25-27.
(50) FO371/19330 F3134/4062/10, from Brenan to Cadogan, 28 March 1935.
(51) 'Shanghai Municipal Election', *Oriental Affairs*.
(52) FO371/19330 F6127/3062/10, from G.G. Phillips to John Scott（John Swire & Sons, Ltd.）, 28 August 1935.
(53) *NCH*, 4 September 1935, p. 373.
(54) ただし、イギリス政府は一九三二年時点と同様に、日本の圧力を背景とした円卓会議の招集は「自暴自棄的な最後の手段」であるとして否定的であった。土地章程修正についての中国の同意は、「租界の外国人支配が一定の明確の期間後に終了するという取り決めの一部として求めることしかできない」という見解をとっていた。FO371/20230 F 1497/35/10, from Cadogan to Wellesley, 31 January 1936.
(55) *NCH*, 18 September 1935, p. 465; FO371/19331 F7871/3062/10, 'Extract from Japanese Press（"Shanghai Nippo"）and 'Extract from "Shanghai Mainichi", 9 September 1935.
(56) FO371/19331 F7871/3062/10, from Cadogan to Sir Samuel Hoare（Foreign Minister）, 23 October 1935.
(57) FO371/20230 F1497/35/10, from Brenan to Cadogan, 25 January 1936.

(58) SOAS, CAGC Papers, Chas/MCP 39, Statement of Japanese Policy in regard to China, 6 July 1934.

(59) FO371/19330 F 6705/3062/10, 'The Japanese Question in Shanghai', 22 October 1935.

(60) FO371/20230 F 1497/35/10, from Brenan to Cadogan, 25 January 1936.

(61) *NCH*, 18 September 1935, p. 465.

(62) 'The Council and the Japanese: Demands & Criticism', *Oriental Affairs*, Vol. 4, October 1935, pp. 158161.

(63) FO371/19330 F6257/3062/10, 'Memorandum' by G.G. Phillips, 27 September 1935.

(64) FO371/19331 F7871/3062/10, insertion by J. Pratt.

(65) 日本の有吉駐華大使から「最近のイギリス人に対する日本プレスの攻撃は、理性的な日本人の見解を代表するものでなく、あまり深刻に受け取るものではないという保証」を得ていた。FO371/19331 F7612/3062/10, from Brenan to Cadogan, 23 October 1935.

(66) 現地の中国人に関しては、「彼らは我々［英国総領事］に、我々の租界当局が可能な限り強力なまま維持されるよう、私的に要求してきている！ 彼らは、もし日本の圧力が緩和され、権利回復運動が再開される時がくれば、日本人の市参事会よりイギリス人の市参事会の方がより妥協を引き出しやすいと正しく感じている」と、英国総領事はコメントしている。FO371/20230 F1497/35/10, from Brenan to Cadogan, 25 January 1936.

(67) FO371/19331 F7871/3062/10, from Cadogan to Hoare, 23 October 1935.

(68) SOAS, CAGC Papers, Chas/MCP 40, Minutes of a joint meeting of the Joint Committee of the British Chamber of Commerce and China Association and the General Committee of the British Residents' Association of China, October $18^{th}$, 1935.

(69) 以下はその一例である。(a)領事館からイギリス人居留民の名前と住所のリストを入手、(b)工部局から登録された有権者のリストを入手、(c)イギリス企業に票を増加する方向で要請、(d)投票する資格を持つが登録していないイギリス人に登録するよう要請、(e)不在リストの有権者のために代理人を登録、(f)ボランティアの支援者、事務員、その他を募集、(g)市街を地区に分割、(h)投票所に有権者を運ぶための自動車隊を組織など。SOAS, CAGC Papers, Chas/MCP 40, Minute of a Meeting of the British Election Committee held on Tuesday, November $5^{th}$, 1935, at 5.15. p.m.

(70) こうした企業の社員の多くが共同租界ではなく、比較的高級な住宅地であるフランス租界に住んでいたため。FO371/20230

F1466/35/10, from W.S. King (British Election Agent) to Brenan, 23 January 1936.

（71） *Ibid.*, translation of article in the "Shanghai Mainichi" by Press Information Office, 15 January 1935.

（72） *Ibid.*, minute by Brenan, 18 January 1936, 石射『日記』、一二～一三頁、『外交官の一生』、一九九頁。

（73）「予備選挙」の主な手順は以下の通り。実際の実施は一週間早められた。

(a)二月の最初の一週間、有権者に、選挙への立候補に前向きな少なくとも五名以上の有資格の納税者の名前を回覧する（これらの名前は、まず選挙を組織する「主要な委員会」によって合意されている）。

(b)有権者は上記の回覧の日から一〇日以内にさらなるノミネーションを送るよう求められ、それは通常の市参事会選挙と同様に提案され、支持されなくてはならない。二月一九に以降は、新たなノミネーションを受け付けない。

(c)投票は三月七日の終りに締め切られ、三月九日に集計される。

(d)結油は有権者に回覧される。

(e)予備投票によって選出されなかった候補者は市参事会選挙に出馬しない。

SOAS, CAGC Papers, Chas/MCP41, Papers from Shanghai, Municipal Elections（The Municipal Elections. Extract from the Minutes of the above Meeting, i. e. 16th January, 1936）

（74） この予備投票の結果は以下の通り（三月二日に集計）。

| | |
|---|---|
| 投票された総用紙数 | 一〇七四 |
| 無効票 | 七 |
| 有効投票数 | 一〇六七 |
| 総有効票数 | 五三三五［有効投票数×五］ |
| 予備選挙の結果 | |
| E. B. Macnaghten | 八九五 |
| W. J. Keswick | 七八七 |
| H. Porter | 六九五 |
| H. E. Arnhold | 六一三 |
| G. E. Mitchel | 五五四 |

| | |
|---|---|
| R. G. McDonald | 五四七 |
| E. F. Harris | 四三四 |
| G. E. Marden | 二九八 |
| A. J. Hughes | 二五七 |
| N. W. Hickling | 二五五 |

SOAS, CAGC Papers, Chas/MCP41, Shanghai Joint Committee Result of teh Straw Vote, 6 April 1936; *NCH*, 4 March 1936, p. 401.

(75) 石射『日記』、三三頁。

(76) 石射『外交官の一生』、一九九頁。

(77) 同右、二〇〇頁。

(78) *NCH*, 18 March 1936, p. 476.

(79) 例えば、『上海日報』一九三六年三月一五～一九日頃。

(80) 'The Municipal Election: Mobilization of Voters', *Oriental Affairs*, Vol. 5, March 1936, pp. 112–113.

(81) *NCH*, 18 March 1936, p. 484.

(82) *NCH*, 25 March 1936, p. 528

(83) 『上海日報』一九三六年三月一八日朝刊、三頁。

(84) 石射『日記』、三八～三九頁。

(85) *NCH*, 25 March 1936, p. 327, 1 April 1936, p. 7.

(86) 'The Municipal Elections: A Deplorable Contretemps', *Oriental Affairs*, Vol. 5, April 1936, pp. 163–164.

(87) *NCH*, 1 April 1936, p. 15, 橋本編『上海日本人各路連合会』、一〇八～一一五頁、石射『外交官の一生』、二〇〇～二〇二頁。

# 第7章　日中戦争と上海共同租界「臨時市参事会」の成立

## 第1節　日中戦争と共同租界

### (1)　上海事変と工部局に対する日本の要求

一九三七年七月の盧溝橋事件とその翌月の第二次上海事変によって、中国と日本は戦争状態に突入し、共同租界を取り巻く状況も劇的に変化した。第一次事変のときとは異なり、共同租界やフランス租界にも戦闘機の誤爆による被害が相次ぎ、外国人居留民にも多数の死傷者が出た。一〇月末に戦闘が終結したとき、租界の周囲は日本軍の占領下におかれていた。華界には日本の傀儡政権である「上海市大道政府（後に上海特別市政府に改組）」が樹立され、これ以降、共同租界とフランス租界はいわゆる「孤島期」に入る(1)。周囲からは断絶されていたものの、英米仏といった列強の保護により両租界は「中立」を保っていたため、日本も容易に手を出すことはできなかった。経済活動はむしろ繁栄し、国民政府にとっても日本軍にとっても重要な軍需物資の供給地となった租界は、戦略上の重要性を増していった(2)。さらに戦闘終了後はその「中立」故に、日中両陣営のテロ活動の拠点となり、要人の暗殺や爆弾テロが租界内部においても頻発するようになった。

工部局は難民の流入やそれに伴う食糧不足――上海の食料庫であった後背地は日本軍の支配下におかれ、食糧供給が途絶した――への対応に追われたが、その間に共同租界における工部局の権威は急速に低下していった。第5章でも触れたように、工部局警察は戦闘の開始早々に、蘇州江以北の地域――虹口や陽樹補――から工部局警察を撤退させており、これらの地域は共同租界の枠内に留まり続けたものの、戦闘終了後も工部局の権威はほとんど失われたまま、日本軍により独自の管理が行われた。そうした工部局の権威低下を象徴するかのように、一二月初旬には、日本軍による共同租界を通過する示威的な行進（「ヴィクトリア・マーチ」）が行われた。その際、行進にむけて爆弾が投じられるという事件が発生したが、共同租界内での事件でありながら、その犯人は工部局警察ではなく日本軍によって拘束、連行された(3)。その後も日本の憲兵隊が租界内で中国人を拘束するなどの事態が続いた(4)。

「ヴィクトリア・マーチ」の直後、日本軍当局は、必要時に日本軍が共同租界を自由に通行することを要求するとともに、工部局警察が同様の事件の再発を防げなかった場合、あるいは治安維持能力が不足していると日本軍が判断した場合、日本軍は租界内で独自の活動を行うという通告を工部局に行った(5)。もっともこれは軍部出先の勇み足であり、その後の交渉によりこの通告は取り下げられたが、これ以降、工部局の行政能力、とりわけ工部局警察の治安維持能力を疑問視する日本当局の圧力が高まった。一九三八年一月一日、工部局はこうした日本の圧力に対抗するために非常事態宣言を発令した。その主な内容は、(1)軍への攻撃を行ったものは当該軍部に引き渡す、(2)武装した犯罪者は租界から追放する、(3)工部局警察に家宅捜索を行う権限を与える、(4)テロに関する情報提供者に最大五〇〇〇ドルの報奨金をだす、(5)非合法の武器の押収につながる情報提供者にも相応の報奨金をだすといったもので、日本への妥協的性格を多分に含んだものとなっていた(6)。

しかし、日本当局はこの工部局の対応に満足せず、直後の一月初旬に岡本季正日本総領事と日本陸海軍の代表が工部局庁舎に直接乗り込み、市参事会議長に対して大きく二つの要求を突きつけた(7)。一つは事変中に引き続いての共同租界内における反日活動の取締りに関するもので、反日分子の根絶のために適切な対策をとることと、反日プレスを厳しく規制することを求めた。そしてもう一つが工部局における日本人の行政参加についてのもので、日本人警官の待遇改善と増員、さらに工部局の全ての部局において「管理職（controlling position）」に日本人を任命することを柱とした工部局の改革を求めた。この工部局の警察権と人事をめぐる問題が、これ以降の日本当局の要求の基本路線となる。

イギリス人社会はこうした日本側の動きに強く反発した。『NCDN』は、共同租界を構成する多様な国家群のなかの一国が、それらの国々の居留民によって共同で運営される工部局に対しこのような要求を直接行うことは、明らかに土地章程を無視したふるまいであり、「共同租界は大きな危機に瀕している」として日本の行動を批判した(8)。また『オリエンタル・アフェアーズ』のウッドヘッドは、増加の一途をたどる日本人人口を背景とした、日本人警官増員などの要求には妥当性があると理解を示した。他方で、現状においては、非常に特殊な地域である上海での勤務経験をもたない日本人警官を大量に投入しても、警察活動はむしろその効率性を低下させ、「新たな紛争を生み出すだけ」という古くからの論理でその実効性に疑問を投げかけ、また幹部職に日本人を登用することについても、そのために現職の職員を解雇することになり、それは職員との契約条項などから制度的に不可能だと論じた(9)。

条約列強政府による直接的な要求というかつてない事態に対し、工部局も慎重な姿勢をみせた。租界が日本軍に包囲されている状況下において安易に日本の要求を拒絶すれば、日本による実力行使――軍による占領が想定された――を引き起こすことになりかねず、一方、要求を受け入れることで日本人に過剰な政治権力を委譲してしまうことはなんとしても避けなくてはならない、というジレンマを工部局は抱えていたのである。しかも日本が要求した「管理職」なるものが具体的にどのような職種・地位を示しているのか不明確であり、日本側にその真意を質すとともに、英米人社会内部での検討や日本総領事との折衝が重ねられた。その結果、工部局が日本側に正式に回答したのは、日本側の要求から三か月近くが経過してからであった[10]。

工部局の回答は、工部局警察については妥協しつつも、過剰な政治的権力を日本人に与えることを可能な限り避けるという、従来の路線を踏襲するものとなった[11]。それまで、日本人警官は一般の外国人警官とは待遇――初任階級や給与、手当など――が異なり、部隊編成上も別部隊とされていた。日本は、こうした日本人警官を外国人警官隊に統合し、待遇上の差別を撤廃することを求めていた。これに対し工部局は、日本隊を外国人警官――その大半がイギリス人――と統合することは、言語上の問題からむしろ命令系統に混乱をもたらし、業務の効率性を落とすという理由で拒否した。その代わり、外国人警官隊を二つのセクションに再編し、その一つを全て日本人警官で構成し、待遇もイギリス人警官などと同一にすることで、長らく日本側の不満点であった初任階級の問題を決着させた。日本人警官の数も予算が許す限り増やす努力をするとし、現状において欠員が補充されず二六六名しかいない日本人警官隊を、ただちに既定の定員数である三一六名まで回復することを約束した。また新たに特別副総監というポストを創設し、日本人を任命することも決定した。他方で日本人を全ての行政各部局の「管理職」に登用することについては、その実行は現実的に不可能であり、また日本人が務めている総務局事務次官は市参事会議長や事務総長、そして全ての部局長にアクセスできるので、そもそもこれ以上の「管理職」への日本人の登用は必要ないという立場をとった。

日本側はこの工部局の回答を受け入れた。しかし、これ以降も、特に大規模なテロ事件が起こるたび、断続的に同様の抗議と批判、そして日本人の権限拡大の要求が工部局に対し行われた。日中戦争期の租界行政は、居留社会間の関係から、日本やその意を受けた傀儡政権との関係にその焦点を大きくシフトさせることとなったのである。

## (2) 租界行政問題の「国際化」

一九三七年から三九年まで、市参事会選挙が実施されることはなかった。日中戦争前の一九三七年の選挙では、立候補締め切り直前に民団で選出された二名の日本人候補者が立候補を取り下げるなど、日本人社会内部で混乱がみられた。例えば『上海日日新聞』は、恐らく「会社派」には候補者の選出の仕方について、「土着派」には二名しか候補者を立てないことについて、それぞれ不満があるのではないかと報じており、日本人社会では引き続き、市参事会選挙に対する姿勢において「会社派」と「土着派」が分裂していたことをうかがわせる。(12)結果として、日本人候補は取り下げを取り消した。英米人社会も前年度同様、それぞれ事前投票で候補者を五名と二名に絞っていたため、選挙なしで外国人参事は選出され、「既存体制」は継続された。また日中戦争開始後の一九三八年と一九三九年の選挙でも、日本側は二名の候補者のみを擁立し、選挙は回避された。両選挙とも工部局に対する日本の強い抗議と要求が行われた直後であったため、その回避は不要な摩擦を避けるための措置であり、決して日本側が「紳士協定」や「既存体制」の維持を望んだわけではなかった。むしろ日本当局の工部局に対する直接的な圧力や「土地章程」改訂要求を通じた影響力拡大が推し進められており、あくまで居留民レベルのイベントである市参事会選挙には、それほどの重要性が与えられなかったのである。

一九三八年半ば以降も、租界や越界路地区の治安維持をめぐって工部局と日本当局の緊張は続いた。盧溝橋事件一周年となる一九三八年七月七日には、日本人を狙った大規模なテロ事件が発生し、巻き込まれた複数の日本人が死亡した。(13)日本総領事はただちに工部局の治安維持能力の欠如を批判し、租界内での日本軍憲兵隊の自由な捜査活動などを求めた。(14)これに対し工部局も、上述の一九三八年一月一日の布告に、「共同租界内で、租界当局の許可のない火器を携行しているか、テロ活動に従事もしくは関与したものは共同租界から追放されねばならない」という新たな条項を加えることで応えたが、これは租界の警察権の一部を実質的に日本側に明け渡すものであるとして、外国人社会やアメリカ総領事の批判をまねく結果となった。(15)一九三九年も旧正月を中心にテロが続発し、二月には傀儡政権の大臣や裁判官など要人暗殺が連続した。この一連の抗日テロについては、日本の衆議院本会議でも工部局に対する抗議

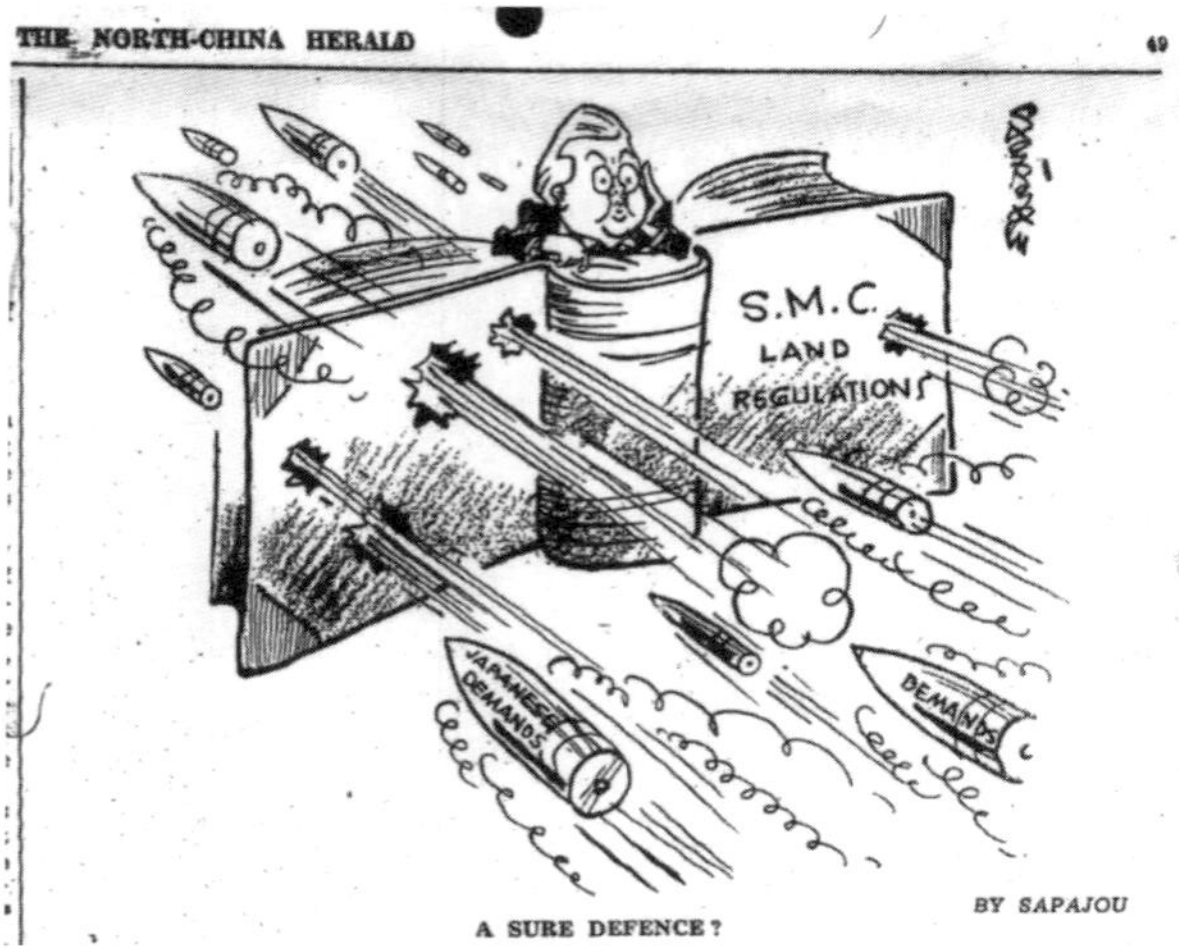

出典：NCH, 12 January 1938, p49.

図16　土地章程と日本の要求

声明が出された[16]。上海では、工部局に対し、日本総領事が抗議するとともに、改めて抗日テロ犯の厳格な取り締まりや、憲兵隊や領事館警察の租界内での自由な活動の承認など、一九三八年一月のものに準じる要求を行った[17]。工部局は、土地章程の規定によって租界内での工部局警察以外の警察組織の活動は認められないことを強調し、抗日テロの取り締りの強化、日本警察との協力、日本人警官の増員などを申し出て、日本側の理解を得ようとした[18]。また五月には、租界内における政治的プロパガンダの禁止、非合法な政治活動に関与したものの共同租界・フランス租界からの追放、国民党の党旗である青天白日旗の掲揚を制限する布告を次々と出し、実際に反日的な新聞の発行停止などを行ったが、明らかにこれらは日本の懐柔が目的であった[19]。

かつてイギリス人が日本と協力して、円卓会議を通じて何とか改訂しようとした土地章程は、この頃から日本の要求を批判、拒否する根拠として、工部局や欧米人社会の防波堤として機能するようになっていた（図16）。しかし、五月初旬、日本外務省は駐日英米大使をそれぞれ招致し、外務次官が両大使に土地章程の改訂を要求する五項目からなる覚書を手渡した[20]。その覚書は、まず「土地章程」改訂を求める理由として、(1)現在の章程は一八六六年のものと基本的に同じものであり、現在の状況に対応できなくなっている、(2)現状に即した行政の実現には、現在の選挙システム、イギリス人による工部局の独占的支配、幹部職の高額な給与などを改善する必要がある、(3)市参事会も再編し、各関係国居留民が適切な発言力をもつべきで、現状において日本人は十分なそれを有しておらず、日本の積極的な協力を得るには合理的な改善が不可欠である、と主張した。さらに(4)蔣介石政権とは別に、新たに樹立された上海特別市政府と中央の維新政府との緊密な協力が必要である、と傀儡政権との協力を求め、最後に(5)反日、反新政権活動は租界を拠点としており、こうした活動を取り締まるのは租界当局、関係各国の義務であると、テロの取り締りについて圧力をかけた。上海でも日本総領事が英米総領事と市参事会議長を呼び出し、同様に「土地章程」の改訂の提案が行われた(21)。

共同租界の問題は、日本と工部局の問題から、イギリス、アメリカ本国を巻き込んだ国際的なものへと変化しはじめていた。この日本政府の要求は、英米政府の強硬な反対で曖昧な決着をみることになったが、英米政府や工部局の正式な回答前に、日本海軍の広報官が租界の武力制圧を示唆しており、すでに工部局単独ではこうした日本の圧力に抗しきれなくなっており、イギリスやアメリカの支援は不可欠となっていた(22)。この直後には、浦東のイギリス系の工場での労働争議のなかで、警官として工部局警察に勤務した経験もあるイギリス人の労働者監督が、日本軍によって殺害される事件（「ティンクラー事件」）も発生した(23)。これにより上海におけるイギリスと日本の関係も急激に悪化し、日本と、工部局および英米との対立はより先鋭化することになった。

他方で、日本は傀儡政権を通じての圧力も強めた。例えば、一九三八年一〇月に上海特別市政府が樹立されると、新政府はただちに両租界の外国駐留軍の存在について、中国との関係を悪化させると抗議を行っている。また一九三八年以降、共同租界を悩ませたのは西部越界路地区における警察権と、日本軍に実質的に支配された蘇州江以北地域における権威の回復であったが、前者については傀儡政権が前面に出て工部局と対立した。以前の西部越界路地区は、その南側は隣接するフランス租界とともに高級住宅地と知られ、北側は多くの工場が立地する工業地帯であった。しかし日中戦争の開始以降、瞬く間に「バッドランド」と称されるほど治安が悪化し、傀儡政権の工作部隊の本部「七

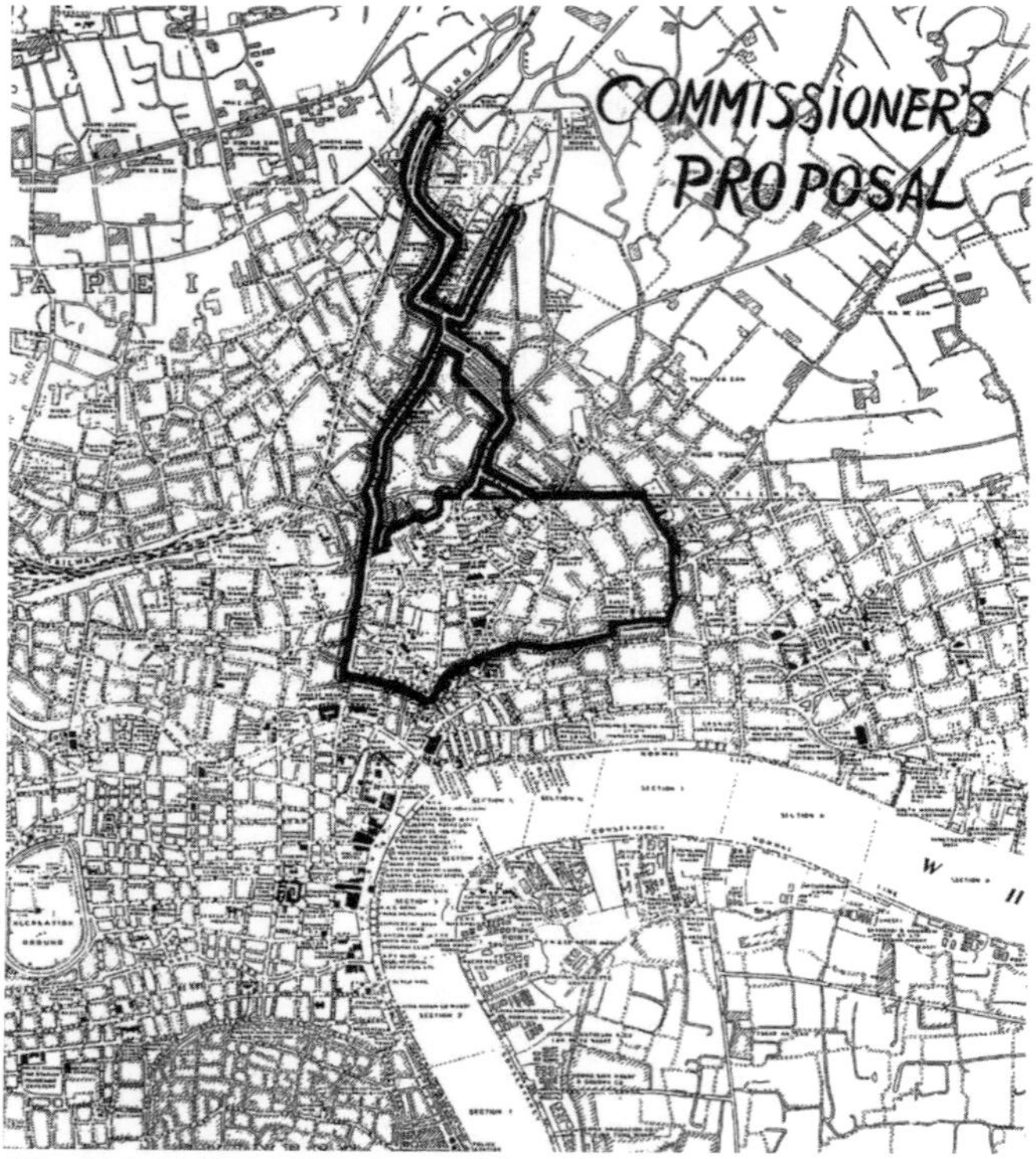


出典：「上海共同租界工部局警察ノ租界北部地域復帰ニ関スル協定」（外務省外交史料館）.

図 17　共同租界北部と北部越界路地区を中心とした新警察区「E 区」の範囲

六号」がおかれ、日本と傀儡政権の保護の下、アヘン窟や売春宿が乱立するようになっていた[24]。この地域では、日本軍と密接な関係をもった特別市政府警察が工部局警察と越界路上の警察権をめぐって激しく争い、銃撃戦に発展することも稀ではなかった。一九三九年八月に両者の大規模な衝突が発生し、多数の死傷者を出すと、ようやく特別市政府と工部局の間で当該地区をめぐる交渉がはじまった。この交渉は、工部局警察と特別市政府警察が合同で、新たに滬西特別警察を設置することで一九四〇年二月に決着した[25]。しかし、その内容は、西部越界路区の警察権を実質的に工部局が放棄することに等しいものであった[26]。そのため工部局は、合同警察制度の細目の決定を引き延ばすことでその実施を回避しようと試みた。

後者の蘇州江以北地域および北部越界路地区は、第二次上海事変以降、日本の管理が進んでいた。警察活動や徴税についてはもちろんのこと、例えば工部局のライセンスをもったバス会社やタクシーは営業を禁止され、日本当局の監督の下、独自の交通システムが展開され、交通上も共同租界から切り離された状況にあった(27)。工部局は、一九三八年初頭の日本の要求について妥協が成立して以降、迅速な北部地域の常態への復帰を求めていた。これに対して日本は、テロ事件が頻発する状況下(28)――その半分以上は日本の特務機関と「七六号」によるものだったが――にある以上、工部局の治安維持能力が証明され、越界路地区の警察権問題が解決されない限り、蘇州江以北の占領状態を解くつもりはないという姿勢を崩さなかった(29)。したがって、この問題の解決に見通しがたったのも、上記の西部越界路地区についての合意が形成されてからであった。一九四〇年三月一日に調印された協定では、それまで「A」区から「D」区までの四区で構成されていた工部局警察の警察区を再編し、日本人居留民が多く居住する北部越界路地区と楊樹浦の一部を新たに「E区」とし、区長には日本人警官を任命することとされた(30)（図17）。しかしながら、この新「E」区も太平洋戦争勃発までに実現することはなかった(31)。

## 第2節　既存体制の限界

### (1)　一九四〇年度選挙前の状況

一九四〇年初頭、工部局と日本の関係は極度に緊張していた。年明け早々には、工部局総務局総長の暗殺未遂事件が発生し、捜査の結果、工部局警察はこれを、西部越界路地区の交渉を促進させることを狙った日本の憲兵隊の「扇動」によるものと結論づけ、成功していた場合には、これを重慶政府側の犯行と喧伝するつもりであっただろうと推測している。[32] ついに工部局の要人、すなわち欧米人もテロの対象とされる状況となったのである。

また工部局の財政の極度の悪化も問題となっていた。その原因は、銀為替の下落、第二次上海事変の損害による歳入の低下、そして特に前任の財務局長の放埒な財政運営によるものであったが、いずれにせよ前年度で六〇〇万中国ドルの赤字が発生しており、そして税収の大幅な増加か為替の改善がない限り、今年度は一二〇〇万中国ドルの赤字が予想される状況であった。これは一九三九年度の通常支出の総額（約三五九二万中国ドル）の三分の一にあたる。[33] その結果、少なくとも一〇〇万ポンドの借款とともに、五〇％の付加税という大幅な増税が必要と見積もられた。しかしながら、この増税については、納税者会議で日本人の同意を得ることは困難であると予想された。というのは、一九三九年度において、ほぼ赤字額と同じ額（約五五〇万中国ドル）が年金としてイギリス人退職者に支払われており、日頃からイギリス人支配を批判し、工部局の経費削減やより人件費の安価な日本人職員の雇用を訴えていた日本人居留民が、とりわけこの工部局との対立状態のなかで容易にそうした増税を認めるとは考えづらかったのである。

日本人社会が、市参事会選挙と納税者会議における保有票数を増やしていることも、イギリス人の不安を駆り立てた。すでに一九三九年度の市参事会が無投票で選出された直後に、スワイア社がイギリス当局に、このままでは日本人の票が欧米人の票を圧倒する可能性があると警告している。[34] この時点で日本人票は一五六二票であり、一九三六年の八七三票から倍増しており、イギリス人の保有票一三〇九票をすでに上まわっていた。アメリカ人の四一二票を合わせることで、かろうじて日本人に対して優勢を維持できる状態であり、なんらかの対策が必要とされていた。

こうした状況のなか、一九四〇年の市参事会選挙が近づいてきた。票の増加工作が行われていることからも、日本人が選挙で挑戦してくることは間違いないと考えられた。この時点でイギリス人には三つの選択肢が存在した。一つは真正面から選挙戦を行い、一九三六年のように日本を打ち負かすことである。しかしこの場合、選挙で勝てる見込みはかなり減少しており、なんらかの手段で勝利したとしても、日本人の感情が悪化することは明白であった。そしてそれは選挙後に開かれる年次納税者会議で、増税を含めることが不可避となっていた予算案を通過させることをきわめて困難にすると考えられた。二つめの選択肢は、交渉によって日本との妥協点を探り、なんとか選挙を回避しようというもので、具体的にはイギリス人の席を一つ譲ることが検討された。これが実現されると、日本人と中国人が合わせて八名となって過半数を占めることになり、中国人に対する日本の影響力が格段に増しているなかで、中国人参事がどこまで独立した地位を維持できるか疑問があった。最後は、イギリス人の席を日本人ではなく、他のヨーロッパ人に譲るというものである。これはイギリス側にとってはもっとも有利な解決策であったが、イギリス人参事の数は減少しても日本人参事は増加せず、日本人を納得させることは不可能に近いと考えられた。いずれの選択肢も、イギリス人にとって満足いく結果を確保するには相当の困難が予想された。

### (2)　一九四〇年の市参事会選挙

イギリス人が市参事会選挙に対する方針を定めるうえでジレンマに陥っている間に、日本では、一九三九年末に三省（外務・陸軍・海軍）租界対策委員会が「上海租界を根拠とする抗日策動乃至敵性の芟除を図ると共に租界の実権を我が方に掌握する如く施策するものとす」[35]という方針を決定していた。越界路地区の警察権の交渉が難航し、治安問題やテロ対策について工部局に要求を繰り返しても埒があかない状況に、日本側はついに自ら租界行政の実権を握ることでそれらを解決することを決意したのである。そのうえで「共同租界工部局参事会員の選挙及納税者会議に於ける日本側投票権者数の増加は租界に於ける我方の政治的勢力拡大増大の最も確実なる合法的手段」[36]とする方針に従い、総領事に日本人有権者を増やす努力をするように指示し、市参事会選挙を通じて、一挙に共同租界の行政権を獲得しようと企図した。

日本にとって市参事会選挙を利用する最大の利点は、それが共同租界の既存の制度に則ったものであり、イギリスやアメリカなど、日本がいまだ明確に敵対することを避けなければならなかった勢力を過度に刺激することなく、また国際的な批判も回避しながら、合法的に租界行政権を掌握しうることにあった。また選挙を通じて工部局の支配権の獲得に成功した場合、既存の効率的な行政システムを改めて構築したり、経験のある外国人職員を排除したりする必要がないという点も重要であった。実際、上海の出先機関は、「第三国との摩擦は出来得る限り之を避け」、また「租界当局の排撃もせざる」[37]べきであると釘を刺されていた。上海の経済価値は、外国人居留民による工部局行政が提供する「セキュリティ」と「信用」であることは日本側も、特に外務省は十分に理解しており、それらを損なわずに目的を達することが重要視されていたのである。

一九四〇年の選挙は、この日本の方針を実行に移す最初の機会となった。この選挙ではそれぞれの居留民だけでなく、それぞれの出先機関も巻き込んでの、上海におけるイギリスと日本の全面的な対決という様相を呈した。この選挙で日本側は五名の候補者を立て、市参事会における過半数を占めようと試みた。一九三六年の選挙における日本の挑戦は、欧米人に対する劣等感に由来する「土着派」居留民の素朴なナショナリズムの発露であり、その実際の目的は参事の一名の増員に過ぎなかった。たとえこの時の選挙で日本側が勝利していても、共同租界におけるイギリスと日本の力関係が極端に変化することはなかったであろうことは、前章でみたとおりである。しかし今回の日本側の意図は市参事会の過半数を占めることで、一挙に租界行政の支配権を掌握しようという露骨なものであった。一九三六年の選挙と同様、この動きをめぐっては日本側でも外交官や会社派を中心に反対するものがいたが、当時、上海に着任したばかりの日本総領事三浦義秋が「賣名的意慾」から「土着派」および軍に同調したため、軍、外務出先、居留民が一致して選挙に臨むこととなった[38]。

日本人社会では、「土着派」の領袖である各路連合会会長林雄吉を委員長に、一二五〇名を超える規模の選挙委員会が組織され、大規模な選挙運動が行われた(39)。また前述の租界対策委員会の指示もあり、総領事館を中心に裏面において「合法的」な票の増加工作が、前回の敗北以来数年にわたって進められていた。一つの賃貸物件を一部屋単位で賃貸契約を行う、あるいは何重にも又貸しすることで財産規定を満たす家賃支払者を増やし、彼らを有権者として登録していった(40)。このような操作によって日本人の保有票は増加していったのである。イギリス人の保有票が一三〇〇票前後で変化しなかったのに対し、日本人の保有票は一九三九年三月には一五三七票、九月には一八二七票、一〇月には一九八〇票と大きくイギリス人票を上回ってきていた。さらに日本側は、ドイツとイタリアの総領事館に、日本人候補に投票するようにそれぞれの有権者を指導することを求めたほか、日本の勢力下にあった虹口地区に流入していた白系ロシア人と、その多くがドイツ籍であるユダヤ人難民にも圧力をかけ、票の増加工作への協力や日本人候補への投票を強制しようとした(41)。

着々と増加する日本人票にイギリス側も警戒を強めていた。選挙での対決を避け、日本との交渉での解決や、英五、米二、日二の「定数」の変更を検討すべきという声もあったが、指導者層の意見の大勢は前述の一つめの方針、すなわち日本との対決に傾き、イギリス側も日本と同様の戦術を採用することが決定された(42)。主に賃貸物件の多重登録を行った日本側に対し、評価額の高い土地を十分に所有しているイギリス側は、そうした大土地所有者の土地を財産規定の限度額ぎりぎりまで分割し、新規登録するという手法をとり、その作業が急ピッチで進められた。総領事館、さらには英国外務省も全面的に協力し、領事館が徴収すべき分割および登録にかかる手数料は名目的な金額にまで引き下げられた。票の申請作業は日本側に気付かれないよう、選挙の有権者申請締め切りまでの数日間で行われた(43)。三九年一二月時点で二二頁であった有権者リストは、日本人有権者の増加によって選挙直前の一九四〇年三月末には五一頁にまで膨らんでいたが、終盤に追いあげたイギリス側は、有権者登録の締め切り日だけで五〇〇〇名を新たに登録した(44)。実際に土地の分割を行ったのは、ジャーディン・マセソン商会などイギリス系企業三社の所有地に過ぎなかったが、この三社の所有地だけでも、その分割と再登録によってイギリス人の保有票は大幅に増加し、投票時点では七六二一票と、日本人の保有票である四七六〇票を大きく上まわった(45)。

このイギリス側の大量の票によって、市参事会の過半数を日本人が占めるという日本側の試みは頓挫した。「予備投票」で落選したマクドナルド――かつて中国人参事を五名に増員する納税者会議で演説を行い、否決させた「厄介者」――が、落選を不服として独自に立候補するというトラブルもあったが、欧米人有権者は期待されたとおりの投票を行った。また日英両当局が前面に立ち現れ、上海の主導権をめぐる帝国間闘争のおもむきすらみせたこの選挙では、英米側の票の大半を新規の分割票が占めたため、一九三六年選挙のときのように欧米人の人種意識に訴える必要はなかった。他方で日本人候補に投票することが期待されたドイツ人とイタリア人有権者の大半は、実際には英米人候補に投票しており、租界における人種意識の根深さがうかがわれた(46)。

投票の結果、日本人候補は三名が落選し、終わってみれば例年通りの「定数」が維持された(表10)。日本側にとっては不本意な結果であり、その驚きと失望も大きかった。さらに一部の商社の所有地を分割するだけで数千の票を生み出す、イギリス人の潜在的な土地権益が明らかになり、既存の体制やルールの枠組みのなかでは、いくら日本側が努力しても、共同租界におけるイギリス人の行政上のヘゲモニーを打ち崩すことは不可能であるという事実が、この結果によって日本人に突きつけられることになった(47)。林委員長は「捲土重来を期す」と次回選挙への抱負を述べたものの、日本側は租界行政における勢力伸長の手段を市参事会選挙以外に求めざるをえなくなった。

また選挙での日本の敗北は、日本側の内部において決して小さくない変化をもたらした。従来の日本側の租界対策は外交的交渉を基本としていたが、現地の日本軍部出先機関はこの方針に不満を抱いていた。選挙の前年一九三九年四月には上海出先機関参謀長が、外務側の現状は「外交的大活躍に処すべき器量なくその能力及び熱度に於て吾人の期待する所に遙かに遠きもの(48)」と述べるなど、現地の外務当局に対する評価も著しく低かった。そしてこの市参事会選挙での敗北も、外務側がイギリス人によって「嵌められた」結果とみなされ、これ以降軍部、そして軍部に親和性の高い「土着派」居留民に対する外務側の影響力は弱まっていくこととなった(49)。

イギリス側も日本の態度硬化を必ずしも望んでいなかった。土地分割による票の分割についても、「この手段を採用しても誰も幸福にならない」、「子供じみた対抗手段」として、不必要な日本側の反感を招くということでイギリス側内部でも反対は根強かった(50)。それにもかかわらず、イギリス側がその潜在的な優位性を全面的に行使した戦術を採ったのには理由があった。一九三六年の選挙時に欧米人有権者に対して行われた、日本人が勝てば租界行政が東洋人に支配されるというアピールは強い反応を呼び起こしたものの、選挙のためのレトリックに過ぎなかった。つまり当時の日中関係を考えれば、市参事会において中国人参事が日本人参事と結託し、英米人参事に対抗するということはありえなかったのである。しかしながら、一九四〇年において事情は大きく変化していた。すでに上海の租界を除く地域は日本軍の占領下におかれ、日本の傀儡政権である南京政府の統治下におかれていた。上海の中国人社会に対する日本の影響力は以前とは比較にならないものであり、選出される中国人参事も日本の影響下にある可能性が高かった。したがって日本人と共に彼らが市参事会の過半数を占めることは、租界行政の実権が現実に日本側に移ることを意味した。もはや外交官やビジネス・エリート層の間での「日和見」的な妥協による現状維持は不可能となり、この段階でイギリス人のヘゲモニーを前提とした租界行政の既存体制は限界に達したのである。

### (3)　一九四〇年末から四一年初頭の状況

一九四〇年選挙の敗北によって、イギリス人に有利な既存の共同租界の政治体制の枠組みそのものの変更を、日本側が求めてくるのは間違いないと考えられた。問題は日本側がとるであろう手段であった。これまで通り、あくまでも市参事会選挙や外交ルートを通じての交渉といった「合法的」手段だけに頼るとは考えにくく、日本軍の武力を背景とした圧力や、場合によっては実力行使もありえた。イギリス側は選挙後、予想される工部局や租界行政のあり方に対する日本の圧力とその対策について、数度にわたって会議を行った。これらの会議には、市参事会のイギリス人メンバーや工部局事務総長、主要な企業経営者など、イギリス人居留民社会を代表する二〇名前後が参加し、イギリス総領事A・H・ジョージ（A.H. George）もオブザーバーとして臨席した。

八月に行われた会議では、次年度の選挙と市参事会のありようについて話し合われた(51)。まず前回選挙のような争いはあらゆる努力を払って回避しなければならない、そしてイギリス人五名に対し日本人二名という参事の数の割合は、日本人居留民の勢力の現状を考えれば、彼らの主張通り不合理なものであることを自分たちも認めなくてはならない、という二点が、次年度以降の市参事会対策の原則として合意された。そのうえで、「「白人」が潔く従い、市参事会の大部分が東洋人という事実を受け入れるべき時が遂に来た」という意見が会議のなかで支配的となり、例えばイギリス人三名、日本人三名、アメリカ人二名、その他一名といった構成を採用し、英米人が「野党に成り下がる」ことも受け入れなくてはならないという認識で出席者全員が一致した(52)。

一方で、上記のような構成を英米側が受け入れなくてはならなくなったとしても、「南京政府側の中国人参事とともに日本人が租界の政治的支配権を確保するとしても、当面行政的支配権はイギリス人の手に保持される（傍線原文）(53)」との期待があった。すなわち、日本側には租界を単独で運営する準備も人材も欠いているので、例え市参事会の過半数を日本側が抑えたとしても、実際の行政活動を担当する工部局はイギリス人主体の運営を続けざるをえないだろう。そして数年以内に情勢が変化すれば――すなわち日本が劣勢になれば、あるいは敗北すれば――上海における欧米列強の権威は回復し、再びイギリス人が租界の盟主に返り咲くことができるだろうと考えられたのである。この予測は、後知恵的には楽観に過ぎるものであるが、当時においては、中国における日本の優勢は長続きしないと一般的に考えられていた。そのため、これまで彼らのヘゲモニーを担保してきた租界行政の枠組みさえ維持されれば、再びそれを奪回することは不可能ではないと思われたのである。したがって、上海のイギリス人にとって、日中戦争の「戦後」における自らの権威の回復を視野に入れながら、既存体制を保持しつついかにその数年を乗り切るかが最重要課題となった。そのため日本人を過度に失望させたり、刺激したりすることによって彼らを実力行使へと追い込むよりは、積極的に既存体制内で日本側に対し妥協を行うことのほうが得策であると考えられ、それが八月の会議の結論となった。

しかし、この見解が現地のイギリス人社会全体に受け入れられたわけではなかった。イギリス人居留民社会における「土着派」に相当する定住者層は、ビジネス・エリート層の日本に対する妥協的姿勢に不満を感じていた。彼らは、大土地所有者層は日本を打ち負かすために土地をさらに分割すべきであると主張し、BRAを通じて総領事やエリート層に圧力がかけられた(54)。

このような居留民社会の見解や動きを受けて、一一月に再び総領事宅で開かれた会議では、前回の会議から雰囲気は一転し、日本に対する妥協に否定的な意見が主流となった。この会議の主な議題は、保有票を増やすためにイギリス人の所有地の分割を進めるか否かであり、前回の会議の結論を受けて、これ以上土地の分割による票の増加工作は行わない方向に向かうと考えられていた。しかし市参事会議長を務めるジャーディン・マセソン商会社長W・J・ケズィック（W.J. Keswick）が、「数か月前の日本に抵抗することに対する絶望」から、今回は「最後まで戦う」という主張に「完全な『方向転換』」を行うなど、会議は好戦的な論調に終始した(55)。結果として、まだ次回選挙における日本側の出方が不明である以上、可能な限りの準備はしておくべきという考えから、少なくともすでに分割された土地については票として加算しておくことが決定された。すなわち、日本との市参事会選挙における保有票の増加ゲームをさらに続けるという、八月の会議とは正反対の結論へと到達したのである。

この間、日本側が次回の選挙に向けてどのような戦術をとるつもりであったのかは、目下のところ史料が現存していないため不明である。しかし表面上、各路連合会の解散とその居留民団傘下への吸収、選挙のための組織として日本人納税者協会を設立させるなど、日本人社会は居留民の統合をより一層強めており、これらは市参事会選挙への対策であると英米側は受け止めた。

また日本側は英米側に対しさまざまな牽制も行っていた。例えば市参事会選挙のあり方を検討する諮問委員会で、日本人委員が投票権についての規定として、「名目上あるいは登記上の所有権、すなわち受益のない所有権は投票権請求の根拠とならない」(56)という内容を含めることを提案した。これはいうまでもなく、前年度行われた、土地の分割による票の増加というイギリス側の戦術の無効化を狙ったものであった。また一二月の中国人警官のストライキを契機に増税が必要となり、その承認を得るための特別納税者会議の開催時期が問題になったとき、新たな税率の適用をより早期に行うために市参事会が翌年一月中に特別納税者会議の招集を提案したのに対し、日本総領事はこれに反対し、選挙後の年次納税者会議の決定に任せるべきと主張した。彼は増税の必要性や、早期に会議を開催することの妥当性は十分に認識しているとしたうえで、自分の反対は「政治的なものである」と述べた。すなわち増税の承認を選挙後の納税者会議で行った場合、増税案を日本人納税者が承認するかどうかはその直前の選挙の結果次第であることを示唆し、次年度の選挙における何らかの妥協をイギリス側に求めたのである(57)。

工部局に対する日本側の圧力と揺さぶりが強まるなかで、日本軍の実力行使を恐れるイギリス側は、日本に対しどのような方針をとるべきかのコンセンサスが一九四一年を迎えても全くとれていなかった。前年一一月に行われた会議では強気であったケズィックも、一月初頭には「我々が未だに上海を支配していることに、私は本当に驚いている」(58)と述べるに至り、イギリス総領事も「問題をみればみるほど、解決不可能なように思える!」と慨嘆する状況であった。

## 第3節 「臨時市参事会」の成立

### (1) 林事件と「委員会」案

租界行政をめぐる英日双方の対応が混迷を極めるなか、日本側の強い反対にもかかわらず、工部局は、前述の増税案を審議する特別納税者会議を一九四一年一月二三日に強硬開催した。この会議の焦点である増税案が通過した直後、日本人居留民代表の一人として出席していた日本人納税者協会会長林雄吉が、この決定を不服として会議の最中に市参事会議長ケズィックに向かって発砲し、彼と日本人参事を負傷させるという事件が発生した。(59)

この事件はイギリス人たちに大きな衝撃を与えた。この林の発砲が事前に計画されていたものか、あるいは採決の結果によって極度に興奮した結果の衝動的な行為であったのかは明らかとなっていない。しかし、林が会場に拳銃を携行してきていたこと、増税案に対して林が行った反対演説が、「もし日本側の［増税の審議は選挙後に行うべきとする――筆者］提案が採用されなかった場合、それによってもたらされる最終的な責任は租界を牛耳る少数派集団にある」、という事件を示唆するかのような脅迫的文言で締めくくられていたこと、翌日の日本紙『上海毎日新聞』に「工部局の問題が根本的に解決されるまで第二、第三、第四の林が現れるだろう」(60)という工部局特別委員会の日本人メンバーの談話が掲載されたことなどから、林事件は計画されたものであると考えられた。そして「票の分割という手段によって、日本人は合法的に参事会への代表を増やすことが出来ないと認識するに至った。そしてその失望のなかで、遂に暴力によって行政を奪取する」(61)つもりになったのだとイギリス側は判断した。

林事件のような日本人居留民による暴力行為が常態化すれば、租界行政は日本人による「「衆愚政治」によって既存の形態での行政執行が不可能」[62]になるとイギリス人は懸念した。それだけでなく、林事件が示威行為であるならば、租界支配のための日本軍による武力行使もありえた。間違いなく、次の山場は四月に予定されている市参事会選挙であった。分割票を最大限に利用して、イギリス側が再び日本を打ち負かすにせよ、あるいは譲歩して日本人参事の増員を認めるにせよ、日本側が既存体制の打破を望んでいる以上、これまで通りの選挙の実施は日本に「実力行使」の契機を与えかねない、非常に危険な行為であると考えられ、その回避が最優先事項とされた。

そこでイギリス人参事が中心となり、この危機を乗り越えるべく一つの案が提出された。市参事会を選出するという本来租界の外国人納税者が有する権限を一時的に領事団に委譲し、市参事会に代わる暫定的な「委員会」の任命を領事団に委ねるというものである。なお「土地章程」は一時的に「停止」し、特に徴税についてはより大きな権限を「委員会」に与えるが、それ以外の権能は市参事会のそれを踏襲する。委員会の構成に関しては、より租界の実情に即したものとして、現状より拡大されたものが想定された。また期間は二年間程度とし、その間に適当な「土地章程」の改訂等が行われなかった場合、再び元の状況に復帰することなども盛り込まれた[63]。

この計画の狙いは次のようなものであった。まず領事団に「委員会」を任命させることで、最大の懸案である選挙の実施を回避するとともに、その構成について各国領事の交渉に委ねることができる。次に土地章程に縛られない「委員会」を設置することで、より広い徴税権をそれに与えることができ、工部局の財政問題を大きく改善できる。土地章程を一定期間停止することで、その間に選挙や租界行政のありかたを「落ち着いて」日本側と協議することが可能となると考えられた。同時に、租界行政の枠組みを一時的に宙づりにすることによって、既存体制をそのまま数年間凍結することが可能となり、恐らく近い将来勃発するであろう日米の戦争が始まったとしても、それが短期間で決着すれば、戦後まで租界の国際的なあり方を維持することが期待できたのである。

この計画は、非常に魅力的なものとしてイギリス人社会に受け入れられた。しかし参事や工部局幹部として租界を運営してきたイギリス人のなかには、一時的にであれ、租界行政の主導権が居留民の手から領事団に移ることに不安や不満を抱くものもいた。それは当時の工部局総務局総長フィリップスが、イギリス人参事に送った手紙に端的に示されている。彼はこの案が上に述べたような多くのメリットを持ち、「非常に魅力的」であるとしながら、同時に「現状の統治システムの終焉の始まり」となるのではないかと懸念を示している。ここでいうシステムとは制度的なものではなく、むしろそれを支える人的な側面についてのものである。すなわち、彼によれば租界行政の特徴はその「驚くべき効率性」であり、それは「その創設時から政府官僚から独立した最良のビジネスマンによって運営されてきた」ことによるという。しかし領事団に市参事会の支配権を譲渡すれば、「上海を成長させ、生き延びさせてきたものも放棄する」ことを意味するというのである。ここには彼らイギリス人ビジネスマンの上海租界に対する自負心とオフィシャルに対する不信感が読み取れよう。しかしそのうえで、事務局総長はこれが共同租界の存続のための「唯一の建設的な手段である」と認めて、この計画への最終的な同意を示している。やはり既存の枠組みによる租界の存続こそが彼らにとっての最重要命題であったといえよう(64)。

「委員会」案は、イギリス人参事T・S・パウエル（T.S. Powell）の私案として、彼と親交のある日本人参事岡本一策を通じて、二月初旬に日本側へ打診された(65)。数回にわたり両参事の間で会談がもたれたが、日本側外務当局の反応は比較的好意的なものであった(66)。その際、岡本は「我々は選挙を行ってはならない。それは流血の惨事となるだろう」とイギリス側と同様の考えを示したが、そこには日本の居留民と軍部の動きへの切実な懸念があった。岡本は林事件について如何に自分が恥じているかについて述べるとともに、自国居留民に対する自らの影響力の低下を訴えた。特に林に代表されるような急進的な居留民については、なんらかの譲歩を英米側から引き出さない限り、コントロールするのは困難な状況にあると、イギリス側の理解を求めた。パウエルはこの点について、以前においては岡本が日本人社会の急進派の話題を持ち出すとき、そこには「脅迫の響き」があったが、今回についていえば、彼らがこの問題の解決に失敗したときにおとずれるであろう「絶望の感情を伝える」だけであったと補足している。[67] 軍部の動向については、増税への反対キャンペーンが軍部主導で行われていること、そのために日本本国から多くの「やくざ者」が上海に送り込まれていることなどが、岡本によってこの時に明かされた。また、上海の軍部出先には日本人だけで共同租界を運営できると信じている勢力が存在しており、工部局を武力によって転覆させる計画があることも彼は示唆した。しかし、共同租界から欧米の利害を放逐し、日本が占領してしまうと、上海は、中国側の焦土作戦により市街地の大半を焼失した長沙の二の舞となり、経済的価値の一切を失なってしまうことになると、彼自身は考えていると述べ、そうした事態を可能な限り避けたい意向を示した。[68]

共同租界の経済的繁栄を維持すること、日英、あるいは日米の戦争の引き金となりかねない衝突を回避することという根源的な側面において、イギリス側と日本の外務当局の利害はおおむね一致しており、その手段として「委員会」案が最善であるということが、民間人としての居留民の間でまず合意されたのである。「委員会」案について日本側との基本合意がなると、これ以降、交渉の主体は市参事会に代表を送っていたイギリスと日本、そしてアメリカの各総領事に委ねられることとなった。

## (2) 総領事による「臨時市参事会」交渉

この「委員会」案を受けて、英米の在上海総領事は、日本側との交渉の前にこの計画に対するそれぞれの政府の見解を求めた。二月下旬、上海のイギリス人社会が「委員会」案に全面的に同意したことを伝えられたイギリス政府は、この計画に「感銘を受けた」として、早速外務省を通じてこの計画に同意を与えるとともに、現地当局に対応を一任した。[69] 一方、上海のアメリカ当局は、ここまで租界行政の問題からは可能な限り距離をとってきていた。[70] イギリス駐留軍の上海撤退による防衛区の引き継ぎ問題や、前年七月に発生したアメリカ海軍と日本軍憲兵隊の事件などによって、上海における日米間の緊張が高まっており、アメリカは、日本との衝突の契機となりかねない要因を可能な限り排除したいと考えていた(71)。租界行政問題がさらにこじれ、小規模であれ日本が武力に訴えることになれば、それが日米の全面的な戦争を引き起こす可能性は全くないとはいえない状況であった。そのため、米国総領事は最初にこの「委員会」案をイギリス総領事から伝えられたとき、この計画に反対の立場をとった。また彼がこの件について本国に照会にしたときも、国務省は、必要となる中国政府との交渉や、法的に解決しなくてはならない問題の複雑さを理由に、土地章程の枠組み内での解決を望み、日本側に三名の代表を認めることで妥協を図るべきという見解を示した。そのうえで土地章程の枠組み内での解決が不可能ならば「委員会」案を否定はしないが、アメリカはこの件に「関わりたくない(72)」という態度を示した。米国総領事もこの交渉には終始消極的姿勢で臨み、その結果、交渉は主にイギリス総領事と日本総領事の間で進んでいくとことなった(73)。

「委員会」案を検討の基礎とすることについては合意されていたため、総領事による交渉は「委員会」の構成が焦点となった。パウエルと岡本の交渉の最終段階において、イギリス側はイギリス人三名、日本人三名、中国人三名、アメリカ人二名、枢軸国人一名、連合国人一名、中立国人一名の計一四名、あるいは英日中米をそれぞれ一名ずつ増やした一八名の委員会を主張していたが、これは枢軸国側の参事と非枢軸国側の参事の数が均衡するように考えられたものであった。すなわち前者の構成の場合、枢軸側、すなわち日本人と中国人――傀儡政権側の人間が就任すると想定された――と枢軸国人で計七名、非枢軸側が同様に英米人と連合国人および中立国人の計七名で同数となる。また後者の構成でも、枢軸国側と非枢軸側は九名ずつとなるのである。イギリス側とすれば、地政学的な意味での上海における日本の優位性を考慮すれば、枢軸側と非枢軸側が同数であれば十分であった。

繰り返しになるが、これまで市参事会の構成が問題となったときにそこに現れる図式は、外国人／中国人、あるいは西洋人／東洋人という人種に基づいた二項対立であった。それはイギリス人あるいは欧米人優位という租界の論理、あるいは世界観に立脚したものであり、必ずしも租界の外の国際情勢や国家間の力関係をそのまま反映したものではなかった。前回の選挙でも、ドイツ人居留民やイタリア人居留民は同盟国である日本の候補ではなく、同じ西洋人である英米人候補に投票したのである。(74) この二項対立的な世界観こそ前世紀的ないわゆる条約港システムを支えたものであり、上海ではいまだそれが強固に維持されていた。しかしながら既存の体制が破綻する事態に至って、ようやく西洋／東洋という二項対立的な関係性に基づく租界の運営が不可能となり、より国際関係の現状を反映した現実的な世界観が、かつて「安逸だが密閉されたガラス箱」(75) と呼ばれた上海の外国人社会に持ち込まれたのである。

日本もこの「委員会」案には前向きに対応した。(76) イギリス側の均衡を原則とした「委員会」の構成に対し、日本側は、中国人と日本人がマジョリティを占めること、中国人は他国民よりも多くの席を占めること、日本人はアメリカ人よりも多くの席を占めることといった条件を示した。イギリス側は枢軸側のマジョリティを狙ったものだと解釈したが、後に判明するように日本側はあくまでも相対的な自国代表の拡大を望んでいただけであった。一方で、機会あるたびに軍部による実力行使をちらつかせるなど、その交渉に対する日本総領事の姿勢は強硬であったため、枢軸側のマジョリティを認めるか否かでイギリス側の意見も内部で分裂し、交渉は三月末まで先行きの見えないものとなった。しかし、議長はキャスティングボートを主張しないという条件で、日本側が英米人に議長を委ねるなどの妥協が行われ、最終的に四月一日、三総領事の間で「委員会」の構成について合意がなった。(77)「委員会」の構成は中国人四名、イギリス人三名、日本人三名、アメリカ人三名、ドイツ人一名、オランダ人一名、スイス人一名となり、枢軸側と非枢軸側の均衡は保たれた（表11）。同時に「委員会」の名称を「臨時市参事会（Provisional Council）」とすることも決められた。その間、問題であった例年三月に行われる選挙は二度にわたって延期されていたが、最終的には無期限の延期が決定された。

最後に残された問題は、中国人参事の任命と重慶政府の承認であった。ここまでの過程において、中国人はほとん

表11　臨時市参事会（1941年）

| |
|---|
| J. H. Liddell（英：Liddell Bros. 社社長） |
| G. E. Mitchell（英：Batterfield & Swire 社社長） |
| T. S. Powell（英：Asiatic Petroleum Co.社社長） |
| N. F. Allman（米：Allman, Davis &Co.社顧問弁護士） |
| R. T. McDonnell（米：William Hunt &Co.社長） |
| R. J. McMillen（米：医師） |
| J. D. Carriere（蘭：Java-China-Japan Line 社長） |
| R. von der Crone（スイス：Volkart Brothers 社社長） |
| A. Glathe（独：Glathe and Witt 社主） |
| 塙雄太郎（日：三井物産上海支店長） |
| 岡本一策（日：元シンガポール総領事，弁護士） |
| 矢島安造（日：日本郵船会社上海事務所長） |
| 袁履登（中：重慶派） |
| 陳霆鋭（中：重慶派） |
| 張徳欽（中：南京派） |
| 許建屏（中：南京派） |
| 総投票数 2,799／無効票 19 |

ど関与していなかった。実は英米参事たちは、「委員会」案の策定中にすでに中国人参事にこの計画について照会していたのだが、その際、中国人参事たちはこの議論の主体から中国人を外すべきという忠告をしていた[78]。中国人参事たちは個人的に計画に賛成であったとしても、土地章程の停止や中国人参事の削減といった内容を含む以上、公式に意見を求められれば「面子」の点から反対するしかなく、それは問題をさらに複雑化させるだけであるというのがその理由であった。そのため重慶政府へは、現地のイギリス大使館を通じて事態の推移を伝えるにとどまっていた[79]。

「臨時市参事会」の計画が公にされると、重慶政府は、現職の中国人参事のなかから四名を選出するならば、「臨時市参事会」という措置を積極的ではないにせよ黙認する、さもなければ公式に不承認の声明を出すと申し入れてきた。これは計画を白紙に戻しかねないものであり、重慶のイギリス大使館は抗議するとともに、そうした行為をとらないよう説得を試みた。しかし、重慶政府もこの取り決めの必要性は認識しているはずで、中国人参事のいうようにこの重慶の動きは「面子」にこだわっているだけであると、最終的に大使館は判断した。「臨時市参事会」が成立した直後に出された重慶政府の声明は、非常に穏健な論調で「臨時市参事会」は重慶政府とは無関係であると述べるにとどまっており、その判断が正しかったことを示した[80]。

「臨時市参事会」案は、四月一七日の納税者会議で承認を得た。またその前日、恐らく日本の圧力を受けていたであろう現地の中国人納税者協会が、重慶派、南京派それぞれ二名ずつを中国人参事として選出した。日本側はこれを受け入れる姿勢をみせ、中国人参事全員が南京派となると予想していた英米側もこれを喜んで受け入れた。これによって、参事会において数のうえでは連合国側の過半数が確保されたのであり、イギリス側の想定よりもはるかに望ましい結果であった(81)。「臨時市参事会」の議長には引き続きイギリス人参事が務め、副議長にはこの計画を日本側で推進した岡本一策が就任した。また副事務総長にも日本人が就くこととなった。行政権の完全な掌握からはほど遠いものの、表面上において日本側もそれまでに比べて大きな権限を手にすることとなり、軍部や居留民もこの結果を受け入れた。また、中国人参事の人選からも、日本側が必ずしも租界の全面的な支配権を確保しようとしていなかったことが明らかとなった。しかし、同時に日本側は票を増やす努力を一切していなかったことも判明し、もしこの妥協がなっていなければ、なんらかの直接的な手段がとられていたであろうことは疑いなかった。イタリアやポルトガルのように、代表を出せなかったことを不服とし、「臨時市参事会」の承認を保留する国もあったが、他の条約列強は、この取り決めを遅滞なく承認した(82)。

「臨時市参事会」の形成過程をみていくなかで、特に顕著であるのは、共同租界の行政における居留民のイニシアティブである。市参事会選挙における方針の決定し、「臨時市参事会」の基礎として「委員会」案を案出したのも政府の人間ではなく、民間の居留民であった。そもそも工部局は居留民によって運営されており、租界行政において居留民が主体となるのは当然であったといえる。租界の外部における国際関係――それは中国国内にとどまらず、アジアにおける英日両帝国の関係であった――によってもたらされた、租界体制の大幅な変更においても、最終的に官の手に委ねられはしたが、その方向性を主導したのも居留民であった。それは英米人居留民だけでなく、厳しく現地の外務当局によって統制されていた日本人居留民もそれは同様であった。ここまでみてきたように、彼らは時に政府の意向に逆らい、必ずしも従順な臣民ではなかった。国際的な注目を浴びる中で起きた林事件は、日本にとって恥ずべき出来事であり、その後の交渉で日本にとっては大きな引け目となった。

「臨時市参事会」の成立とともに、日本の工部局に対する姿勢は軟化し、一時的にではあるが「日英米三国間に常に円満な協調[83]」を共同租界の行政にもたらした。もっとも全てが順調ではなく、例えばこの時期特に悪化していた米不足への対処やさらなる増税について、工部局は欧米人・日本人居留民双方から激しく批判されていた。それでも工部局内でのイギリス人と日本人の関係は改善され、行政活動の円滑化は進んだ。この協調関係は八か月後の太平洋戦争の勃発にともない崩壊していくこととなるが、少なくともそれまでの期間において、一九三〇年代前半までの共同租界における微温的ともいえる日英関係が再現されたのである。

**注**

（1）Timothy Brook, 'Great Way Government of Shanhgai', Christian Henriot and Wen-hsin Yeh, eds, *In the Shadow of the Rising Sun: Shanghai under Japanese Occupation*, Cambridge, 2004.
（2）高橋、古厩『上海史』、二一三〜二一四頁。
（3）FO371/21020 F10458/9535/10, from Phillips（Consul-General, Shanghai）, 3 December 1937.
（4）FO371/21020 F10618/9535/10, from Phillips, 7 December 1937.
（5）FO371/21020 F10490/9535/10, from Phillips, 4 December 1937, 外務省東亜局「第十一章　租界関係諸問題」第二節第二款第二「租界示威行軍及南京路爆弾事件」、『支那事変関係執務報告　上巻第二冊』、一九三七年（JACAR：Ref. B02130172900）。
（6）SMC, *Municipal Gazette*, 7 January 1938, p. 1.
（7）FO371/22083 F227/59/10, from Phillips, 4 January 1938.
（8）*NCH*, 12 January 1938, p. 49.
（9）'The Council and the Japanese: Far-reaching Demands', *Oriental Affairs*, Vol. 9, February 1938, pp. 67-69.
（10）日本人参事も参加している市参事会の会議ではほとんど議論されず、市参事会議長や事務局総長が各方面と折衝を行った。SMC, Minute, 1938, pp. 1-19.
（11）FO371/22084 F3735/59/10, 'Memorandum, reply of Municipal Council to Japanese demands', 18 March 1938.
（12）*NCH*, 10 March, 1937, p. 413.

(13) この時期のテロリズムについては、Wakeman, Jr., *The Shanghai Badlands*, pp. 27–37 を参照。
(14) *NCH*, 13 July 1938, p. 62; Wakeman, Jr., *The Shanghai Badlands*, p. 38.
(15) SMC, *Municipal Gazette*, 22 July 1938, p. 197; Wakeman, Jr., *The Shanghai Badlands*, p. 38; *China Weekly Review*, 30 July 1938, p. 271.
(16) 『大陸新報』一九三九年二月二二日朝刊、一頁。
(17) この時の日本の要求は以下の通り。(1)一九三八年七月一九日の犯罪者の逮捕に関する非常事態宣言の厳密な適用、(2)憲兵隊と領事館警察を含む日本の警察組織は、いつでも共同租界内で日本人の保護とテロ取締りのために必要な措置をとることを認める、(3)日本当局が必要と判断した場合、租界当局と協力の上で、黄浦江や蘇州江から租界に入った中国人や彼らが持込んだ商品を捜査し、必要ならば彼らを拘留することを認める、(4)工部局警察日本隊をただちに増強すること、(5)共同租界の要所での中国人の検査をただちに実行すること。FO371/23453 F1739/2519/84/10, from Phillips, 22 February 1939.
(18) FO371/23454 F2560/84/10, from A. Clark-Kerr (the British ambassador to China), 14 March 1939.
(19) SMC, *Municipal Gazette*, 5 May 1939, p. 150; 19 May 1939, p. 175; FO371/23454 F4141/84/10, from Phillips, 1 May 1939; FO371/23455 F5285/84/10, from Phillips, 18 May 1939.
(20) 『読売新聞』一九三九年五月四日朝刊、一頁、FO371/23454 F4960/84/10, 'Aide Memoire', 5 May 1939.
(21) 'The Status of Shanghai: Japanese Demands', *Oriental Affairs*, Vol. 11, June 1939, pp. 323–327.
(22) *Ibid.*
(23) Bickers, *Empire Made Me* はこの元工部局警察のイギリス人の上海における経験を、その日本軍による死まで追ったものである。
(24) Wakeman, Jr., *The Shanghai Badlands*, pp. 80–92.
(25) FO371/24682 F1209/162/10, from Greenway, 17 February 1940.
(26) FO371/24682 F1105/162/10, 'Modus Vivendi on Policing in the Western Outside toads Area', 28 December 1939.
(27) FO371/24683 F2686/162/10, 'Memorandum regarding Question of the Resumption of Tramway and Omnibus Services North of the Soochow Creek', 22 February, 1940; 外務省記録「上海対英懸案ニ関スル上海三省出先宛訓令案説明」、『支那事変関係一件　第十八巻』(外交史料館、A1.1.1.0-27)。

（28）一九三八年四月から一九三九年三月末までの一年間に発生した親日中国人に対するテロ事件は六二件で、その大半の犯人が検挙されていなかったという。東洋協会調査部『事変下の上海概観』東洋協会、一九四〇年、三〇～三四頁。

（29）FO371/22084 F7836/59/10, from R. Craigie, 22July 1938.

（30）「上海共同租界工部局警察ノ租界北部地域復帰ニ関スル協定」、The Japanese Ministry of Foreign Affairs, Tokyo, Japan, 1868-1945, Microfilmed for the Library of Congress 1949-1951, CJ 57.

（31）上原『上海共同租界誌』、一八八～一八九頁。

（32）FO371/24682 F1534/162/10, 'Attempted Assassination of Mr. G. Godfrey Phillips, Memorandum from Shanghai Municipal Police', 10 January 1940.

（33）FO371/24682 F210/162/10, Butterfield and Swire（hereafter BS）to John Swire and Sons（hereafter JSS）, 8 December 1939; SMC, *Annual Report*, 1939, p. 238.

（34）FO371/23454 F3896/84/10, BS to JSS, 7 April 1939.

（35）陸軍省大日記「上海租界問題処理根本方針の件」、『昭和十五年　陸軍省陸支密大日記　第三号２／３』（防衛省防衛研究所、S15-104）（JACAR：Ref.C04121756700）。

（36）陸軍省大日記「上海租界の問題に関する件」、『昭和十四年　陸軍省陸支受大日記　第四十八号』（防衛省防衛研究所、S14-74-163）（JACAR：Ref.C04121222000）。

（37）*Ibid*.

（38）上原蕃『回想録』。

（39）橋本編『上海日本人各路連合会』、一一六～一二四頁。

（40）SOAS, CAGC Papers, June 1939-November 1940, 'Shanghai on the Question of the Japanese Seat on the Council of the SMC', 4 November 1940.

（41）陸軍省大日記「工部局市参事会員選挙に関する件」『昭和十五年　陸軍省陸支密大日記　第十三号１／３』（防衛省防衛研究所、S15-33-128）（JACAR：Ref.C04121927800）、'The Municipal Elections: A Record Poll', *Oriental Affairs*, Vol. 13, pp. 229-231.

（42）SOAS, JSS Papers, JSS II 3/1, BS to JSS, 8 December 1939.

（43）SOAS, CAGC Papers, June 1939-November 1940, 'Approval of Voting Strength Proposals', 11 November 1939. 多くの場合、

分割された土地はその土地を所有者——多くの場合大企業の経営者——の部下の名義で登録された。市参事会選挙は代理投票が認められていたため、実際の投票は代理人が数百票をまとめて投じた。

(44) SMC, *Municipal Gazette*, 1940, pp. 27-77.

(45) SOAS, JSS Papers, JSS II 3/1, BS to JSS, 25 October 1940, 橋本編『上海日本人各路連合会』、一三四頁。

(46) ドイツ人・イタリア人の票（合計約七〇〇票）の内、日本人候補に投票されたのは六〇余票に過ぎず、あとは棄権か英米人候補に投じられた。上原『上海共同租界誌』、九〇頁。

(47) その後の調査で、一九四〇年選挙において行使された手法によって増加できる票の最大数は日本側が四万二〇〇〇票なのに対し、イギリス側は四七万票であると試算された。SOAS, JSS Papers, JSS II 3/1, BS to JSS, 26 April 1940.

(48) 陸軍省大日記「上海租界問題工策に関する件」、『昭和十四年　陸軍省陸支受大日記　第十六号２／２』（防衛省防衛研究所、S14-16-105）（JACAR：Ref.C04120810700）。

(49) FO371/27631, F589/130/10, from A. George（Consul-General）to Kerr, 12 November 1940.

(50) SOAS, JSS Papers, JSS II 3/1, BS to JSS, 5 April 1940; CAGC Papers, June 1939–Nov. 1940, 'Constitution of the SMC and the position of Jewish refugees', 19 May 1939.

(51) SOAS, JSS Papers, JSS II 3/1, from BS to JSS, 23 August 1940; NA, FO371/27631, F353/130/10, from George to Kerr, 7 November 1940.

(52) SOAS, CAGC Paper, June 1939–November 1940, 'Shanghai on the Question of the Japanese Seat on the Council of the SMC,' 4 November 1940.

(53) *Ibid.*

(54) SOAS, JSS Papers, JSS II 3/1, from BS to JSS, 25 October 1940.

(55) SOAS, JSS Papers, JSS II 3/1, from BS to JSS, 8 November 1940; FO371/27631 F853/130/10, from George to Kerr, 7 November 1940.

(56) SOAS, JSS Papers, JSS II 3/1, 'Proposals as to Reform Needed in the Municipal Election Regulations,' 8 November 1940.

(57) FO371/27632, F3052/130/10, from George to Shanghai Embassy, 30 December 1940 and F3053/130/10, from George to Shanghai Embassy, 31 December 1940.

(58) FO371/27631, F 589/130/10, from George to Kerr, 12 November 1940 and F2091/130/10, from Keswick to Beith, 6 January 1941.
(59) FO371/27633 F4958/130/10, from George to Kerr, 24 January 1941.
(60) FO371/27633, F5840/130/10, from George to Kerr, 28 January 1941.
(61) FO371/27631, F915/130/10, from George to Chungking, 12 February 1941.
(62) SOAS, JSS Papers, JSS II 3/1, from BS to JSS, 24 January 1941.
(63) FO371/27631, F881/130/10, George to Chungking, 7 February 1941.
(64) SOAS, JSS Papers, JSS II 3/1, from Phillips to Mitchell, 31 January 1941.
(65) 岡本一策は元シンガポール総領事で、工部局対策のために外務省によって上海に招聘され、就任を辞退した田誠に代わって一九四〇年度の参事に就任した。
(66) SOAS, JSS Papers, JSS II 3/1, from BS to JSS, 7 February 1941.
(67) FO371/27634, F5850/130/10, 'Record of Conversation with Okamoto—5 p.m. 4th February 1941'.
(68) *Ibid*. 'Record of Conversation with Mr. I. Okamoto-4 p.m. 7th February 1941'.
(69) FO371/27631, F915/130/10, from FO to Kerr, 21 February 1941.
(70) SOAS, JSS Papers, JSS II 3/1, from BS to Phillips, 3 October 1939.
(71) 一九四〇年八月にイギリスの上海駐留軍が撤退を発表したが、日本軍がその担当防衛地区（中央区および西越界路地区）全てを引き継ぐと主張したために、イギリスから中央区の防衛を依頼されていたアメリカとの間で意見が対立していた。また同年七月には、日本軍憲兵隊の隊員がアメリカ海軍に拘束される事件が発生し国際問題化していた。上原『上海共同租界誌』、一五九－一六一頁、NCH, 10 July 1940, p. 51, 17 July 1940, p. 86.
(72) FO371/27631, F1683/130/10, from Halifax to FO, 6 March 1941.
(73) 現地のアメリカ当局は前年度の選挙においても自国民の票の分割を認めず、このようなアメリカ側の姿勢についてイギリス当局は以前から、アメリカは「我々に火中の栗を拾わせようとしている」と不信感を抱いていた。FO371/27632, F3090/130/10, from George to Kerr, 7 January 1941; F534/130/10, from George to Kerr, 1 February 1941.
(74) 上原『上海共同租界誌』、九〇頁。

（75） Ransome, *The Chinese Puzzle*, p. 28.

（76） 例えば、一九四〇年一〇月に共同租界の将来についての興亜院の会議は、租界回収を視野に入れつつも、「当分従来ノ国際的色彩ヲ失ハシムルコトナク……保持セシムル」と決定しており、「委員会」案はこの方針に合致したといえる。「上海租界対策」、『支那事変関係一件／上海占領後租界ニ関スル諸問題（郵電務、海関関係ヲ除ク）』（外交史料館、A1.1.0.30-35）（JACAR：Ref. B02030665200）。

（77） NA, FO371/27633, F4507/130/10, from George to Kerr, 2 April 1941.

（78） SOAS, JSS Papers, JSS II 3/1, BS to JSS, 7 March 1941.

（79） FO371/27631, F1521/130/10, from FO to Kerr, 9 March 1941.

（80） FO371/27634, F6336/130/10, from Blackburn to FO, 19 April 1941.

（81） FO371/27632, F3212/130/10, from Blackburn to Shanghai, 20 April 1941.

（82） FO371/27632, F3173/130/10, from Blackburn to Shanghai, 19 April 1941.

（83） 堀内干城『中国の嵐の中で――日華外交三十年夜話』乾元社、一九五〇年、一七三頁。

# 終　章

一九四一年一二月八日、日本軍の真珠湾攻撃にともなう太平洋戦争の勃発とともに、上海でも共同租界が日本軍によって武力占領された。それと同時に、連合国側の外国人居留民はさまざまな制限を受けるようになり、やがて、日本軍によって順次強制収容されていった。(1) 工部局による租界行政は、租界が正式に返還される一九四三年まで継続し、日本軍は共同租界に進駐したものの、直接的に租界行政に関わることはなかった。占領から一か月後の一九四二年一月、市参事会の参事は一新され、日本人三名、南京派中国人三名、ドイツ人一名、スイス人一名という構成になった。また各部局のイギリス人幹部も大半が日本人と入れ替えられたが、他方で一般のイギリス人職員は、当面のあいだそのまま行政業務に従事させられることになった。(2) これによって日本側にとってはうまく敵国人を「温存」し、日本側の行政活動に対する負担を軽減することに成功したことになる。長年にわたり英語を公用語とし、あらゆる点で「イギリス式」の運営がなされていたために、かつてイギリス人居留民が主張したように、効率性を損なわずに、さらには経済都市としての上海の価値を大きく減じることなく、日本人だけで租界行政をまかなうことは容易ではなかったのである。一九四三年一月、英米政府は重慶の国民政府と、日本政府は汪精衛と、それぞれ租界返還と領事裁判権廃止に関する条約・協定を締結し、共同租界は正式に廃止された。(3)

約一〇〇年間の歴史をもつ上海の租界は、その設置当初においては厄介な外国人を隔離しておくための空間であり、当時の中国(清朝)は租界に積極的に関わろうとはしなかった。租界の運営も外国人にいわば丸投げされ、最低限の規約として土地章程が清朝の地方当局との間に結ばれたに過ぎなかった。その後イギリス租界とアメリカ租界が合併して共同租界が生まれ、中国人の租界内の居住が認められると租界内の人口は急速に増加していった。また共同租界の誕生以降、中国と条約を結んだ国々は、上海においては独自の租界を設定せず、共同租界に間借りするかたちでそれぞれの拠点をおき、共同租界が上海の中心となっていった。それにともない租界の規模が拡大すると、租界の外国人たちは土地章程の一部の条項の拡大解釈を繰り返し、行政機能を拡大していった。警察組織の整備や中国人住民への課税など、土地章程に規定のないものも便宜的な措置の積み重ねのなかで既成事実化されていった。その結果、租界行政を担った工部局は一般的な地方自治体がもつ機能のほとんどに加え、さらには独自のオーケストラや軍隊も備える、擬似的な自治行政組織へと発展していった。他方で、当初は機能していた各列強当局による工部局の監督は有名無実化し、工部局が統治する共同租界は「国家のなかの国家（imperium in imperio）」[(4)]ともいいうる存在となったのである。

共同租界には最盛期で四〇を超える国からやってきた人々が生活し、二〇近い条約列強が領事館を構えていた。外国人居留民の階層や職業も多岐にわたったが、居留民社会は本国から派遣されてきた人々——政府関係者や伝道団関係者、商社や多国籍企業によって送り込まれた駐在員、通信員——と、生活のために自ら選択して移動してきた定住者層に大別できる。国際的な利害を有する前者に対し、外国人社会の存在に依存する後者の利害は租界にのみ制限された。また参政権が土地所有にもとづく財産規定によって制限されていた共同租界において、富裕なビジネスマン階層は政治に対する発言力を持ちえたが、相対的に貧しい定住者層は租界行政から——職員として勤務する場合を除いて——排除されていた。しかし、そんな定住者にとっても豊富で低廉な中国人労働者に支えられた租界での生活の水準は、本国での生活に比べ格段に上昇した。

外国人居留民のなかで圧倒的に優越した地位にあったのはイギリス人居留民であった。上海における投資や貿易額などの経済利害が他を圧していたというだけでなく、そもそもイギリスが上海を開港させたのであり、伝統的に租界の防衛をイギリスが担っていたという歴史的背景もその立場を担保した。その結果イギリス人居留民は市参事会の過半数を常に占め、工部局の部局長をはじめとする幹部職のほぼ全てと一般職員の大半を独占することで、租界行政を実質的に支配した。共同租界はいわばイギリス帝国の一部と考えられ、工部局警察は帝国の諜報ネットワークの一端末として機能した。他の外国人居留民もこうしたイギリス人の地位を受け入れ、尊重した。それは共同租界において基本的に外国人居留民の利害は、イギリス人居留民のそれと一致しており、あえてイギリス人による租界行政の独占に反対する必要がなかったためである。そうしたなかで、上海のイギリス人たちは、上海は自分たちが——あるいはその祖父や父が——何もない沼地から作りあげたものであるという自負をもち、「シャンハイランダー」という上海に根付いたアイデンティティも醸成していくことになった。こうしたイギリス人とそのジュニア・パートナーとみなされていたアメリカ人のビジネス・エリート層によって、共同租界はいわば寡頭制的な支配体制が敷かれていたのである。

他方、共同租界はイギリス帝国の一部であるという認識は中国人にも共有された。その結果、中国ナショナリズムが台頭してきた一九二〇年代以降、租界はイギリスの帝国主義の象徴としてその攻撃の対象となった。五・三〇事件の際には、発端は日本の工場であったのにもかかわらず、事件をきっかけとして全国規模の反帝国主義運動へと発展した際には、イギリスが主な標的とされ、イギリスは中国との関係の根本的な見直しを迫られた。その結果、イギリスは不平等条約に基づく中国との関係を放棄し、より平等な関係を模索するとして、一九二六年に英中関係の画期となる「一二月メモランダム」を公表した。一九二七年には租界防衛のために上海に艦隊を派遣するものの示威行動のみで武力行使は行わず、一九三〇年には治外法権廃止のための交渉を確立されたばかりの国民政府との間で開始するなど、一貫して中国に対し妥協的といえる政策をとった。

一方、中国ナショナリズムは租界の存在をその攻撃対象としたが、租界の即時返還が要求されることはなかった。例えばイギリスが管理する中国海関が当時の中国政府にとって最も安定した収入源であったように、イギリス人をはじめとする外国人プレゼンスは、いまだ不安定であった国民政府には不可欠なものであった。同様に、租界に拠点をおいて活動してきた浙江財閥やその支援を受けていた国民政府にとって、外国人が管理する事によるセキュリティと高い経済性を誇る共同租界は、外国の投資を呼び込み、国家としての中国を発展させるうえで無くてはならないものと認識されていた。列強に租界を返還させてしまうと、上海がもっていた種々の特権的地位は全て失われてしまうと考えられたのである。

そのためイギリスや工部局に対し中国ナショナリズムが求めたのは、それまで完全に排除されていた中国人の租界行政への参加であった。工部局やイギリス人指導者層も、イギリス政府の方針に呼応するかたちでこの要求を受け入れ、工部局の「中国化」が進められた。各部局に中国人が配置された他、工部局の最高意志決定機関である市参事会にも中国人が加えられた。また同様に中国人をその対象から外していた行政サービスも、さまざまなかたちで中国人住民にも提供されるようになった。しかしそうした「中国化」はあくまでイギリス人の地位を脅かさない範囲に限られた。換言すれば、租界行政の適度な「中国化」を行うことで、租界のイギリス人は、中国ナショナリズムから自分たちを優位におく既存の租界体制を保持することに成功したのである。他方で、イギリスの妥協的な対中国政策や、それと並行して進められる工部局の急激な中国化に危機感を覚えた居留民も少なくなかった。イギリス人社会においては、自らの懸念をイギリス政府に直接伝え、圧力をかけるために代表組織の設立をうながすことになった。

こうした動きの背景には、支配装置である工部局に、被支配者に位置づけられる中国人が参加することについての拒否感があったと考えられる。序章でも述べたように、そもそも租界は、人種を基準として支配者と被支配者が明確に分離されるきわめて人種主義的な空間であった。イギリス人たちは自らを中国人と区別し、イギリス人としてのアイデンティティを維持するために、徹底的に中国人や中国的なものから距離をとることを基本的な社会規範とし、その遵守が居留民に強く求められた。そして西洋人と東洋人の境界をあいまいにしてしまう存在――例えば、窮乏したイギリス人や難民として流入した白系ロシア人――は、イギリス人を中心とした外国人社会からは排除の対象とされたのである。こうした人種主義は租界社会のさまざまな部分に顔を出した。工部局の一般的な統計においては、欧米人居留民は一括して「外国人（foreigner）」と分類される一方、国籍上イギリス人に分類されるはずのインド人は別に項目が立てられた。白系ロシア人も同様であり、イギリス人たちが「外国人」――ここでは西洋人、あるいは白人――と分類したくない人々、あるいは認めたくない人々が別項目に分類され、「外国人」から排除された。

そうした租界社会において、イギリス人にとって最も厄介な存在が日本人であった。彼らは明らかに東洋人であり、本来ならば白人によって支配されるべき存在である。しかし同時に彼らは帝国列強の一員であり、日英同盟のような同盟関係をイギリスと結ぶ存在でもあった。この日本人がもつ二重性は、上海におけるイギリス人をはじめとする欧米人居留民と日本人居留民の関係を複雑なものにした。

第一次大戦以降、共同租界で最大勢力となる日本人は、外国人社会への参入に関しては遅れてきた新参者であった。そのため租界中央部に進出することは難しく、共同租界において僻地である北部越界路地区を中心とした地域に集住せざるをえず、そこで非常に排他性の強い日本人社会を形成していった。比較的本国と近いこともあり、上海に形成された日本人居留民社会は高度に自己完結的で、人的資源もすべて日本人だけでまかなうことが可能であった。そのため、彼らは「モザイク都市」と呼ばれる上海の特性を特に体現しており、日常において他の欧米人社会や中国人社会と交流することはほとんどなかった。

そんな上海の日本人を他の外国人社会と結び付けた数少ないものの一つが租界行政であった。日本人もまた工部局の統治の対象であり、他の外国人居留民と同様に土地章程の規定に服従し、工部局に税金を納めていた。市参事会にも代表を送り、工部局警察では多くの日本人が警官として勤務していた。しかし、そうした租界行政の現場では、日本人は欧米人に比べ副次的な地位を強制されていた。日本人参事は日本人社会との連絡役でしかなく、政策決定に積極的に関わることはできなかった。工部局警察の日本人幹部も指揮系統から外された、あくまで日本人警官のまとめ役以上の存在ではなかった。ロバート・ビッカーズが綿密にその人生を追ったモーリス・ティンクラー（Maurice Richard Tinkler）は、工部局の警官を務めていた一九二〇年代初頭に、日本人と食事をしたという本国の妹に対して、「日本人はろくでもない連中のなかで一番ましというだけだ」と書き送っている。(5) こうした意識はイギリス人のあいだでは一般的であり、恐らくこのティンクラーも警官時代、日本人幹部に対し敬礼をしなかったか、したとしても心からのものではなかっただろう。

上海の外国人社会におけるこうした日本人の扱いは、一九三〇年代に入ると変化をみせる。この時期、引き続きイギリスをはじめとする列強は中国に対し妥協的姿勢をとっていたが、欧米人居留民はそのことにフラストレーションをためていた。彼らはいまだ一九世紀的な人種観を引きずり、中国に対しては武力をもっていうことをきかせなければならないと強く信じていた。そうした彼らにとって、日本が引き起こした第一次上海事変は自分たちの思いを代弁するものであり、英米の本国政府は日本の行動を強く批判したが、現地の欧米人居留民は日本人に喝采を送った。日本人は中国に圧力をかけるうえで必要不可欠なジュニア・パートナーに位置づけられ、イギリス人居留民や工部局は、日本の武力を背景に関係列強による円卓会議を開催し、自分たちに有利なかたちでの租界問題の解決を図ろうとした。

一方で、日本人の姿勢も変化した。それまで従順に英米人に協力してきてはいたが、彼らによって割り当てられた租界における副次的立場に日本人社会は不満を募らせていた。第一次上海事変を機にそれは顕在化する。とりわけ中国軍を撃退する日本軍の姿を目の当たりにした「土着派」の人々の間でナショナリズムが高まり、租界社会のさまざまな側面で欧米人居留民と対等な扱いを求めた。そして租界行政については、英米人との関係を重視し、既存の立場に甘んじる「会社派」を批判し、工部局に対しては、日本人参事や職員の増加など日本人の行政参加の一層の拡大を求めた。そしてイギリス人社会に請願して与えてもらうのではなく、彼らと対等な存在として、それらを選挙という手段を通じて正面から勝ち取ろうとしたのである。

それまで日本人との協力関係を模索していたイギリス人社会は、この日本人社会の動きにとまどった。そして当時日本が進めていた大陸政策への不安と、自らの地位の保全のために、この日本の参事増員というささやかな野望を挫くことを決意した。しかし、日本抜きでの租界運営が現実的でなくなっていた状況下にあって、安易に日本人を排除することはできず、かといってイギリスの権益を維持するためにも日本の勢力伸長を許すこともできなかった。結果として、イギリス側は日本を含む共同租界の既存の勢力バランスを維持することを至上命題として、これ以降日本人社会に対応していくことになった。

一九三六年の市参事会選挙でイギリス側が展開したプロパガンダは、東洋人としての日本人を強調するものであった。その効果は大きく、それまで選挙に関心をもたなかった多くの欧米人有権者に投票させることに成功し、日本人参事が増加することを防ぐことができた。ここで日本人の扱いは、帝国列強サークル内のジュニア・パートナーという位置づけから、東洋人へと再び戻ることになった。日本人を帝国列強の同胞と扱うのか、それとも東洋人として排除するのか、イギリス人の姿勢は上海の情勢とともに、日本人に対する喝采と拒絶の間で揺れ動いたのである。上海には、より一般的な帝国意識を反映した「西洋人／東洋人」という関係性と、中国における歴史的、法制度的なありかたを反映した「外国人（含む日本人）／中国人」という関係性が重層的に存在し、日本人の扱いの変化とともにどちらかが前面に現れたのである。しかしこの選挙でも示されたように、人種による線引きのほうが上海に暮らす欧米人にとって説得力があった。右に引いたイギリス人警官の言葉にもあるように、日本人はやはりなによりもまず東洋人だったのである。その点で、この選挙や一九四〇年の選挙で、それが希望的観測であったとしても、ドイツ人やイタリア人の票を期待した日本人居留民、特に「土着派」に属する人々は、欧米人居留民が抱いていた人種意識に対しナイーブであったといえる。

日中戦争が始まると、上海はイギリスと日本にとって重要な戦略上のポイントとなり、租界行政に日本当局が自ら積極的にアプローチするようになった。そうしたなかで行われた一九四〇年の市参事会選挙と翌年の「臨時市参事会」の形成過程は、帝国と居留民の関係を検討するよい材料となる。一九四〇年の選挙は二つの帝国の東アジアにおけるいわば最前線の一つとなり、日英の居留民たちは帝国の「駒」として機能した。彼らは共同租界という戦場で選挙戦という戦闘を戦う兵士であり、彼らが保有する票は弾薬であった。そこでは日本人居留民はもちろんのこと、イギリス人居留民もイギリス当局とともにイギリス帝国の東アジアにおける「威信」を守るため、選挙での勝利に努力を惜しまなかった。まさに帝国の「橋頭堡」としての役割を十全に果たしたといえよう。

しかしながらその翌年、日本――とりわけ軍部――が共同租界に対する実力行使を匂わせる行動に出ると、イギリス人居留民の指導者層はむしろその状況における主導権を握ることを決意した。彼らは後に「臨時市参事会」と称される市参事会に代わる組織の設置計画を独自に案出した。その案は、共同租界の既存体制を日中戦争後まで保存するための方途であり、イギリスの「より広い帝国利害（wider Imperial interests）」とも矛盾しないと考えられたが、その第一の目的は、日中戦争終結後、自分たちが上海において再び支配的立場に復帰することであった。イギリス人がこの計画について日本の「会社派」に協力を求めると、彼らもそれを積極的に支持した。イギリス人たちにとっては、戦後において自分たちが上海で復権するためであったが、日本人にとっては「土着派」と結んだ軍部の独走によって上海の価値が損なわれないようにするために、租界の諸制度や行政組織といった既存の体制を保存することは望ましいものであった。ここに両者の利害は一致したのである。結果として、「臨時市参事会」という解決策は日英を含む関係各国の妥協点となり、太平洋戦争勃発までのわずかの期間、上海におけるイギリス人の支配的な地位を前提とした既存体制が維持されることになったのである。

**注**

（1）Hugh *Collar, Captive in Shanghai: A Story of Internment in World War II*, Oxford, 1990.

（2）各部局の人員交替の概要は、五嶋『上海の夜明け』、二一七〜二三三頁。また留任したイギリス人職員については、イギリス議会で敵国への協力ではないかと問題視された。

（3）フランス租界は同年七月にヴィシー政権によって返還。

（4）FO371/20230 F1497/35/10, from Cadogan to Wellesley, 31 January 1936.

（5）Bickers, *Empire Made Me*, p. 158.

（6）FO371/27631 F534/130/10, from Phillips, 1 February 1941.

# 参考文献

## 1．未公刊史料

〈School of Oriental and African Studies Archive, London（SOAS）〉
China Association papers.
John Swire and Son's papers.

〈The National Archives, Kew〉
FO371, Foreign Office General Correspondence, Political.
FO671, Foreign Office Embassy and Consular Archives China: Shanghai Correspondence etc.

〈The Library of Congress, Washington〉
The Archives in Japanese Ministry of Foreign Affairs, Tokyo, Japan, 1868–1945（Microfilmed for the Library of Congress).

〈外務省外交史料館（国立公文書館アジア歴史資料センター）〉

**外務省記録**

A1. 1. 0. 30-35『支那事変関係一件／上海占領後租界ニ関スル諸問題（郵電務、海関関係ヲ除ク）』。
A1. 1. 1. 0-27『支那事変関係一件　第十八巻』。

**調書**

亜細亜局『最近支那関係諸問題摘要（第五十六議会用）第二巻ノ二／（山東、武器、其他諸問題）』（一九二八年）。

亜細亜局『中華民国傭聘外国人人名録 昭和五年十二月末現在／亜細亜局調書 第三輯ノ六』（一九三〇年）。

東亜局『中華民国傭聘外国人人名録 昭和九年十二月末現在』（一九三四年）。

東亜局『支那関係諸問題摘要（政況、停戦協定、債務整理、租界、通信）』（一九三五年）。

東亜局『支那事変関係執務報告　上巻第二冊』（一九三七年）。


〈防衛省防衛研究所（国立公文書館アジア歴史資料センター）〉

**陸軍省大日記**

S14-74-163『昭和十四年　陸軍省陸支受大日記　第四十八号』。

S15-16-104『昭和十五年　陸軍省陸支密大日記　第三号2／3』。

S15-33-128『昭和十五年　陸軍省陸支密大日記　第十三号1／3』。


上原蕃『回想録』、遺族所蔵。

## 2．新聞・雑誌

*China Weekly Review*, Shanghai.
*North China Daily News (NCDN)*, Shanghai.
*North China Herald (NCH)*, Shanghai.
*Oriental Affairs*, Shanghai.
『朝日新聞』、朝日新聞社。
『上海日報』、上海日報社。
『大陸新報』、大陸新報社。
『読売新聞』、読売新聞社。

## 3．文献

Abend, Hallett, *My Life in China 1926-1941*, New York, 1943.

*All About Shanghai: a Standard Guidebook/ with an Introduction by H.J. Lethbridge*, Hongkong, 1986.

Allman, Norwood F., *Shanghai Lawyer*, New York,1943.

Barlow, Tani E., ed., *Formations of Colonial Modernity in East Asia*, Durham, 1997.

Barnet, Robert W., *Economic Shanghai: Hostage to Politics 1937-1941*, New York, 1941.

Barnett, Suzanne Wilson and John King Fairbank, ed., *Christianity in China: Early Protestant Missionary Writings*, Cambridge MA, 1985.

Bays, Daniel H., ed., *Christianity in China: From the Eighteenth Century to the Present, Stanford*, 1996.

Bergére, Marie-Claire, '"The Other China": Shanghai from 1919 to 1949', Christopher Howe, ed., *Shanghai: Revolution and Development in an Asian Metropolis*, Cambridge, 1981.

Best, Antony, *British Intelligence and the Japanese Challenge in Asia, 1914-41*, New York, 2002.

Betta, Chiara, 'Marginal Westerners in Shanghai: the Baghdadi Jewish Community, 1845-1931', Robert Bickers and Christian Henriot, ed, *New Frontiers: Imperialism's New Communities in East Asia, 1842-1953*, Manchester, 2000.

Bickers, Robert A., 'Changing British Attitudes to China and the Chinese, 1928-1931', thesis submitted for the degree of Doctor of Philosophy, 1992.

——, 'History, Legend and Treaty Port Ideology, 1925-1931', Robert Bickers, ed, *Ritual and Diplomacy: The Macartney Mission to China, 1792-1794*, 1993.

——, 'Shanghai's "Dogs and Chinese Not Admitted" Sign: Legend, History and Contemporary Symbol', *The China Quarterly*, 142（1995）, pp. 444-466.

——, '"Coolie Work": Sir Reginald Johnston at the School of Oriental Studies, 1931-1937', *Journal of the Royal Asiatic Society*, Series III, 5（1995）, pp. 385-401.

——, 'Death of a Young Shanghailander: The Thorburn Case and the Defense of the British treaty Ports in China in 1931', *Modern Asian Studies*, 30（1996）, pp. 271-300.

——, 'Shanghailanders: The Formation and Identity of the British Settler Community in Shanghai, 1842-1937', *Past and Present*,

159 (1998), pp. 161-211.

——, *Britain in China: Community, Culture, and Colonialism 1900-1949*, Manchester, 1999.

——, 'Who were the Shanghai Municipal Police, and Why Where They There? The British Recruits of 1919', Robert Bickers and Christian Henriot, ed., New Frontiers: Imperialism's *New Communities in East Asia, 1842-1953*, Manchester, 2000.

——, 'Settlers and Diplomats: The End of British Hegemony in the International Settlement, 1937-1945', Christian Henriot and Wen-hsin Yea, ed., *In The Shadow of the Rising Sun: Shanghai under Japanese Occupation*, Cambridge, 2003.

——, *Empire Made Me: An Englishman Adrift in Shanghai*, London, 2003（ロバート・ビッカーズ『上海租界興亡史――イギリス人警察官が見た上海下層移民社会』本野英一訳、昭和堂、二〇〇九年）.

——, 'Ordering Shanghai: Policing a Treaty Port, 1854-1900', David Killingray, Margarette Lincoln and Nigel Rigby, eds, *Maritime Empires: British Imperial Maritime Trade in the Nineteenth Century*, Woodbridge, 2004.

——, ed., *Ritual & Dipomacy: the Macartney Mission to China, 1792-1794: Papers Presented at the 1992 Conference of the British Association for Chinese Studies Marking the Bicentenary of the Macartney Mission to China*, London, 1993.

Bickers, Robert and Christian Henriot, eds., *New Frontiers: Imperialism's New Communities in East Asia, 1842-1953*, Manchester, 2000.

Blake, Robert, *Jardine Matheson: Traders of the Far East*, London, 1999.

Bland, J.O.P., *China: The Pity of It*, London, 1932.

Borg, Dorothy, *The United States and the Far Eastern Crisis of 1933-1938: From the Manchurian Incident through the Initial Stage of the Undeclared Sino Japanese War*, Cambridge MA, 1964.

Boxer, C.R., *Fidalgos in the Far East, 1550-1770*, The Hague, Netherlands, 1948.

Brook, Timothy, *Collaboration: Japanese Agents and Local Elites in Wartime China*, London, 2005.

——, 'Great Way Government of Shanhgai', Christian Henriot and Wen-hsin Yeh, eds., *In the Shadow of the Rising Sun: Shanghai under Japanese Occupation*, Cambridge, 2004.

Brooks, Barbara J., *Japan's Imperial Diplomacy: Consuls, Treaty Ports, and War in China 1895-1938*, Honolulu, 2000.

——, 'Japanese Colonial Citizenship in Treaty Port China: the Location of Koreans and Taiwanese in the Imperial Order',

Robert Bickers and Christian Henriot, ed., *New Frontiers: Imperialism's New Communities in East Asia, 1842-1953*, Manchester, 2000.

Brunero, Donna, *Britain's Imperial Cornerstone in China: the Chinese Maritime Customs Service, 1854-1949*, London, 2006.

Butcher, John G., *The British in Malaya 1880-1941*, Oxford, 1979.

Clifford, Nicholas R., *Shanghai, 1925: Urban Nationalism and the Defense of Foreign Privilege*, Ann Arbor, MI, 1979.

——, *Spoilt Children of Empire: Westerners in Shanghai and the Chinese Revolution of the 1920s*, Hanover, NH, 1991.

Coats, P.D., *China Consuls: British Consular Officers, 1843-1943*, Oxford, 1988.

Cohen, Paul A., *Discovering History in China*, New York, 1984.（P・A・コーエン『知の帝国主義―オリエンタリズムと中国像』佐藤慎一訳、平凡社、一九八八年）

Collar, Hugh, *Captive in Shanghai: A Story of Internment in World War II*, Oxford, 1990.

Cook, Christopher, *The Lion and the Dragon: British Voices from the China Coast*, London, 1985.

Cooper, Frederick and Ann Laura Stoler, *Tensions of Empire: Colonial Cultures in a Bourgeois World*, Berkley, 1997.

Crow, Carl, *Foreign Devils in the Flowery Kingdom*, New York, 1940.

Darwin, John, 'Imperialism and the Victorians: The Dynamics of Territorial Expansion', *The English Historical Review*, 112 (1997), pp. 614-642.

Davenport-Hines, R.P.T., 'The British Engineers' Association and Markets in China 1900-1930', R.P.T. Davenport-Hines, ed., *Markets and Bagmen: Studies in the History of Marketing and British Industrial Performance 1830-1939*, Cambridge, 1986.

Djordjevic, Nenad, *Old Shanghai Clubs and Associations: A Directory of the Rich Life of Foreigners in Shanghai from the 1840s to the 1950s*, Hong Kong, 2009.

Duus, Peter, Ramon H. Myers. and Mark R. Peattie, eds., *Japanese Informal Empire in China, 1985-1937*, Princeton NJ, 1989.

Endicott, Stephen Lyon, *Diplomacy and Enterprise: British China Policy 1933-1937*, Manchester, 1975.

Fairbank, John King, ed., *The Cambridge History of China: Volume 12: Republican China 1912-1949, Part I*, Cambridge, 1983.

Feuerwerker, Albert, *The Foreign Establishment in China in the Early Twentieth Century*, Ann Arbor, MI, 1976.

Finch, Percy, *Shanghai and Beyond*, New York, 1953.

Fishel, Wesley R., *The End of Extraterritoriality in China*, Berkeley, 1952.

Fitch, George A., *My Eighty Years in China*, revised ed., Taipei, 1974.

Fogel, Joshua A., '"Shanghai-Japan": The Japanese Residents' Association of Shanghai', *The Journal of Asian Studies*, 59 (2000) , pp. 927-950.

Francis, Mark, *Governors and Settlers: Images of Authority in the British Colonies, 1820-60*, London, 1992.

Franck, Harry A., *Roving through Southern China*, London, 1925.

Fung, Edmund S.K., *The Diplomacy of Imperial Retreat: Britain's South China Policy, 1924-1931*, Oxford, 1991.

Gilbert, Rodney, *What's Wrong with China*, London, 1926.

Goodman, Bryna, *Native Place, City, and Nation: Regional Networks and Identities in Shanghai, 1853-1937*, Berkeley, 1995.

Gratton, F.M., *Freemasonry in Shanghai and Northern China*, Shanghai, 1900.

Haggie, Paul, *Britannia at Bay: The Defence of the British Empire against Japan 1931-1941*, Oxford, 1981.

Hannaford, Ivan, *Race: The History of an Idea in the West*, Washington, D.C., 1996.

Henriot, Christian, 'Little Japan' in Shanghai: an Insulated Community, 1875-1945', Robert Bickers and Christian Henriot, ed., *New Frontiers: Imperialism's New Communities in East Asia, 1842-1953*, Manchester, 2000.

——, *Shanghai, 1927-1937: Municipal Power, Localoty, and Modernization*, Berkeley, 1993.

Henriot, Christian and Wen-hsin, Yeh, *In the Shadow of the Rising Sun: Shanghai under Japanese Occupation*, Cambridge, 2004.

Hershatter, Gail, *Dangerous Pleasures: Prostitution and Modernity in Twentieth-Century Shanghai*, Berkley, 1997.

Hewlett, Sir Meyrick, *Forty Years in China*, London, 1943.

Hinder, Eleanor M., *Life and Labour in Shanghai: A Decade of Labour and Social Administration in the International Settlement*, New York, 1944.

——, *Social and Industrial Problems of Shanghai: With Special Reference to the Administrative and Regulatory Work of the Shanghai Municipal Council*, New York, 1942.

Hou, Chi-ming, *Foreign Investment and Economic Development in China, 1840-1937*, Cambridge, MA, 1965.

Howe, Christopher, ed., *Shanghai, Revolution and Development in an Asian Metropolis*, Cambridge, 1981.

Hunt, Michael H., *The Making of a Special Relationship: The United States and China to 1914*, New York, 1983.

Huskey, James Layton, 'Americans in Shanghai: Community Formation and Response to Revolution, 1919-1928', University of North Carolina Ph. D. thesis, 1985.

——, 'Cosmopolitan Connection: Americans and Chinese in Shanghai during the Interwar Years', *Diplomatic History*, 11 (1987), pp. 227-242.

Iriye, Akira, *After Imperialism: Search for New Order in the Far East, 1921-1931*, Cambridge MA, 1965.

Iriye, Akira and Warren Cohen, *American, Chinese, and Japanese Perspectives on Wartime Asia 1931-1949*, Wilmington, 1990.

Johnson, Linda Cooke, *Shanghai: From Market Town to Treaty Port, 1074-1858*, Stanford, 1995.

Johnstone, Jr., William Crane, *The Shanghai Problem*, Westport, 1937.

Jones, F.C., *Shanghai and Tientsin: With Special Reference to Foreign Interests*, Oxford, 1940.

Jordan, Donald A., *China's Trial by Fire: The Shanghai War of 1932*, Ann Arbor, 2001.

Kennedy, Dane, *Islands of White: Settler Society and Culture in Kenya and Southern Rhodesia, 1890-1939*, Durham, 1987.

King, Frank H.H., *The Hongkong Bank between the Wars and the Bank Interned, 1919-1945: Return from Grandeur: Volume III of the History of the Hongkong and Shanghai Banking Corporation*, Cambridge, 1988.

Kirby, William C., 'China Unincorporated: Company Law and Business Enterprise in Twentieth-century China', *The Journal of Asian Studies*, 54 (1995), pp. 43-63.

——, 'The Internationalization of China: Foreign Relations At Home and Abroad in the Republic Era', *The China Quarterly*, 150 (1997), pp. 433-458.

Kotenev, A.M., *Shanghai: Its Mixed Court and Council: Material Relating to the History of the Shanghai Municipal Council and the History, Practice and Statistics of International Mixed Court*, Shanghai, 1925.

——, *Shanghai: Its Municipality and the Chinese: Being the History of the Shanghai Municipal Council and its Relations with Chinese, the Practice of the International Mixed Court, and the Inauguration and Constitution of the Shanghai Provisional Court*, Shanghai, 1927.

Kreissler, Françoise, 'In Search of Identity: The German Community in Shanghai, 1933-1945', Robert Bickers and Christian

Henriot, ed, *New Frontiers: Imperialism's New Communities in East Asia, 1842-1953*, Manchester, 2000.

Laninng, G., and S. Couling, *The History of Shanghai*, Shanghai, 1921.

Leck, Greg, *Captives of Empire: The Japanese Internment of Allied Civilians in China, 1941-1945*, Bngor, PA, 2006.

Louis, Wm. Roger, *British Strategy in the Far East 1919-1939*, Oxford, 1971.

Lu, Hanchao, *Beyond the Neon Light: Everyday Shanghai in the Early Twentieth Century*, Berkeley, 1999.

MacKenzie, John M., 'On Scotland and the Empire', *International History Review*, 15 (1993), pp. 719-39.

——, *Propaganda and Empire: The Manipulation of British Public Opinion 1880-1960*, Manchester, 1986.

Mackerras, Colin, *Western Images of China*, Oxford, 1989.

MacPherson, Kerrie L., *A Wilderness of Marshes: The Origins of Public Health in Shanghai, 1843-1893*, Oxford, 2002.

Markovits, Claude, 'Indian Communities in China, c.1842-1949', Robert Bickers and Christian Henriot, ed, *New Frontiers: Imperialism's New Communities in East Asia, 1842-1953*, Manchester, 2000.

Martin, Brian G., '"The Pact with the Devil": The Relationship between the Green Gang and the French Concession Authorities, 1925-1935', Frederic Wakeman, Jr. and Yeh Wen-hsin, ed, Shanghai *Sojourners, Berkeley*, 1992.

Maybon, Charles B., and Jean Fredet, *Historie de la Concession Francaice de Changhai*, Paris 1929.

Mayers, Wm. Fred, N. B. Dennys and Chas. King, The Treaty Ports of China and Japan: a Complete Guide to the Open Ports of Those Countries, together with Peking, Yedo, Hongkong and Macao, London, 1867.

McCormick, Elsie, *Audacious Angles on China*, New York, 1928.

Metcalf, Thomas R., *Ideologies of the Raj*, Cambridge, 1994.

Mommsen, Wolfgang J. and Jurgen Osterhammel, ed., *Imperialism and After: Continuities and Discontinuities*, London, 1986.

Murphey, Rhoads, *The Outsiders: The Western Experience in India and China*, Ann Arbor, MI, 1977.

Osterhammel, Jülgen, 'British Business in China, 1860s-1950s', R.T.P. DavenPort-Hines and Geoffrey Jones, eds., *British Business in Asia since 1860*, Cambridge,1989.

Pelcovits, Nathan A., *Old China Hands and the Foreign Office*, New York, 1948.

Perry, Elizabeth J., *Shanghai on Strike: The Politics of Chinese Labor*, Stanford, 1993.

Pott, F.L. Hawks, *A Short History of Shanghai: Being an Account of the Growth and Development of the International Settlement*, Shanghai, 1928.

Powell, John B., *My Twenty Five Years in China,* New York, 1945.

Pratt, Sir John T., *War and Politics in China,* London, 1943.

Radtke, Robert W., 'The British Commercial Community in Shanghai and British Policy in China, 1925-1931', A Thesis Submitted to The Faculty of Modern History, University of Oxford, 1990.

Ransome, Arthur, *The Chinese Puzzle*, London, 1927.

Remer, C.F., *Foreign Investments in China*, New York, 1933.

Rigby, Richard W., *The May 30 Movement: Events and Themes*, Canberra, 1980.

Ristanio, Marcia R., 'The Russian Diaspora Community in Shanghai', Robert Bickers and Christian Henriot, ed., *New Frontiers: Imperialism's New Communities in East Asia, 1842-1953*, Manchester, 2000.

——, *Port of Last Resort: The Diaspora Communities of Shanghai*, Stanford, 2001.

Sergeant, Harriet, *Shanghai*, London, 1991（ハリエット・サージェント『上海――魔都１００年の興亡』浅沼昭子訳、新潮社、一九九六年）.

Shanghai Municipal Council（SMC）, *Annual Report*, 1863-1943.

——, *Municipal Gazette*, 1908-1943.

——, *The Minutes of Shanghai Municipal Council*, 1854-1943（上海市档案館編『工部局董事会会议录』全二八巻、上海古籍出版社、二〇〇一年）。

Shirley, Garrette, 'Why They Stayed: American Church Politics and Chinese Nationalism in the Twenties', John K. Fairbank, ed., *The Missionary Enterprise in China and America*, Cambridge, 1974.

Smith, Arthur H., *Chinese Characteristics*, revised ed., New York, 1894.

Snow, Edgar, 'The Americans in Shanghai', *The American Mercury*, 80（1930）, pp. 437-445.

Snow, Helen Foster, *My China Years*, New York, 1984.

Sokolsky, George E., 'My Mixed Marriage', *The Atlantic Monthly: a Magazine of Literature, Science, Art, and Politics*, 152

(1933), pp. 137-46.

Stephens, Thomas B., *Order and Discipline in China: The Shanghai Mixed Court 1911-27*, Seattle, 1992.

Stoler, Ann Laura, 'Making Empire Respectable: The Politics of Race and Sexual Morality in 20$^{th}$-Century Colonial Cultures', Jan Breman, ed., *Imperial Monkey Business: Racial Supremacy in Social Darwinist Theory and Colonial Practice*, Amsterdam, 1990.

——, *Race and the Education of Desire: Foucault's History of Sexuality and the Colonial Order of Things*, London, 1995.

——, 'Rethinking Colonial Categories: European Communities and the Boundaries of Rule', *Comparative Studies in Society and History*, 31 (1989), pp. 134-161.

Thampi, Madhavi, 'Indian Soldiers, Policemen and Watchmen in China in the Nineteenth and Early Twentieth Centuries', *China Report*, 35 (1999), pp. 403-437.

Thomas, Yuen Nui, 'The Foreign Office and the Business Lobby: British Official and Commercial Attitudes to Treaty Revision in China, 1925-1930', Theses submitted for the degree of Doctor of Philosophy University of London, 1981.

Wagner, Rudolf G., 'The Role of the Foreign Community in the Chinese Public Sphere', *The China Quarterly*, 142 (2000), pp. 423-443.

Wakeman, Jr., Frederic, *Policing Shanghai, 1927-1937*, Berkeley, 1995.

——, *The Shanghai Badlands: Wartime Terrorism and Urban Crime, 1937-1941*, Berkeley, 1996.

Wheelhouse, Frances, *Eleanor Mary Hinder, An Australian Woman's Social Welfare Work in China Between the Wars*, Sydney, 1978.

Wilkinson, Mark F., 'The Shanghai American Community, 1937-1949', Robert Bickers and Christian Henriot, ed, *New Frontiers: Imperialism's New Communities in East Asia, 1842-1953*, Manchester, 2000.

Wood, Frances, *No Dogs and Not Many Chinese: Treaty Port Life in China 1843-1943*, London, 1998.

Woodhead, H.G.W., *Extraterritoriality in China: The Case Against Abolition*, Tientsin, 1929.

——, *Adventures in Far Eastern Journalism: A Record of Thirty-three Years' Experience*, Tokyo, 1935.

Wright, Tim, 'Shanghai Imperialists versus Rickshaw Racketeer: The Defeat of the 1934 Rickshaw Reform', *Modern China*, Vol.

17 No. 1 (1991), pp. 76-111.
上海市档案館編、史梅定主編『追憶——近代上海圖史』上海古籍出版社。

《上海租界志》編纂委員会編『上海租界志』上海科学院出版社、二〇〇一年。

徐公粛『上海公共租界誌稿』上海人民出版社、一九八〇年。

沈寂主編『老上海 南京路』上海人民美術出版社、二〇〇三年。

陈祖恩『寻访东洋人——近代上海的日本居留民（一八六八～一九四五）』上海社会科学院出版社、二〇〇七年。

潘连贵『上海貨幣史』上海人民出版社、二〇〇四年参照。

马长林主编『租界里的上海』上海社会科学院出版局、二〇〇三年。

『老上海』、上海教育出版社、一九九八年。

鄒依仁『旧上海人口変遷的研究』上海人民出版社、一九八〇年。


秋田茂『イギリス帝国とアジア国際秩序——ヘゲモニー国家から帝国的な構造的権力へ』名古屋大学出版会、二〇〇三年。

秋田茂、籠谷直人編『一九三〇年代のアジア国際秩序』渓水社、二〇〇一年。

石射猪太郎『外交官の一生——対中国外交の回想』太平出版社、一九七二年。

石射猪太郎（伊藤隆・劉傑編）『石射猪太郎日記』中央公論社、一九九三年。

植田捷雄『支那に於ける租界の研究』巌松堂書店、一九四二年。

上原蕃『上海共同租界誌』丸善、一九四二年。

ＮＨＫ〝ドキュメント昭和〟取材班編『上海共同租界——事変前夜』角川書店、一九八六年。

榎本泰子『楽人の都・上海——近代中国における西洋音楽の受容』研文出版、一九九八年。

——「上海租界の娯楽活動——パブリックバンド成立まで」（『言語文化』五—一、二〇〇一年八月）。

——「上海パブリックバンドの誕生——工部局交響楽団の歴史（その1）」（『言語文化』五—一、二〇〇二年八月）。

汪輝「上海居留民団における会社派と土着派の相克——中等教育機関の設置・運営をめぐって」（『日本の教育史学』四三、二〇〇〇年）。

大里浩秋、孫安石編著『中国における日本租界――重慶・漢口・杭州・上海』御茶の水書房、二〇〇六年。

岡本隆司『近代中国と海関』名古屋大学出版会、一九九九年。

河合秀和「北伐へのイギリスの対応――「クリスマス・メッセージ」を中心として」（細谷千博、斎藤真編『ワシントン体制と日米関係』、東京大学出版会）。

木ノ内誠編著『上海歴史ガイドマップ』大修館書店、一九九九年。

木畑洋一『支配の代償――英帝国の崩壊と「帝国意識」』東京大学出版会、一九八七年。

――『イギリス帝国と帝国主義――比較と関係の視座』有志舎、二〇〇八年。

久保亨『戦間期中国〈自立への模索〉――関税通貨政策と経済発展』東京大学出版会、一九九九年。

ケイン、P・J、ホプキンズ、A・G『ジェントルマン資本主義の帝国II――危機と解体一九一四―一九九〇』木畑洋一・旦祐介訳、名古屋大学出版会、一九九七年。

興亜院華中連絡部『上海租界の敵性調査――第一部共同租界工部局警察』一九四〇年。

――『上海租界の敵性調査――第二部共同租界工部局ノ財政』一九四〇年。

――『租界ニ関スル諸問題』一九四〇年。

コックス、ハワード『グローバル・シガレット――多国籍企業BATの経経史一八八〇―一九四五』山崎廣明、鈴木俊夫監修、たばこ総合研究センター訳、山愛書院、二〇〇二年
後藤春美「一九二〇年代中国にかかわったイギリス人」（『千葉大学留学生センター紀要』七、二〇〇一年）。

――『上海をめぐる日英関係一九二五‐一九三二年――日英同盟後の協調と対抗』東京大学出版会、二〇〇六年。

五嶋茂『上海の夜明け――消えた共同租界』元上海工部局互助会出版部、一九八一年。

小竹文夫『上海三十年』弘文堂、一九四八年。

駒込武、橋本伸也編『帝国と学校』昭和堂、二〇〇七年。

坂口満宏「在外居留地・居留民団研究の現在」（京都女子大学東洋史研究室編『東アジア海洋域圏の史的研究』、京都女子大学、二〇〇三年八月）

佐々波智子「戦前期、上海租界に於ける不動産取引と都市発展」（『社会経済史学』六二―六、一九九七年三月）。

佐藤貞之「上海在留日本人人口調査」（『支那研究』二〇、一九二九年七月）。

佐野眞一ほか『上海時間旅行――蘇る〝オールド上海〟の記憶』山川出版社、二〇一〇年。

信夫淳平『上海戦と国際法』丸善、一九三二年。

島一郎『中国民族工業の展開』ミネルヴァ書房、一九七八年。

島田俊彦「上海越界道路問題をめぐる国際紛争――(一九三二年～一九三七年)」(『武蔵大学論集』四―二、一九五七年三月)。

島津長次郎編『上海案内　第九版』金風社、一九二一年。

上海居留民団編『上海事変誌』上海居留民団、一九三三年。

――『上海居留民団三十五周年記念誌』上海居留民団、一九四二年。

上海毎日新聞社編『上海観光便覧 昭和六年版』上海毎日新聞社、一九三一年。

杉野明夫「上海の人口問題と租界」(『季刊経済研究』六―四、一九八四年)。

――「旧上海の都市問題略論」(『季刊経済研究』七―一、一九八四年)。

高綱博文「戦時上海における「租界問題」――日本軍上海租界進駐の背景」(姫田光義、山田辰雄編『中国の地域政権と日本の統治』慶應義塾大学出版会、二〇〇六年)。

――『「国際都市」上海のなかの日本人』研文出版、二〇〇九年。

高橋孝助、古厩忠夫編『上海史――巨大都市の形成と人々の営み』東方書店、一九九五年。

中華民国上海工部局編『上海在留欧米人俸給生活者の生計水準』本田正二郎訳、満鉄調査局、一九四三年。

陳祖恩「上海居留民関係年表――明治編」(『紀要(法政大学教養部)』九〇、一九九四年二月)。

――「西洋上海と日本人居留民社会」谷川雄一郎訳(大里浩秋、孫安石編著『中国における日本租界―重慶・漢口・杭州・上海―』、御茶の水書房、二〇〇六年)。

天津地域史研究会編『天津史――再生する都市のトポロジー』東方書店、一九九九年。

ドウス、ピーター「日本/西欧列強/中国の半植民地化」浜口裕子訳(『岩波講座 近代日本と植民地第二巻 帝国統治の構造』、岩波書店、一九九二年)。

東洋協会調査部『事変下の上海概観』東洋協会、一九四〇年。

殿木圭一『上海』、岩波書店、一九四二年。

トリー、ケンプ『長江パトロール――中国におけるアメリカ海軍』長野洋子訳、出版共同社、一九八八年。

波形昭一編著『近代アジアの日本人経済団体』同文舘、一九九七年。

中内二郎『居留民団の研究』三通書局、一九四一年。

日本上海史研究会編『上海――重層するネットワーク』汲古書院、二〇〇〇年。

野口謹次郎、渡邊義雄『上海共同租界と工部局』日光書院、一九三九年。

野沢豊編『中国の幣制改革と国際関係』東京大学出版会、一九八一年。

ハイアム、ロナルド『セクシュアリティの帝国――近代イギリスの性と社会』本田毅彦訳、柏書房、一九九八年。

ハウザー、アーネスト・オー『大帮の都上海』佐藤弘訳、高山書院、一九四〇年。

橋本五郎次編『上海日本人各路連合会の沿革と事蹟』、上海日本人各路連合会、一九四〇年。

馬場鍬太郎「上海の交通」(『支那研究』一八、一九三〇年二月)。

濱下武志、川北稔編『支配の地域史』、山川出版社、二〇〇〇年。

林源三郎「上海居留民団」(『支那研究』一九、一九二九年五月)。

林田敏子『イギリス近代警察の誕生――ヴィクトリア朝ボビーの社会史』、昭和堂、二〇〇二年。

坂野正高『近代中国政治外交史――ヴァスコ・ダ・ガマから五四運動まで』東京大学出版会、一九七三年。

樋口秀美『日本海軍から見た日中関係史研究』芙蓉書房出版、二〇〇二年。

久重福三郎「上海に於ける金融事情」(『支那研究』一八、一九三〇年二月)。

姫田光義、山田辰雄編『中国の地域政権と日本の統治』、慶應義塾大学出版会、二〇〇六年。

藤田拓之「上海共同租界におけるイギリス人居留民――その「上海心理」の背景」(『文化史学』五八号、二〇〇二年一一月)。

――「上海共同租界とイギリス人居留民協会――コスモポリタニズムの限界」(『文化史学』五九号、二〇〇三年一一月)。

――「上海共同租界と日本人居留民――上海共同租界工部局警察副総監上原蕃の経験を中心に」(『歴史家協会年報』創刊号、二〇〇五年一二月)。

――「上海共同租界『臨時市参事会』の成立について」(『文化学年報』五六号、二〇〇七年三月)。

――「上海共同租界行政とイギリス人」(濱下武志監修、川村朋貴、小林功、中井精一編『海域世界のネットワークと重層性』、桂書房、二〇〇八年)。

帆刈浩之「近代上海における遺体処理問題と四明公所――同郷ギルドと中国の都市化」(『史学雑誌』一〇三―二、一九九四年二月)。

松本重治『上海時代――ジャーナリストの回想』（全三巻）、中央公論社、一九七四～七五年。

南満州鉄道株式会社庶務部調査課『上海を中心とする新聞雑誌及通信機関』南満州鉄道、一九二六年。

南満州鉄道株式会社調査課編『フィータム報告――上海租界行政調査報告』（全四巻）、南満州鉄道株式会社、一九三一年。

ミラー、G・E『上海租界』市木亮訳、昭和書房、一九四〇年。

村井幸恵「上海事変と日本人商工業者」（『近代日本研究』（山川出版社）六、一九八四年）。

村松伸『上海・都市と建築――一八四二―一九四九年』PARCO出版局、一九九一年。

本野英一「一八六〇年代上海に於ける買辦登録制度の挫折と輸出取引機構の改変――ジャーディン・マセソン商会の活動を中心に」

（『史学雑誌』九九―七、一九九〇年九月）。

森時彦編『在華紡と中国社会』京都大学学術出版会、二〇〇五年。

山村睦夫「第一次大戦期における上海日本人居留民社会の構成と「土着派」中堅層」（『和光経済』三〇―一、一九九七年九月）。

『横浜と上海』共同編集委員会編『横浜と上海――近代都市形成史比較研究』横浜開港資料館、一九九五年。

米澤秀夫『上海史話』畝傍書房、一九四二年。

レーマー、シー・エフ『列国の對支投資』（全三巻）東亜経済調査局訳、東亜経済調査局、一九三四年。

若江得行『上海生活』大日本雄弁会講談社、一九四二年。

# あとがき

本書は、二〇一〇年に同志社大学文学研究科に提出した博士論文「戦前期上海における外国人居留民社会——共同租界行政をめぐるイギリスと日本の関係を中心に」に、若干の加筆、修正を加えたものである。

筆者が西洋史学を専攻としながら、上海という都市をフィールドとし、また主な対象をイギリス人と日本人とするきっかけとなったのは、ロバート・ビッカーズ先生と、中国のイギリス人を描いた著作『中国のなかのイギリス（Britain in China）』との出会いであった。東亜同文書院を研究していた父の影響もあり、もともと中国、とりわけ上海という都市に強い興味をもちながら、学科として東洋史のない同志社大学——入学式当日にそれを知って呆然としたのは、今となってはよい思い出である——で、大学院に進んだもののイギリス帝国についてどちらかというと漠然と研究していた筆者にとって、この研究は画期的なものであった。西洋史の文脈からでも中国にアプローチできるのだと、その実例を目の当たりにし、その興奮のなかで一方的に送りつけた不躾なメールでの質問にも、ビッカーズ先生は丁寧に答えてくださり、さらに家族旅行で訪れられた東京でわざわざ時間を割いてお会いしてくださった。麻布十番の居酒屋での閉店までの先生との時間は、筆者のその後の研究において大きな糧となっている。

そうしたビッカーズ先生とのやりとりのなかで、ひときわ印象に残ったのが、当時の上海における「外国人（foreigner）」という範疇に日本人も入るのかどうかということであった。先生は、「外国人」という用語は「白人」の言い換えであり、少なくとも日本人は「外国人」には含まれない。日本人は「日本人（Japanese）」という別のカテゴリーになるだろうが、これまで日本人について検討したことがなかったとおっしゃられた。この時のやりとりが、その後の筆者の研究テーマに大きな示唆を与えてくれた。

東洋史学科がなく、中国・上海という地域の研究を行うには決して最適な環境とはいえない同志社大学で、筆者が研究を継続することができたのは、なかなかテーマが定まらなかった筆者を温かく見守り、修士課程半ばでの突然のテーマの変更も快く受け入れてくださった今関恒夫先生と、今関先生の退職後に指導を引き継ぎ、研究者としての心構えを種々説いてくださった服部伸先生のおかげである。博士論文の執筆と慣れない非常勤講師の業務の間で四苦八苦していたとき、気遣ってくださったのも服部先生であった。

また上海にテーマを移したちょうどその時期に、上海工部局交響楽団を研究しておられた榎本泰子先生が、同志社大学言文センターに在籍しておられたことは、非常に幸運であった。数々のアドバイスや、最初の論文には丁寧なコメントをいただいたくことができ、なによりも専門家がすぐそばにいるということは非常に心強いものがあった。残念ながら、すぐに大学を移られることとなったが、ある意味置き土産となった上海租界についての文献や史料はその後も活用させていただいた。そうした榎本先生と、現在、同じ科研グループのメンバーとして共同研究を行っていることは、筆者にとってとても感慨深いものがある。

このようなテーマで研究を進めるうえで、多くの方々の助力を得た。副査として博士論文を審査してくださった京都女子大学の坂口満宏先生は、日本人居留民に関する重要な史料を提供してくださるなど、公私にわたって大変お世話になった。大阪大学の秋田茂先生には、西洋史学会などで貴重なアドバイスをいただいただけでなく、ビッカーズ先生を招聘されたワークショップにもお声をかけてくださり、再会の機会もいただいた。京都大学の川島昭夫先生、富山大学の川村朋貴先生には、研究会や論文集といった形で私の研究の発表の場をいただいた。

日本大学の高綱博文先生を代表とする「上海史研究会」、立命館大学の米山裕先生を中心とした「日本人の国際移動研究会」、そして現在も筆者の研究活動の重要な一部となっている関西学院大学の大橋毅彦先生を代表とする「ライシャム研究会」では、数多くの新しい知見を得るとともに、分野や領域を越えて研究者の方々と交流することができきた。本書に掲載した地図を作製してくれたのは、「日本人の国際移動研究会」を通じて知遇を得た立命館大学大学院文学研究科の飯塚隆藤氏である。

また本書第5章で取り上げた工部局警察の日本人副総監上原蕃氏の回想録は、ご子息である米国在住の上原セシル英男氏に提供していただいた。また、氏には米国議会図書館の蔵書の利用についても便宜を図っていただいた。

外務省外交史料館（東京）、国立国会図書館（東京）、上海史档案館（上海）、The National Archives（Kew）、School of Oriental and African Studies Archive（London）、The British Library（London）、The Library of Congress（Washington D.C.）など、各地の機関を利用したが、なかでも、博士論文の準備をしているという筆者に対して、史料の収集に協力してくださったＳＯＡＳのアーキビストには特に謝意を表したい。

筆者にとって降って湧いたかのような本書の出版は、高崎経済大学の西野寿章先生のお力添えがなければありえないものであった。日本経済評論社の栗原哲也社長は本書の出版を快くお引き受けくださり、編集の梶原千恵氏には大変お世話になった。

このあとがきを書きながら、いかに自分が多くの方々に助けられてきたのかを改めて実感した。最後に、本書の出版を強く後押ししてくれた父に心から感謝するとともに、一昨年急逝した母に本書を捧げたい。

二〇一五年一月

藤田拓之

## [ら行]

## ［な行］



## ［は行］



## ［ま行］



## ［や行］

### ［た行］

## ［さ行］

# 索引

**著者略歴**

藤《ふじ》田《た》拓《ひろ》之《ゆき》
1975年生まれ．2008年，同志社大学文学研究科博士後期課程満期退学．2010年，学位取得．博士（文化史学）．現在，同志社大学嘱託講師．専攻はイギリス帝国史，上海史．
主な論文に「上海共同租界行政とイギリス人」（濱下武志監修，川村朋貴／小林功／中井精一編『海域世界のネットワークと重層性』桂書房），「「国際都市」上海における日本人居留民の位置―租界行政との関係を中心に」（『立命館言語文化研究』第21巻4号），共著に『上海租界与兰心大戏院――东西艺东融合交汢的剧场空间』（上海人民出版社）など．

居留民の上海
共同租界行政をめぐる日英の協力と対立

2015年2月10日　第1刷発行

定価（本体6500円＋税）

著　者　藤　田　拓　之
発行者　栗　原　哲　也
発行所　株式会社日本経済評論社
〒101-0051 東京都千代田区神田神保町3-2
電話03-3230-1661／FAX 03-3265-2993
URL：http://www.nikkeihyo.co.jp

装丁＊渡辺美知子　太平印刷社／高地製本所

落丁本・乱丁本はお取替いたします　Printed in Japan

ISBN978-4-8188-2361-7

D・R・ヘッドリク著／横井勝彦・渡辺昭一監訳

## インヴィジブル・ウェポン

―電信と情報の世界史一八五一～一九四五―

A5判　六五〇〇円

国家間の対立の武器であり原因でもあった電信による情報の伝達をいかに迅速化し統制し防衛するか。また暗号通信と解読、通信諜報と防諜をどのようにリードしていくか。

D・キャナダイン著／平田雅博・細川道久訳

## 虚飾の帝国

―オリエンタリズムからオーナメンタリズムへ―

A5判　三四〇〇円

イギリス人は叙勲制度や戴冠式など装飾的な道具を植民地に輸出して帝国に自分たちが見慣れた社会を作ろうとした。イギリス帝国は人種よりも地位・階層に基づいていたと主張。

デイヴィッド・アーミテイジ著／平田雅博・岩井淳・大西晴樹・井藤早織訳

## 帝国の誕生

―ブリテン帝国のイデオロギー的起源―

A5判　三四〇〇円

16世紀から18世紀にかけて、ブリテン帝国のイデオロギーはどのように現れたのか。世界史上でもユニークな、プロテスタント、商業、海事、自由の帝国の誕生を追跡する。

老川慶喜・須永徳武・谷ヶ城秀吉・立教大学経済学部編

## 植民地台湾の経済と社会

A5判　五六〇〇円

帝国日本によってさまざまな制約を受けた植民地台湾の経済発展を社会資本の整備や制度移入、植民地市場の生成過程から歴史具体的に解明し、植民地経済の多様性を実証する。

谷ヶ城秀吉著

## 帝国日本の流通ネットワーク

―流通機構の変容と市場の形成―

A5判　五八〇〇円

帝国日本と植民地および東アジアを結びつけるネットワークを財の移動から観察し、その担い手や取引制度が日本の帝国化を通じて変容していく過程を解明する。